古代歷史文化 研究輯刊

十二編

王明蓀 主編

第 12 冊

元明之際士人出處之研究
——以宋濂爲例

唐惠美 著

國家圖書館出版品預行編目資料

元明之際士人出處之研究——以宋濂為例／唐惠美 著 -- 初版

-- 新北市：花木蘭文化出版社，2014〔民 103〕

目 2+236 面；19×26 公分

（古代歷史文化研究輯刊 十二編：第 12 冊）

ISBN 978-986-322-892-9（精裝）

1.士　2.元代　3.明代

618　　　　　　　　　　　　　　　　　　　　103013898

ISBN-978-986-322-892-9

9 789863 228929

古代歷史文化研究輯刊

十二編　第十二冊　　　　　　　　ISBN：978-986-322-892-9

元明之際士人出處之研究
——以宋濂爲例

作　　者　唐惠美

主　　編　王明蓀

總 編 輯　杜潔祥

副總編輯　楊嘉樂

編　　輯　許郁翎

出　　版　花木蘭文化出版社

社　　長　高小娟

聯絡地址　235 新北市中和區中安街七二號十三樓

　　　　　電話：02-2923-1455／傳眞：02-2923-1452

網　　址　http://www.huamulan.tw 信箱 hml 810518@gmail.com

印　　刷　普羅文化出版廣告事業

初　　版　2014 年 9 月

定　　價　十二編 20 冊（精裝）新台幣 38,000 元

元明之際士人出處之研究
——以宋濂爲例

唐惠美　著

作者簡介

唐惠美，台灣台北人，台灣大學歷史系畢業，清華大學歷史研究所碩士，清華大學歷史研究所博士班肄業，專長士人思想與士人研究。

提　　要

　　元末士人的出處問題是近年元史研究的主題之一，尤以元代多元種族的組成，探討不同族群的士人面對朝代交替與統治種族的改變，所展現的仕隱意識與忠誠觀，則是有異於其他朝代的士人，具有更多層面與更須深入的研究內涵。

　　本文以元末士人的出處為題，探討對象是以江南士人即元代的南人為主。而以南人處於族群歧視的統治政策下，所面臨諸多不利於仕的處境，探視士人的仕隱態度是否有所因應與改變，且於元末政局動盪，士人如何安排個人出處，對於新政權的崛起與取代，又是抱持何種態度？在主題選擇上，本文則以輔明功臣宋濂為研究對象。

　　宋濂為明代開國文臣，但生處元代有五十年之久，曾於元末經歷二次仕隱抉擇。第一次是固辭仕元，入山而隱；第二次則加入朱明建國之列，步入仕途。宋濂的元末遭逢可為諸多元末江南士人的處境寫照，從其應試不第到授徒為業，最後固辭而隱，皆能代表元末士人的處世類型。此外，探視宋濂仕明的動機與過程，是有助於考察江南士人加入朱明政權的考量，對於這群士人看待元明易代的態度，將能提出更為深入且符合歷史實情的解釋。而於最後考察宋濂入明之後的遭遇，對於明初士人不樂於仕的歷史印象，提出更為具體的觀察與解釋。

　　本文研究的兩條主脈絡：一是採以時間縱軸，鋪述宋濂由元入明的過程，整個政治環境的變遷，作為考察宋濂決定仕隱行為的依據。二是陳述宋濂的仕隱思想與行為從成型到實踐的過程，探討宋濂於個別階段的思想與行為展現。章節安排上，第一章緒論：是對元末士人出處的主題進行深入探討與研究回顧，並指出以宋濂為個案研究的代表性。第二章與第三章：分別考察宋濂生處元代的行事與思想培育的過程。第四章則是具體呈現宋濂如何在政治環境變遷下秉持個人治學與踐學的理念，因應變局以尋求實踐士人使命與建立個人價值的方式。第五章與第六章：分別探討宋濂在明朝建國與立國過程所扮演的角色與貢獻。

　　本文目的是以宋濂為研究對象，考察元明易代士人的思想型態與面對政權態度的變化，對於以夷入華的易代型態下士人考量出處的抉擇，尋求在種族因素之外，更為士人所重視的決定條件。這將有利於澄清並進一步解釋，明初士人為何出現崇元抑明的現象與歷史成因。

蕭啓慶老師與我的清華歲月

唐惠美

　　對我而言，清華大學與蕭老師是同義詞，從我第一次見到蕭老師，決定要考入清華歷史所，進入清華跟隨老師完成碩士學位，再考入博士班，我在清華的研究生涯都是因為蕭老師。老師指導的五位博士生，最後只有我沒有完成學位，曾聽聞老師對此頗感遺憾，其實最難過而因此痛苦不已，是我自己。2006 年時我所辦理的休學年限已滿，學校寄了兩次通知要求我回去復學，最後還是沒有回去。身邊的人都深感可惜，覺得只要完成論文，就可以拿到學位，只有我自己知道，無論體力和心智，都不可能回到以前的狀態，無法完成可以讓自己和老師都滿意的論文，不能回清華就無顏再見老師，也沒有勇氣再和以前的同學聯絡。2009 年歷史所要舉辦所慶邀請畢業學生返校敘舊，陳冠華學姊幾經周折才連絡上我，當下我仍然婉拒學姊的盛意，不敢再見老師，就沒有再回清華的理由。2012 年，我在羅東高中已經任教十年，在繁雜的工作與家務中終於稍有喘息的空間，開始和幾個同事考慮進修博士班的可能，這時想起了老師，想起了已經過了十年，想起了老師年歲已高，應該去見見老師，才萌出這樣的念頭，再一次見到老師，就是在告別式的會場。樹欲靜而風不止，我才深刻體會到這句話的涵意。

　　第一次見到蕭老師是在 1995 年 12 月清華歷史所的甄試會場，當年的我年輕氣盛，早已準備報考隔年台大歷史所的碩士班考試，卻來參與清大歷史所的甄試，純是碰運氣的心態，倉促地準備研究計畫，在毫無把握之下已經出現在歷史所的會報室，面對教授們嚴厲的質詢，不記得自己回答了甚麼，除了緊張和口吃，一直看到教授們頻頻搖頭，整個過程中我只敢望著蕭老師，看著老師和煦的微笑，像在包容我如惡作劇孩子般的淘氣，我心裡深深感到愧疚，當下決定再見老師時一定要好好準備，堂堂正正地站在老師面前。

　　1996 年的 3 月老師在台大開了蒙元史課程，這堂課在台大開了第二次，聽課同學非常踴躍，把小小的研討室擠得水洩不通，老師對修課同學要求十分嚴格，必須參與報告，研讀每堂課的講義，每次上課發的講義，比別堂課一學期的還多，期末還必須繳交一份書面報告，課程要求等同碩士班水準，嚇退不少學弟妹。當時的我已經選修逯耀東老師的中國大陸史學，這堂課是一學年，在衝堂的情況下，不可能再加選蕭老師的課，所以我就一堂上蒙元史，一堂上大陸史，來來回回地翹課，在文學院跑上跑下非常忙碌。老師上課從不跟隨鐘聲，只有在報告空檔中間休息一次，常常我只能待在蒙元史課程，忘了我的大陸史學，在老師要求旁聽同學也必須報告的情況下，還參與一次的口頭報告，就這樣連續上了三堂課。我不能讓我的大陸史學被當掉，只好乖乖回樓下上課，那一堂的蒙元史聽說老師點名了，沒有修課的我竟然被點到了名，讓我受寵若驚。我不知道老師記不記得我，記不記得我就是那個不知天高地厚，被電得啞口無言的甄試學生，老師看我的眼神一直是那麼溫和，好多次在上課時對我點頭微笑，我覺得我和老師是有緣的。當時的我對元史一無所知，也不能預知最後還是成爲清華的學生，我只知道老師是清大的教授，無論我會考上哪一間研究所，我還是想上老師的課，想成爲他的學生。

　　1996 年的 6 月，最後放榜的台大，讓我遭遇到有生以來最大的挫折，準備一年的史研所考試，在大家看好的情況下硬生生地落榜，讀書會的成員中只有我沒有上榜，看到榜單當下一片空白的我，從未想到這原是冥冥中的安排。身邊的師長和同學很爲我著急，台大的李東華老師爲此還去教務處查詢成績，已到南投開疆闢土的徐泓老師邀請我去參加暨南大學的口試當第一屆的學生。當時還不能接受落榜事實的我，覺得只有清華可以選擇。鼓起勇氣再一次踏入清大歷史所的會報室，再一次參加口試，再一次看到老師的面容，熟悉的笑容，溫和的眼神，讓我寬慰不少。那一次的口試像聊天般愉悅，和五位老師一對一地面談，暢所欲言，覺得自己已經成爲清華的學生，落榜的打擊與離開母校的失意，都不能減去即將成爲清大新鮮人的快樂。

　　1996 年的 9 月進入清華歷史所，開始了我追隨蕭老師的生涯，選修老師開的每一堂課，研讀老師所開的每一份書單，竭盡心力地完成每一份報告，每一次寫完蕭老師要求的萬言報告，都會讓我耗盡全力，必須躺平兩三天。沒有一堂課會讓我如此全力以赴，要求到盡善盡美，我希望可以呈上給老師的作品，是最好的，是可以得到老師的讚嘆，即使是我非常陌生的蒙元史、

遼金史的領域，都會花上幾個星期構思想要撰寫的報告主題，絞盡腦汁地找靈感，常在睡夢中也不能放過，在床邊放了紙筆想到點子就趕緊記錄下來。老師上課的要求依然嚴格，講義還是那麼厚重，上課的人還是那麼多，在眾多優秀的學長姐面前，口拙的我真的只有聽課的份。老師上課時很少講課，都是請同學逐一報告，再加以講解說明，可是在冗長的報告之後，最精闢的還是老師所做的結論，以及對報告同學們的提問，總是一針見血地指出問題所在，三言兩語就可以歸納出重點。每次輪到報告時，都會讓我膽顫心驚，很怕自己言不達意，不能講到老師要的重點，又很怕回答不出老師的提問，永遠帶著微笑言語溫和的老師，常常在無形中給了我很大的壓力。為此讓我煩惱不已，想要成為老師的學生，卻不知該如何在陌生的元史領域中找到合適的題目，老師看出我的困擾，建議我從元末明初的士人著手，我從老師的書單中找到相關文章開始研讀，最後選擇宋濂作為報告主題。當時的我並不知道，精於軍事與制度史研究的老師特別關注元朝士人的處境，原以為老師是遷就我的問題，給予我這樣的提點，其實老師對於元朝士人的仕進問題早已鑽研許久。在碩一的下學期，許多同學都已經找到指導教授，我雀躍不已地等到可以和老師討論報告的機會，開口請求老師指導。之前聽說許多傳聞，說老師不輕易收學生，一年當中不會收兩個學生，當老師的學生要表現傑出等等。其實當時老師指導的清大學生只有博士班的守泯學姊和碩士班的斐怡學姊。懷抱著可能會被拒絕的猜想，硬著頭皮請求老師指導我的論文，沒想到老師像是早已預知，原本端坐的身體往後一仰，輕鬆愉快地答應我的請求，這一幕一直深深地烙印在我的腦海中。

　　此後的兩年接受老師指導的學生愈來愈多，不知不覺中我們有了蕭門弟子的稱號，老師所開的每一門課在開始和結束那堂課之後，一定會宴請同學在風雲樓四樓聚餐，這是我們最期待的時刻。因為這時的老師會小酌一番，有時會看到老師笑到開懷的模樣，同學們也會放開心胸地大吃大喝，一一向老師敬酒，真是我們最開心的時刻。在老師的指導下，我的學業增進不少，酒量也大有長進。記憶最深刻的是在 1999 年，老師得了國家菁英獎，那年的五月我們辦了兩岸元史學者的國際研討會，為了慶祝也為了慰勞工作的辛苦，老師不斷地宴請我們，次數多到數不清。2000 年，對我和老師都是值得紀念的一年，1 月 19 日我終於完成了碩士論文的口試，那天晚上老師慣例請同學吃飯，是為了幫我慶祝，我在口試過程表現的差強人意，在場列席的學

姊和同學都不禁爲我捏把冷汗，這頓飯不僅是祝福也是壓驚，總算有驚無險地拿到學位。每一次和老師吃飯我都非常開心，即使常因喝酒喝到吐，也不改其樂。最開心的一次，是那年的 6 月，結束博士班考試的口試，已經是傍晚的五點多，我和銘德待坐在隔壁的電腦室，緊張的等著考試結果。想說不會馬上公佈，正要一起去吃飯時，老師滿臉笑意的迎面走來，說要請我們吃飯，慶祝我們成爲博士班的新鮮人。那天一起吃飯的同學不多，可是老師非常開心，因爲老師多了兩個博士研究生，而且那年老師當選爲中研院院士。慶祝老師當選院士的那次聚餐，是我記憶中最大規模的一次，人數多到動用風雲樓餐廳最大的宴會廳，在等待開席之前，我們集聚在落地窗前的沙發，讓老師們坐在沙發上，開懷地談笑妙語如珠。蕭老師在眾多學生的圍繞下顯得意氣風發，在湖畔的餐廳傍晚的夕陽斜照進來，金黃色的光線就灑落在老師的身上，我站在另一邊的角落一直看著笑得很開心的老師，這是我記憶中最美好的一幕。

　　老師對我們一直都很親切，從不疾言厲色，溫和的笑容溫和的言語，笑起來瞇瞇眼的面容，是我最喜歡的模樣。老師很高大，雖然親切對我而言卻有距離感，只有在通過論文口試時，老師會主動地與我握手，老師的手指很修長，手掌很大很厚實，握起來很溫暖。我曾經和老師握過三次手，一次是計畫口試，一次論文口試，還有通過博士班考試的口試。每個和老師握手的學生都會感到非常驚喜，我和可瑜常因此玩笑說老師握過的手不能洗，因爲這是我們最親近老師的時候。老師很少對我們做過甚麼評論，即使在指導論文的過程中，老師一直是溫和的指出要點，不疾不徐。一直以來，我並不知道老師對我有何觀感，老師會覺得我是怎樣的學生？在籌辦元史研討會的過程中，我被分配到統籌場務的總務工作，忙進忙出，管錢管便當還要管點心，有時還要處理突發狀況，極盡考驗我的應變能力。開會的第一天晚上，照例要向老師報告會務狀況，在場還有張元所長，說完準備退出房間時，老師發現房間的熱水瓶不能用，我便湊近一看，不知是否因擔任總務工作突然變得靈巧，隨手就將插頭裝上，熱水瓶便能用。張元老師當場風趣地說惠美真是個賢妻良母，蕭老師見狀笑呵呵地說惠美很適合當家庭經理人呢。當時的我還未想過走入家庭，被兩位老師這麼一說，也覺得飄飄然，原來我也有賢慧的一面。沒想到這竟是我現在生活的最佳註解。

　　2000 年之後我離開清華一年，爲了完成教師實習，來到老師的母校板橋

高中擔任代理教師。2001 年再回到清華繼續博士班的課程，也許是出了社會，有了職場的歷練，也或許老師太久沒見到我，回來的第一堂課老師非常高興地向學弟妹介紹我的歸隊，聽到老師對我的評語：惠美這次回來變得沉穩不少。之後不只一次聽到老師這樣對我說，惠美變得很沉穩，安靜許多。不知道老師這麼說是有小孩子終於長大的欣慰，還是覺得歲月不留人，眼前的孩子竟也長大了的感慨，第一次覺得老師像是自己的父親，他注意到我的改變，他在關心我，不只是老師對學生，而是像對自己小孩的關愛。也因為這樣的關愛，老師以最大的寬容忍受我之後荒腔走板的行徑，忍受我的心有旁騖，在修習課業之餘，仍在中學兼課，之後竟考上教職，遠走高飛。該交的報告拖了半年，害得老師被教務處不斷地催促成績。即使如此，老師也沒有對我說過一句重話，反而積極為我安排之後的學科考試。2004 年是我學科考期限的最後一年，還有兩科尚未通過，正在如火如荼的列書單，找出題老師時，猛然發現自己懷有身孕，忍受著懷孕過程的不適，最後只能在 5 月完成一科考試，另一科思想史形同石沉大海沒有著落，為了保住學位，只能先辦休學。一直以來，老師給我很大的自由，很少對我有何要求或不滿，人在福中不知福的我，心裡曾對老師給我的寬容有所抱怨，總覺得老師不像指導教授，給予的指導和要求太少，會讓我手足無措，不知何去何從。直到我必須離開清華時才明白，老師是因材施教，還在清華的我，全心全力地專注在學業，有時太急進常不知進退，老師會讓我放慢腳步，厚積而薄發。當我已經無心學位時，老師卻下達非常明確的指示，復學之後首先完成學科考，之後要請一年到兩年的留職停薪假，暫離職場，還可能要安排到大陸江西進行學術研究。老師從來沒有對我說過重話，那一次是我印象中老師對我說過最嚴肅的談話，也是我和老師之間最後的話語。

一直以來我不曾對自己做為女性的身分有何不滿，即使在生活上稍有不便，身為女性的我是自由的，可以做自己想做的事。然而在進入研究所之後，常有寧為男子的感慨。看著男同學可以待在研究室到半夜，可以跟自己的老師喝酒抽菸泡溫泉，暢所欲言，心裡有說不出的羨慕。在大學時期，曾有一位哲學系的老教授感慨地對我們說，不喜歡收女學生，不是因為女學生不優秀，而是女學生只要走入家庭就很難完成學位。當時的我不能明白老教授的遺憾，多年之後這樣的遺憾竟然發生在我身上。我很喜歡和同學討論，也很喜歡看著研究室的學長姐說說笑笑，抒發著研究與讀書之餘的苦悶。可是我

常放不下身段，也是個性使然，沒辦法敞開心胸加入他們，可以毫無顧忌地相處談笑。給人感覺嚴謹的我，只能用功讀書埋頭做報告，讓人有自視甚高不易接近的距離感，在清華的最後幾年常因此感到落寞。同學覺得我成績好表現優秀，其實這已是我能力的極限。作爲蕭老師的學生，我已經盡了最大的努力在表現，竭盡所能想成爲讓老師欣賞的好學生。考進博士班的同時，似乎看到自己的侷限，因爲博士班的論文題目是老師欽點給我的，我雖然寫出一個看似漂亮的研究計畫，內心卻空虛不已。離開清華之後不再見到老師，失去了可以努力的動力，和老師之間就漸行漸遠。

2005 年之後我就沒有再見到老師，也沒有勇氣打電話給老師問候近況。超過兩年的休學期限之後，我沒有回來復學，之後幾個月，我曾接到銘德的電話，許久不見的同學突然打電話給我，原來是老師在關心我的狀況，想問我有沒有要復學的打算。我在很多年之後才得知，當時老師的身體已有不適，後來又動了大手術，健康情形已經大不如前。在 2011 年到 2012 年之間，我一直收到來自花木蘭出版社寄來請求授權出版論文的專函，每隔幾個月就會收到一封，最後一次是在 2012 年的 6 月收到。現在回想起來，那時老師的身體已經很瘦弱，還能想到我，想讓出版社出版我的論文，是不是還在擔心我，想要替我留一條回來的路？

在老師的告別式會場終於見到久違的學長姐和同學，昭揚學長語重心長地對我說，老師一直很遺憾少了你這個博士，你今天能出現，老師一定很欣慰。昭揚學長的話常能打入我的心坎，當下的我只能忍住眼淚，日後每思起這番話總是哀傷不已。當我看見熟悉的同學銘德，不知是否想安撫我內心的愧疚，還是有感而發的肺腑之言，對著我說你離開清華是對的。同學對我的關心我是明白的，看到我能過著安適不用漂泊的生活，也會爲我感到高興。可是這麼多年來我一直不知道離開清華是不是對的，假如再回到從前，我會不會做出一樣的決定？在得知老師逝世之後，我的腦海中常浮出以前在人社院圖書館和老師玩躲貓貓的景象，老師很高大，書架藏不住老師的身影，我常躲在書架的隙縫中追隨老師的腳步，看看老師在找甚麼書，有時會被發現，老師會對我點點頭，露出招牌的溫和微笑，有時我也會主動地對老師揮揮手，我喜歡在圖書館遇到老師，很開心老師看見我對我微笑的樣子，一直以來，老師在我的印象中就是這個模樣，不曾改變。

2013／2／15

目

次

世亂圖存
——元代浦江鄭氏的興盛

壹、前　言

　　浦江的鄭氏家族名列宋、元、明三朝正史的〈孝友傳〉、〈孝義傳〉，自北宋哲宗元符年間（1098～1100）遷居浦江，歷三世至南宋建炎年間（1127～1130）始同居，經六世的同財共爨，在元朝至大四年（1311）旌表爲義門，至明初已有十世同居，明太祖特書「江南第一家」表彰之，最後於明英宗天順三年（1459）因火災析居，共計合族同居十三世，歷三百餘年。

　　鄭氏的興盛起自同居五世的鄭德璋（1244～1305）時代，處於宋元易代的動亂，德彰不只興盛其家，撫恤宗族，並主持社會救濟工作，奠定鄭氏作爲義門的基礎。傳至六世的鄭文嗣與文融（大和），接受朝廷旌表（1311）與復役（1335），刊行《家範》行世，是鄭氏之名擴展的開始。在八世的鄭深、鄭濤、鄭泳於至正初年的入仕，得以接近政權核心，屢受朝臣、士人的彰表，名爲「東浙第一家」，造就鄭氏聲勢開展的巔峰。爾後的數代家長，鄭鉉、鄭鉅、鄭渭皆能嚴行家法，在易代間守護龐大的宗族與家業，經歷元末動亂而不墜。簡言之，以義門爲名的鄭氏是在元初興起，在元末壯大，其崛起與興盛皆成之於元。論及元朝時期地方家族的運作與發展，鄭氏可爲顯著的研究對象。

　　關於義門鄭氏的研究，日本學者檀上寬對於浦江鄭氏在元明之際，如何憑借龐大宗族力量，介入政治力運作，而於易代間維持家族生計，已有深入

探討。〔註1〕漢學家 Dardess 也注意到鄭氏在元末的盛享聲名，頗為當地士人推崇的特殊現象，認為鄭氏同居共義的家族呈現，可能是元明之際士人有意追求的社會典範，並以鄭氏名聲的出現與 14 世紀金華地區朱子理學和古文復興的時間相近，指出士人對鄭氏典型的重視所反映的思想變化。〔註2〕兩位學者是將鄭氏納入政治與文化的討論脈絡，點出鄭氏在元末壯大聲勢的因由與過程。對於鄭氏的宗族運作，社會角色的扮演，較少涉及。學者許懷林根據現存的《鄭氏家範》，分析千人同居的鄭氏對於家族的經營，探討義門聚居家族的凝聚力與運作模式。〔註3〕婦女史家臧健，則以《鄭氏家範》對婦女行為的要求與規範，指出在宗法家族制度的運作下，婦女地位的低落與自主性的缺乏。〔註4〕家族史研究者毛策，四次親歷浦江的鄭氏故居、宗祠進行考察、訪談與資料收集，對於鄭氏十三世同居的過程與家法運作有詳盡的記述，但作者感嘆未能收集到鄭氏經濟營運的一手資料，對於鄭氏家族的研究仍有疑闕。〔註5〕在此，經濟史學者漆俠則以家範與文集資料的記錄，考察鄭氏在經濟、社會層面的運作，認為鄭氏是以地主、商人和官僚三位一體的經濟型態，結合宗族制與土地租佃制的運作，造就其於元代時期的興盛，這是宋元大家族發展的重要特徵。〔註6〕

　　綜合而言，現今學者對於鄭氏的討論約有兩種途徑，一是從金華士人文集的呈現，強調鄭氏在元末崛起，廣受推崇的重要性，探索鄭氏對於元明政治與文化的參與、地位及其影響。二是藉由《鄭氏家範》的分析，考察鄭氏家族的同居型態與運作，追尋中國家族制度的發展與演變。兩種取向皆有其探討的重要，但似不相涉，對於鄭氏如何在元明之際的壯大發展，尚缺以鄭氏為主軸的研究取向。

〔註1〕檀上寬著，胡其德譯，〈義門鄭氏與元末社會〉上下，《世界華學季刊》第四卷第二期，1983 年 6 月，頁 55～69；第三期，1983 年 9 月，頁 67～74。

〔註2〕John W. Dardess, "The Cheng Communal Family: Social Organization and Neo-Confucianism in Yuan and Ming China", Harvard Journal of Asiatic Studies 34,（1974）,pp.7～52.

〔註3〕許懷林，〈鄭氏規範剖析──兼論義門聚居的凝聚力〉，收入《中日宋史研討會──中方論文選編》（保定：河北大學出版社，1991），頁 153～165。

〔註4〕臧健，〈對宋元家族制度、家法與女性的考察〉，《山西師大學報》（社科版），第 27 卷 2 期，2000 年 4 月，頁 80～85。

〔註5〕毛策，〈浙江浦江鄭氏家族考述〉，收入《譜牒學研究》第二輯（北京：文化藝術出版社，1991），頁 143～175。

〔註6〕漆俠，〈宋元時期浦陽鄭氏家族之研究〉，收入氏著《知困集》（石家庄：河北教育出版社，1992），頁 196～210。

目前關於研究鄭氏的史料，以收編元明時期朝廷、官員與士人爲鄭氏所撰碑銘詩詞的《麟溪集》最爲重要。《麟溪集》最初是六世家長鄭大和成編於至正年間，至正十三年（1353）由八世孫鄭濤加以續編刊行，現存刊本是明代成化十一年（1475）的第十一世子孫鄭璽所輯。書中所輯雖涵蓋元明二朝，但以元朝時期的數量爲多，尤以生處元末的三世子孫（七世、八世、九世）與元代歷任家長的成就，最爲顯著。〔註7〕

因此，本文以元代的鄭氏家長爲研究主軸，探討鄭氏從義門基礎的建立與旌表，至元末壯大聲名，渡過動亂的過程，歷任家長是如何維持且捍衛義門的精神與龐大家業，在地方社會與政府之間，採取何種策略因應時勢的改變，終而造就鄭氏在元代的盛世。

貳、義門鄭氏

根據學者黎小龍的考證，義門之名的出現源於南北朝時代，是朝廷對於累世同居的家族所特行的殊榮。〔註8〕得此稱譽的途徑，一是個別孝義行爲的實踐，另一則是展現累世同居的宗族規範與精神，尤以後者爲難。史上以唐代張公藝九世同居，經三朝旌表，而使唐高宗親幸其宅，問其家法，最爲知名。〔註9〕經由學者的統計，正史上接受旌表的義門，有一百九十四家之多。〔註10〕能以一家名列三史者，浦江鄭氏是特例。〔註11〕

居於婺州路浦江縣（今浙江浦江）的鄭氏家族是元朝知名的望族，數代以來的同居共財，累積可觀的財富與地方聲望，建立以家長制的宗族規範，並將共居的公義擴展至外，在地方鄉里扶衰救敝，維持社會秩序的運作。所謂「取其于天性而和諸物，則人人可以制而行之者，命之曰義。字其民曰義民，表其門曰義門」，以公爲義而合族同居，且以公爲義而扶救鄉里，如此擴展「與眾共之」的公義精神，是累世家族受表爲義門的基礎。〔註12〕當鄭氏

〔註7〕 鄭璽續輯的《麟溪集》，現存兩個刊本，一是收入《四庫全書存目叢書》，另一則收入《北京圖書館古籍珍本叢刊》。本文所用是《四庫全書存目叢書》本。

〔註8〕 黎小龍，〈論中國封建──義門──同居大家庭的產生〉，《山東師範大學學報》（社科版），1997年4期，頁52～54。

〔註9〕 《舊唐書》（新校點本）卷188，頁4920，〈孝友傳〉。

〔註10〕 黎小龍，〈義門大家庭的分布與宗族文化的區域特徵〉，《歷史研究》，1998年2期，頁55。

〔註11〕 趙翼，《陔餘叢考》（京都：中文出版社，1979），卷39，頁853，〈累世同居〉。

〔註12〕 柳貫，《柳待制文集》（四部叢刊）卷15，頁12b，〈鄭氏旌表義門記〉。

共居的聲名在鄉里間傳佈時，元廷從鄉人所議，在至大四年（1311）由中書禮部旌表爲義門，這是鄭氏享有盛名的開始。〔註13〕

據宋濂〈鄭氏孝友傳〉所記，鄭氏祖先鄭白麟，先居河南榮陽，經幾代遷徙，至北宋元符年間（1098～1100）由鄭淮遷至浦江定居。〔註14〕鄭淮字巨淵，其父仁安游學浦江，聽講《春秋》，並攜子從之。仁安的學友朱怪欣賞鄭淮的聰穎，約以外家女婚配之，淮因此入贅浦江宣氏，兄長渥、況也徙至浦江。〔註15〕元符二年（1099）淮與兄長遂定居於浦江的感德鄉，〔註16〕時人以三鄭稱之。〔註17〕而在靖康年間（1126），浦江發生饑荒，鄭淮竟能「粥田一十畝有畸以起饑乏民」，可見鄭氏在浦江二十多年的經營，已成當地大族，開始展現義門標榜的公義精神，進行賑恤鄉里的工作。〔註18〕鄭淮如何營生壯大家業的過程，史料未載，但其救濟之舉卻導致家產散盡，傳至孫輩鄭綺（1118～1135）已家道中落。〔註19〕然而，鄭淮散盡家產以活鄉人的行爲，是作爲義門的鄭氏追求公義展現的象徵，在鄭氏族人的墓銘中多可見及相似記載。

鄭氏建立同居的基礎是始於鄭綺。在鄭淮毀家救饑後，鄭氏幾乎無以自存，鄭綺苦思持家之法，決定行以同居共財渡過難關，因此禁止子孫別居，開始同財共爨。〔註20〕綺字宗文，以孝持家，精通春秋學，是鄭氏第一位以孝義之名列於正史之人。據載，綺父鄭照因罪繫獄，綺號泣奔視，欲以身代父，因此感動郡守，得以重察罪情而免刑。〔註21〕這段記述成爲鄭氏日後展現孝義行爲的樣版。例如：在宋元之際，鄭德珪代弟德璋受死之事，經由元代鄭氏的一再宣揚，儼然成爲義門精神的友愛標幟。因此，在入明之初鄭氏遭逢胡惟庸案的牽連，兄弟六人竟爭欲服刑，最後因鄭濂、鄭湜的相爭入獄，而使太祖釋疑免除其罪。爾後家長鄭濂坐罪，弟洧更是奉行故事代兄而死，成就鄭氏的義門美名。〔註22〕

〔註13〕宋濂，《宋濂全集》（校點本，杭州：浙江古籍出版社，1999年），《潛溪後集》卷5，頁231，〈鄭氏孝友傳〉。

〔註14〕《宋濂全集》，《潛溪後集》卷5，頁231，〈鄭氏孝友傳〉。

〔註15〕《麟溪集》寅卷，頁1，晏穆，〈宋故沖素處士鄭府君墓誌銘〉。

〔註16〕《麟溪集》卯卷，頁4，吳萊，〈鄭氏圖譜序〉。

〔註17〕《柳待制文集》卷15，頁13，〈鄭氏旌表義門記〉。

〔註18〕《麟溪集》寅卷，頁1，晏穆〈宋故沖素處士鄭府君墓誌銘〉。

〔註19〕鄭柏，《金華賢達傳》（金華叢書）卷2，頁3a～b，〈鄭綺傳〉。

〔註20〕戴良，《九靈山房集》（四部叢刊）卷7，頁3b～4b，〈重刻沖素處士墓銘後題〉。

〔註21〕《麟溪集》寅卷，頁1，晏穆〈宋故沖素處士鄭府君墓誌銘〉。

〔註22〕《明史》（新校點本）卷296，頁7584～5，〈孝義傳〉。

　　可見，以身代死的模式是鄭氏面對危機處理的慣用策略。一方面，是以此彰顯義門精神，爭取士人認同與社會價值的肯定；另一方面，則為宗族意識的凝聚，藉由自我犧牲的行為，號昭族人同志一心共渡艱難。如此孝友典範是始於鄭綺，因此在鄭綺建立同居的同時，也為鄭氏確立了合族共存的情感基礎。這在鄭綺決定同居的過程，也有生動的展現：

> 處士（鄭綺）恒康強無疾，一日晨起沐浴，服深衣大帶，往拜先祠下，針大指出血滴酒中，召子姓列飲之。仰天誓曰：「吾子孫有不孝、不弟、不共財聚食者，天實殛罰之。」言畢叉手正容，立久而不動，就視之，則已逝矣。〔註23〕

這段歃血立誓的經過，正如戴良所言其「遺澤之滋，至于久而不泯」，造就元代鄭氏同門合釜，九世如一日的根基。〔註24〕

　　傳至五世德璋，鄭氏已同居百年，因於宋元易代的戰火波及，浦江發生嚴重飢荒，在德璋的主持下，鄭氏又開始從事賑災的慈善事業。此時的鄭氏已能恢復到鄭淮時代的盛況，在德璋「厚自樹立，興起其家，而齊之以禮法」之下，鄭氏再度成為浦江地方的大族。為了避免重蹈覆轍，德彰致力於家風的維持，除了家業復興外，對於家庭秩序的建立與宗族意識的凝聚也頗具貢獻。〔註25〕揭傒斯〈鄭氏孝友傳〉有言：

> 德璋字子振，幼穎茂，及長，思以法齊其家。每晨興，擊鍾集家眾，展謁先祠，聚揖有序，堂上申毋聽婦言之戒，始退而會食。月旦望，仿陸九韶撰戒辭一篇，搥鼓庭告之，肅如也。〔註26〕

據載，德璋為人方嚴，子孫「聞其聲欬，皆斂手正容步履，不敢肆也」。及其逝前，子文融泣問齊家之道，張目厲聲曰：「毋聽婦言」。〔註27〕這個遺訓一再為歷任家長所申明，在明初家長鄭濂覲見明太祖時，也強調其治家之道僅是：「謹守祖訓，不聽婦人言」。〔註28〕此外，為了維持詩禮傳家的家風，德璋十分重視子弟的學習，在浦江縣東的東明山建立精舍，使年滿十六者皆前往讀書，遠離家居事務的干擾。〔註29〕日後鄭氏不乏出現學有專精的儒者、

〔註23〕《麟溪集》寅卷，頁3，晏穆，〈宋故沖素處士鄭府君墓誌銘〉。
〔註24〕《九靈山房集》卷7，頁4，〈重刻沖素處士墓銘後題〉。
〔註25〕《金華賢達傳》卷2，頁4a～b，〈鄭德璋傳〉。
〔註26〕《麟溪集》丑卷，頁3a，揭傒斯，〈鄭氏孝友傳〉。
〔註27〕黃溍，《金華黃先生文集》（四部叢刊）卷37，頁2，〈青田縣尉鄭君墓誌銘〉。
〔註28〕《明史》卷296，頁7584～5，〈孝義傳〉。
〔註29〕《宋濂全集》，頁2233，〈東明山精舍壁記〉（輯自《麟溪集》卷申，頁7～8）。

文士，甚至入仕主持經筵，侍席青宮，並與中央、地方的士人密切往來，幾乎成爲浦江地區士人網絡的中心。

此外，作爲鄭氏家族權力中樞的家長制度，也是在德璋之後才明確化。鄭氏家長的建立與德璋之前的家長承繼，目前尚無資料可尋。但在德璋之後的元代家長皆有所載，德璋傳至文嗣，文融（大和），鄭欽，鄭鉉，鄭鉅，鄭銘，鄭渭，鄭濂（明代）。〔註30〕至於家長的職權，在明代增修的《鄭氏家範》清楚規定，家長總治一家大小之務，具有至高的權威。擔任者必須是家中地位最尊之人，在鄭氏是依據長幼次序建立尊卑地位，因此家長的繼任是採兄終弟及制。不過，家長任職的年齡皆長，主政時間難以長久，眞正主持家業者，是輔佐家長的二位典事。典事的推舉則不分長幼，以才德任之。〔註31〕這是明初鄭氏的治家規模，但從德璋之後的記錄可知，家長的接繼型態已經確定，而家長在主家之前皆已歷事。例如，接繼大和的家長鄭欽，可能是擔任典事之職，在大和主家期間，已經總治家中事務。〔註32〕總之，鄭氏的治家制度是在德璋之後較爲明確。可見元末的鄭氏得以建立十世同居的規模，不論是家業的開拓，治家體制與家規的確立，皆起自元初的德璋時代。

學者許懷林認爲鄭氏能夠聚居於建炎年間的亂世，且在宋元易代間興起，除了因於生處戰亂，必須藉由家族整體的力量對抗外來侵擾，以保障身家性命的安全，更重要的，鄭氏所展現的強烈宗族意識與深厚的骨肉情感，

〔註30〕《明史》記載的鄭氏家長，序次是鄭文融，鄭欽，鄭鉅，鄭銘，鄭鉉，鄭渭，鄭濂，鄭渶，但是據《麟溪集》所收的碑銘，鄭鉉逝於至正二十四年較鄭鉅早逝一年，依照前例家長是逝後接繼，鄭鉉不可能接繼鄭鉅爲家長，而且鄭銘曾推讓家長之位予以宗子鄭渭，若是尚有同代兄弟在世，鄭銘不可能推舉鄭渭，鄭銘與鄭渭之間不應隔有鄭鉉。從鄭鉅到鄭渭之間的序次，《明史》所記可能有誤。正確的家長序列，在至正十四年鄭欽逝後應該是鄭鉉接繼，而鄭鉉曾在至正十八年帶領族人避難，時間上也符合。鄭鉉之後是鄭鉅，僅任一年即逝，因此留存資料也較少。在鄭鉅逝後，依序是鄭銘接任，但鄭銘一再推辭而虛其位，未任家長，之後才是鄭渭、鄭濂、鄭渶。以上資料參見，《明史》卷296，頁7584～5，〈孝義一〉；《宋濂全集》，《芝園前集》卷6，頁1267，〈鄭（鉉）彦貞甫墓誌銘〉；《麟溪集》，寅卷，頁17b，宋濂，〈鄭（鉅）彦宏甫墓版文〉；《宋濂全集》，《芝園續集》卷1，頁1480，〈鄭（銘）景彝傳〉。

〔註31〕鄭濤續編，《鄭氏家範》（汲古閣本，收入《續修四庫全書》），頁4～7。

〔註32〕《麟溪集》卷寅，頁12～4，黃溍，〈青椑居士鄭君墓銘〉。

是其在多數家族離散的動盪時代，得以一再安然渡過的主因。〔註33〕這才是鄭氏建立長期聚居的基礎。這個基礎來自於自我犧牲行為的展現，而德璋之兄德珪正是這個典範的實踐者。史載，德璋因個性剛直為仇家所陷，將逮至揚州，德珪為救之，先赴而死。為了報答德珪的友愛之義，德璋盡心撫育其子文嗣，且立為家長。在文嗣主家期間，鄭氏獲得朝廷旌表，始為義門而壯大。〔註34〕對鄭氏而言，自我犧牲的友愛行為是可以加強聚居所需的「互助之義」，也是作為義門之人的必要表現。因此德珪的死，不僅是鄭氏在詩禮傳家下對於傳統道德的實踐，更是作為鄭氏孝友的精神象徵，有效抑制已同居多世的鄭氏可能發生的離散危機。〔註35〕

因此，七世家長鄭欽對於父祖興家的過程有言：

> 夫義，出於天衷者也，故凡聚廬以居，合釜以爨者，亦皆人道之常，初非有甚高難行之事也，雖然此亦豈易致哉。自余七世祖沖素府君（鄭綺）始以孝友興家，至吾伯祖龍游府君（德珪）勇於嗜義……吾世父（文嗣）亦敦雍穆之行，丕承惟謹。蓋自吾祖（德璋）銖積寸累七十餘年，而家道始裕。……其措意非一日，其積功非一人，後世子孫豈或有知，祖父之友愛艱勤若此哉。〔註36〕

可見，元初的德珪、德璋兄弟對於鄭氏興起的貢獻，不只是奠下聚居的經濟基礎與治家體制，同時也確立鄭氏的精神標幟，強化宗族的同居之義，故能成就鄭氏在元代作為義門，並得以十世同居的條件。

參、東浙第一家

元朝旌表鄭氏為義門的過程，宋濂〈鄭氏孝友傳〉有明確記載：

> 自綺至文嗣，凡同居六世，歷兩百年，咸如綺在時。至大二年秋九月，鄉老黃汝霖等言於縣，縣上其事，廉訪使加審按焉，文達中書禮部。四年春二月準式，旌表門閭。文嗣生鑑，鑑生渭，渭生梴，皆善守，合數千指無異心者。重紀至元元年冬十二月，太常博士柳

〔註33〕許懷林，〈鄭氏規範剖析──兼論義門聚居的凝聚力〉，頁154。

〔註34〕《麟溪集》丑卷，頁2～3，揭傒斯，〈鄭氏孝友傳〉。

〔註35〕兩人因友愛事蹟列名正史。見《宋史》（新校點本）卷456，頁13415，〈孝義傳〉。

〔註36〕鄭爾垣編，《義門鄭氏奕葉文集》（清康熙五十四年鄭氏祠堂刻本，收入《四庫全書存目叢書》），卷1，頁5～6，鄭欽，〈鄭氏義門續規序〉。

貫與鄉校群士又上狀，請如故事，復其家，從之。〔註37〕

鄭文嗣在大德九年（1305）接繼家長之位，延續父祖以孝友持家的精神，使鄭氏在同居六世後表爲義門，二十年後在鄭大和的主事下又得免除徭役的恩賜，一門二表，在元代是少見的尊榮。如虞集所言：「民幸生斯世，無芻餉之輸，無戈甲之警，苟不出仕以宣力于時，則退脩孝友之治於一家，亦勢之必然也。」〔註38〕雖然鄭氏自聚居以來，向以地方大族自居，但從《家範》規定子弟讀書進程而視，〔註39〕鄭氏並非沒有入仕中央的意圖，顯然是沒有機會，這是元代士人的普遍處境。在鄭氏歷代家長中，最能應證虞集所言「退脩孝友之治於一家」之人，正是六世家長鄭大和，這是帶領鄭氏於元朝末期愈趨壯大的關鍵人物。

一、鄭大和時代

鄭文融，一名大和，字順卿。由於鄭氏的地方聲名，德珪、德璋曾受辟爲地方小官，大和在主家政前也歷任地方監倉、稅使等職，最後仕至建康龍灣務提領大使而解官歸家。大和對其仕途失意頗有感嘆，嘗言：「吾家自建炎聚居至今日，吾不思繼承之，即一旦死，人其謂我何遂不仕？」轉而致力於家業的維持，「日坐庭內以禮法馭群眾，指朱熹家禮言曰：假我二三年，吾當無愧於此。」可見大和的志堅氣銳，不出數年，如虞集所言，浙東、西言孝義之大家皆不能及。〔註40〕其主事盛況，宋濂〈鄭氏孝友傳〉有記：

> 大和司家事，嚴而有恩，雖家庭中，凜如公府，子弟稍有過，頒白者猶鞭之。每遇歲時，大和坐堂上，群從子皆盛衣冠雁行立左序下，以次進拜跪，奉觴上壽畢，皆肅容拱手，自右趨出，足無相銜，無敢參差者。見者嘖嘖嗟慕，謂有三代遺風，雖石奮之家亦所不及。名聞天下，自大丞相及臺院諸公卿多有賦詩美其行。部使者武威余闕行縣，以其孝友，七郡或莫之先，書「東浙第一家」以褒嘉之。〔註41〕

〔註37〕《宋濂全集》，《潛溪後集》卷5，頁231，〈鄭氏孝友傳〉。

〔註38〕《麟溪集》子卷，頁1，虞集，〈旌表鄭氏義門碑頌〉。

〔註39〕鄭大和編《鄭氏家範》：「子弟年十六以上，許行冠禮，須能暗記四書及一經正文，講說大義，方可行之」；「子孫自八歲入小學，十二歲出就外傅，十六歲入大學，聘致明師，訓飭必以孝弟忠信爲主，期至于道。」收入陶宗儀編《說郛三種》（上海：上海古籍出版社，1988年），說郛一百二十卷，卷72，頁3347～8。

〔註40〕《麟溪集》子卷，頁1，虞集，〈旌表鄭氏義門碑頌〉。

〔註41〕《宋濂全集》，《潛溪後集》卷5，頁231～2，〈鄭氏孝友傳〉。

大和主家政，約從順帝至元年間到至正十三年（1353），期間造就鄭氏聲名的極盛。《麟溪集》所收的稱頌詩文，多是撰於此時，可見大和在人脈經營方面的積極。這顯示大和與前任家長的不同，除了家業經營與聚居精神的維持之外，更極力於推廣與營造鄭氏的義門美名。其時擔任浦江達魯花赤的八兒思不花，對於鄭氏聲名的宣揚是不遺餘力，曾在翰林直學士揭傒斯前美言大和是：「古之義士」，〔註42〕又在鄭氏申請復役的同年，向國子司業呂思誠徵請撰序，言為「孝義者惟浦江鄭氏」。〔註43〕至元元年（1335）鄭氏獲准復役，上狀之人是太常博士柳貫。柳貫雖是大和的同鄉老友，但從地方官員到中央朝臣對於鄭氏義門的知名，這表示大和在人脈推廣的成功。

鄭大和在人脈經營上是極具成就，尤其在獲准復役之後，積極延請知名士人為其刻銘撰序，更有利於鄭氏聲名的擴展與士人網絡的建立。例如：虞集在至正四年（1344）為鄭氏撰〈旌表鄭氏義門碑頌〉，是因鄭大和為垂示子孫，特請中書掾熊子麟至臨川向其徵文，文中提及，當時的西臺治書御史李好文與中書禮部郎中吳師道，對於鄭氏旌表三十年後仍本初衷，也已列言上報。〔註44〕大致在至元年間到至正初年，鄭大和為求垂示子孫，有許多對外宣揚的作為，包括編撰《家範》，《詩卷》，刻銘等等，更為此向士人、官員徵序，而使鄭氏廣為知名。如鄉貢進士曾堅為鄭氏撰序，提及其知鄭氏之名，是在至正二年（1342）北游大都，透過同郡的朝臣危素得知，並因此讀及呂思誠與吳師道所撰的詩序，始知鄭氏之孝義。〔註45〕可見鄭大和此時所為，對於鄭氏在士人網絡間建立聲名是極具成效。

這種網絡的連繫是透過同鄉名士、地方官員、北游文士藉由徵序的過程與中央官員產生互動，從地方推展到中央，例如揭傒斯特為鄭氏撰著〈孝友傳〉，是透過自稱大和老友的柳貫所徵請。〔註46〕另外，所居「與鄭氏不兩舍而近，納交鄭氏父子兄弟間」的翰林侍講黃溍，在〈鄭氏義門詩序〉中也提及揭傒斯為鄭氏著傳之後，時人得聞義門之名，紛紛賦詩美行的情況。〔註47〕揭傒斯、虞集、柳貫、黃溍等人皆是在朝文臣，能為其助名撰序，不僅擴展

〔註42〕　《麟溪集》丑卷，頁5，揭傒斯，〈鄭氏孝友傳〉。
〔註43〕　《麟溪集》辰卷，頁1，呂思誠，〈義門詩卷序〉。
〔註44〕　《麟溪集》子卷，頁1，虞集，〈旌表鄭氏義門碑頌〉。
〔註45〕　《麟溪集》子卷，頁4，曾堅，〈孝義鄭氏有序堂並序〉。
〔註46〕　《麟溪集》壬卷，頁1，〈律詩〉。
〔註47〕　《金華黃先生文集》卷17，頁4，〈鄭氏義門詩序〉。

鄭氏與士人交往的管道，加上四人皆盛享文名，文章易於流傳，更有助於義門聲名的傳播。於是，以文會友，以友徵文，在大和成功的運作下，鄭氏得於至正改元間快速地在士人圈中崛起。

大和深知家業守成之難，在至元四年（1338）編纂《家範》，並撰序訓示子孫「有或違此，豈惟不思高曾祖父經營締構之艱勤，以有今日。至於朝廷旌表蠲復之科，炳然具在，可無懼哉。」〔註48〕顯見大和對於鄭氏能否維持聚居的憂懼，因而屢請名士刻銘稱頌，將義門美行垂示子孫，強化宗族同居的凝聚力。此外，爲了維持儒學傳家的家風，大和將東明山的讀書精舍擴展爲書院，延請吳萊、宋濂嗣席授教。吳萊是當地知名文人，至義門授徒後，吸引不少學子遠赴從學，許多日後知名的士人，如胡翰、宋濂皆因此與鄭氏熟識，持續數十年的往來關係。〔註49〕而宋濂更爲明代的開國文臣，其學術養成也以鄭氏贊助最多。從鄭氏的兩位塾師在金華學術傳承的地位，與其在元明易代間的影響力，學者檀上寬認爲鄭氏與金華學術的發展應有重要關連。〔註50〕總言之，從原與鄭氏友好的黃溍、柳貫等人，到前述撰序的朝中文臣，以及鄭氏日後入仕的子弟與朝臣、地方士人之間的網絡連繫，鄭氏的聲名快速地擴張至全國，且遲至元末，鄭氏已是浦江士人文化的中心，這皆是成就於大和主政期間的作爲。

創業艱難，守成更爲不易，大和主政到至正十三年（1353），造就鄭氏在元代的極盛。大和所爲本於守成，但在至正年間政治環境的轉變之下，這一切原爲治家、持家、垂示子孫的作爲，卻爲鄭氏子弟鋪下前進中央的仕進之路。

二、入仕中央

在大和主政期間的人脈結交與聲名推廣，不少鄭氏子弟得以入朝爲官，包括七世的鄭鉌，八世的鄭深、鄭泳、鄭濤、鄭渶、鄭澳等，期間鄭氏極享尊榮，上至皇太子、丞相，朝廷文臣，廉訪使，當地官員，文人等等，多有賦詩書區讚頌義門美行，成就鄭氏東浙第一家的盛名。〔註51〕然而，他們的入仕皆在至正初年，且與脫脫的拔擢有關。這個關連性，使人懷疑鄭氏的入

〔註48〕《義門鄭氏奕葉文集》卷1，頁1～2，鄭大和，〈家規序〉。
〔註49〕《宋濂全集》，《芝園續集》卷1，頁1480～1，〈鄭景彝傳〉。
〔註50〕〈義門鄭氏與元末社會〉上，頁62。
〔註51〕《宋濂全集》，《潛溪後集》卷5，頁231～2，〈鄭氏孝友傳〉。

仕並非來自大和的推動，而是與元末政治大環境的改變有關，最直接的證據在於，這些入仕者不是經由科舉入仕，多是在北游大都期間，經人牽引或直接得脫脫所識而任官。

鄭氏子弟能在至正年間崛起，是與元末南人地位的提昇有關，而以脫脫的掌權最爲關鍵。至元六年（1340），脫脫成功推翻伯顏的政治勢力，以謀臣吳直方的建策甚多，深得信任。脫脫自幼從師吳直方，頗具漢化背景，也因此深得漢人支持。在其主政期間，以推行儒化政策爲務，多項文教制度皆由儒臣主事，南人儒臣也積極參與。〔註52〕因爲吳直方的南人背景，可能就是脫脫與南人接觸的牽引者。而吳直方是鄭氏教席吳萊之父，對於北游的鄭氏子弟，應會加以提攜。在這段期間，鄭鉉、鄭銖、鄭深、鄭泳、鄭濤北游尋仕，除鄭鉉未仕返家，鄭深與鄭泳受脫脫所識引爲教席，〔註53〕鄭銖則由脫脫拔擢爲行宣政院照磨，〔註54〕鄭濤則受薦爲經筵檢討。〔註55〕其中，鄭深伴隨脫脫最久，在至正九年（1349）脫脫復相後官運漸亨，遷爲宣文閣授經郎，曾與從弟鄭濤召入經筵進講殿中，傳爲美談。此時與鄭深密切往來的儒臣有揭傒斯（1274～1344）、歐陽玄（1283～1357）、李好文、危素（1303～1372）等人，是鄭氏聲名最盛之時。〔註56〕然而，在至正十四年（1354）脫脫失勢之後，鄭氏子弟也紛紛辭仕歸家，顯見鄭氏入仕是與脫脫主政密切關連。

這些鄭氏子弟的入仕是在大和主家期間，但大和是否鼓勵子弟從政，在史料上並不明確。不過，鄭氏的持家型態是「男事詩書，女事蠶績」，子弟以讀書學習爲重，並不從事實際生產。〔註57〕而大和所編的《家範》也有明文規定，若是年至二十一歲，學業尚無所成，「令習治家理財，向學有進者不拘。」〔註58〕可見大和是期待子弟是以讀書爲業，並著重於學習環境的興設，加築書院，特聘教席，應有培養子弟試舉的意圖。而且，七世的鄭銳與八世的鄭

〔註52〕〈義門鄭氏與元末社會〉上，頁62下。

〔註53〕《宋濂全集》，《芝園前集》卷6，頁1266～7，〈元封從仕郎江浙等處行中書省左司都事鄭彥貞甫墓誌銘〉

〔註54〕《宋濂全集》，《潛溪後集》卷9，頁289～290，〈元故行宣政照磨兼管勾承發架閣鄭府君墓誌銘〉。

〔註55〕《金華賢達傳》卷10，頁8b，〈鄭濤傳〉。

〔註56〕《宋濂全集》，《宋學士先生文集輯補》，頁2111～3，〈故江東僉憲鄭君墓誌銘〉。

〔註57〕《柳待制文集》卷15，頁13，〈鄭氏旌表義門記〉。

〔註58〕《鄭氏家範》，頁3348。

淵（1326〜1373）均有試舉記錄，顯示鄭氏是有入仕中央的準備。〔註59〕不過，鄭氏與中央的連繫，並非想像中的積極。或許從政爲官是有利於鄭氏發展的策略，但並非是鄭氏經營的最終目的，聚居家業的維持與義門精神的實踐，才是鄭氏族人責無旁貸的義務。這在鄭深入仕過程也有清楚顯現。

鄭深（1314〜1361）字浚常，一字仲幾，師承吳萊，與宋濂爲同門友。〔註60〕北游京師日久，在至正二年（1342）爲江浙行省別兒怯不花所用，後因讒言罷去，至正六年（1346）得爲脫脫所識，引爲家師，子哈刺章從其教。〔註61〕其時皇太子長住脫脫府與哈刺章共學，而由鄭深授讀《孝經》。至正九年（1349）脫脫復拜右丞相，受命領學皇太子，授經者正是鄭深。〔註62〕期間鄭氏備享殊榮，例如：脫脫曾贈書「白麟溪」三大字；〔註63〕至正九年（1349）浙東廉訪使余闕書匾「東浙第一家」；爾後皇太子賜書鄭深以「鳳麟」二字；〔註64〕至正十二年（1352）江浙行省平章政事月魯帖木兒表彰鄭氏，特書「一門尙義，九世同居」贈之；〔註65〕至正十七年（1357）鄭深辭仕南歸，皇太子特贈「眉壽」二大字。可見鄭深是帶來鄭氏最高榮耀的入仕者。〔註66〕

雖因鄭深的北游得仕，使鄭氏在至正年間享盡尊榮，但鄭深的出游，卻是鄭氏爲了避免家族危機所作的決定。宋濂曾稱鄭深是奇偉之士，自幼桀傲不馴，常使族人憂之。其墓銘有言：

> 君幼知讀書務了大義，不能泥章句。然負氣不羈。嘗往外氏，有以童視君者，君不平，出奇計詒之。日者以六物推君休祥，言君必凶於其家。君恐祖父聞之，或薄其愛，大惡之，居亡何，他日者又至，君迎謂曰：「我某月日生也，子幸譽我，吾當厚報子；否則，戒悍奴辱子矣！」聞者皆大驚。稍長，氣益振。見部使者行縣，騶從甚都，

〔註59〕歐陽玄，《圭齋文集》（四部叢刊）卷10，頁9，〈鄭府君墓碑銘有序〉；《宋濂全集》，《鑾坡後集》卷9，頁748〜751，〈鄭仲涵墓志銘〉。

〔註60〕《宋濂全集》，《芝園續集》卷1，頁1490，〈故溫州路總管府判官宣君墓誌銘〉。

〔註61〕宋濂〈故江東僉憲鄭君墓誌銘〉（《宋濂全集》，頁2109）：「聞太師喜士即走見之，時太師新解機務退居豊。……明年以煩言出居西寧」。對之《元史・脫脫傳》（卷138，頁3344）及《元史・順帝紀》（卷41，頁878），可知鄭深謁見脫脫之時應爲至正六年（1346）。

〔註62〕《宋濂全集》，《宋學士先生文集輯補》，頁2110，〈故江東僉憲鄭君墓誌銘〉。

〔註63〕《圭齋文集》卷14，頁4，〈白麟溪三大字後〉。

〔註64〕《宋濂全集》，《宋學士先生文集輯補》，頁2111，〈故江東僉憲鄭君墓誌銘〉。

〔註65〕《麟溪集》巳卷，頁16，王禕，〈題浙省平章所書八大字後〉。

〔註66〕王禕，《王忠文公集》（四部叢刊）卷7，頁3b，〈鄭氏義門碑後記〉。

君歎曰:「吾非夫也哉,孰云異日不如之也!」人斥其誕,獨從父欽奇之,使游學京師。〔註67〕

鄭深的行徑顯然不合義門所為,言其必凶於家確有可能,予以離家游仕是適其所性。這樣的安排,既不會危及家族,又可能因此得仕,增加族人在治理家業之外的出路選擇。況且鄭氏傳至元末已有十世,人口之眾,資源分配愈為困難,在不能析居分財的前提下,釋放部份成員外出營生,拓展交游,取得更多的就職機會,也是鄭氏圖存的必要手段。

在鄭大和時代的主事者,也是日後家長的鄭欽,相當支持子弟的北游之舉,「族子可出仕者,資而勉之,既仕而歸不翅已得之者」。〔註68〕因此,鄭深在叔父鄭欽的支助下,得到入仕機會,並牽引弟鄭泳、鄭濤進入朝廷,是鄭氏與中央關係最為接近的時期。但是鄭氏仍以地方大族自居,除了接受朝廷官員的表彰之外,未見元廷有進一步的連繫。這與明代鄭氏屢遭朝廷控制、徵召的處境是截然不同。

三、世亂圖存

至正十三年(1353)四月鄭大和逝世,接任家長為鄭欽,也在同年九月辭世。〔註69〕隔年丞相脫脫討伐張士誠,未成而入罪,隨軍從行的鄭深即言:「天下自此多故矣」,而於至正十六年(1356)辭仕返家。〔註70〕數年內,從政的鄭氏族人陸續歸鄉,仕至太常博士的鄭濤,也因反對招撫張士誠而遭時宰罷黜,結束鄭氏在元朝入仕的盛況。〔註71〕然而,脫脫的下台對於鄭氏的最大影響,僅是動盪來臨的象徵,仕途的中斷並未危及鄭氏聚居的延續。因為鄭氏持家是以地方營生為務,為官與否並不影響鄭氏家業的經營。在大和之後的元代家長,鄭欽、鄭鉉、鄭鉅、鄭銘、鄭渭皆未入仕。雖是按以尊序嗣主家政,但歷任家長皆善營生,財貨權度合宜,治家嚴明,這是鄭氏處於易代動亂仍能持續聚居的主因。

在大和主政期間,是其子鄭欽主事營生。至元四年(1338)鄭大和編纂《家範》,也是鄭欽加以輔成,且於隔年再輯六十餘條,補前規之未備。〔註

〔註67〕《宋濂全集》,《宋學士先生文集輯補》,頁2108,〈故江東僉憲鄭君墓誌銘〉。
〔註68〕《麟溪集》卷寅,頁11~14,黃溍,〈青楝居士鄭君墓銘〉。
〔註69〕《麟溪集》卷寅,頁11~14,黃溍,〈青楝居士鄭君墓銘〉。
〔註70〕《宋濂全集》,《宋學士先生文集輯補》,頁2112,〈故江東僉憲鄭君墓誌銘〉。
〔註71〕《金華賢達傳》卷10,頁8b,〈鄭濤傳〉。
〔註72〕《義門鄭氏奕葉文集》,卷1,頁5~6,鄭欽,〈鄭氏義門續規序〉。

72〕此外，鄭欽與弟鉥同掌財貨，開拓腴田二千畝，存貯於嘉禮莊，歲入其粟為子弟婚嫁之費。〔註73〕據載鄭鉥善於廢舉之術（賤買貴賣的經商之道），年僅十六經營商業，數年內使家境大富。〔註74〕在鄭欽主事之下，至少在元末之前，不論是聚居人數與家產數量已相當可觀，也因此作為家長之人，對於權度家政與資產分配的能力運作是更為重要。至正十四年（1354）鄭欽逝後由鄭鉉、鄭鉅繼任家長，二人在此皆表現優秀。

鄭鉉（1295～1364）字彥貞，逝於至正二十四年（1364），是帶領鄭氏避難遷居，過渡動亂的領袖。據載，鄭鉉為人沉毅端愨，「雖朋舊不敢狎侮，語意近褻，輒白眼望之」。及其壯年，主事貨財，「倡家意其易惑，百端傾誘之，每正色叱之使去，倡大詫曰：『此鐵心石腸人也』」。〔註75〕對鄭氏而言，鄭鉉的剛正性情是作為家長的必要條件，而在主政期間，對於鄭氏秉以同居共財的公義精神也更能捍衛，宋濂將其比為大同之世的再現，正是因此：

> 彥貞嗣主其政，益躬躬畏謹，正己以蒞物，或行其所未至，或補其所不足，家人翕然遵化，一堂之上，雅雅雍雍，動逾千百指，愛無不均也，情無不一也，不知孰為親而孰為疏也。視其貨泉，則錙銖皆聚於公，且曰：「我惡敢私也。」察其事功，則群趨而競赴，又曰：「此吾分當然也，爾何與哉！」〔註76〕

鄭鉉治家之法無他，所秉持的就是「公」字，在愈趨動盪的元末時代，這是鄭氏能維持不墜的精神標榜。

此外，關乎家族興衰的家長與主事人選，鄭氏也有培養的過程，鄭鉅是最清楚的個例。鄭鉅，字彥宏，宋濂形容「其與物交，防範至密，諳練甚精」，是極佳的主政人材。在鄭文泰主事期間，鄭鉅「每侍左右，操其權度，以裁大小之政」，爾後兄長鄭欽繼持家務，也多有參與。〔註77〕鄭鉅逝於至正二十五年（1365），擔任家長的時日不長，但主事甚久，其「確守成法如執玉捧盈，

〔註73〕《麟溪集》卷寅，頁12，黃溍，〈青楮居士鄭君墓銘〉。
〔註74〕《宋濂全集》，《潛溪後集》卷9，頁289～290，〈元故行宣政照磨兼管勾承發架閣鄭府君墓誌銘〉。
〔註75〕《宋濂全集》，《芝園前集》卷6，頁1266，〈元封從仕郎江浙等處行中書省左司都事鄭彥貞甫墓誌銘〉。
〔註76〕《宋濂全集》，《芝園前集》卷6，頁1266，〈鄭彥貞甫墓誌銘〉。
〔註77〕《宋濂全集》，《潛溪後集》卷10，頁319～320，〈鄭彥宏甫墓版文〉。

唯有愧前人，然所見一定，雖群言沸騰，終不可搖奪，由是內外皆治」，對於鄭氏能在元末維持家業是有重要貢獻。〔註78〕

除了家業興盛之外，鄭氏能於亂世圖存，最重要的是防衛武力的具備。此時的家長鄭鉉，最大成就是保護鄭氏免於地方動亂的侵擾。據載，在元末亂起州郡騷動之際，元朝軍隊多次進入浦江，其中樞密判官阿魯灰帥軍五萬，一夕驟至，奪民盧舍以居，二十里之內，雞犬牛羊盡斃。這對身為大族的鄭氏造成極大威脅，鄭鉉卻能以脫脫征高郵無罪去國之事為例，勸誡阿魯灰以安民戒兵為務，使其退兵，保住鄭氏家業的安全。〔註79〕關於鄭氏在防衛方面的配置，雖無明確資料可證，但在明代，鄭氏受靖難之變的牽連而遭官兵搜家時，堂中的十大櫃有一半是藏有兵器以備不虞。在明初的安定時期尚且如此，可見其於元末能因應動亂，是有相當的防衛實力。〔註80〕因此，對於史載元末亂軍多戒義門名不敢犯鄭氏之事，〔註81〕學者檀上寬認為，這是因為鄭氏強大的地方防衛，使其無以犯之。〔註82〕且以元末大族多有武裝自衛的記錄，鄭氏以力抗兵應是事實，而鄭鉉可能是當時地方防衛的領導者。

鄭氏遭遇最大的災難，是在至正十八年（1358）朱元璋兵入浦江，為免兵禍，鄭鉉率鄭氏族人避居至諸暨流子里。〔註83〕宋濂曾隨鄭氏而行，對此經歷有言：

> 金華陷於兵，士大夫螻蟻走，唯流子里為樂土，亟挈妻孥避焉。流子里隸諸暨，在嵊之東南，僅數舍即至。濂苦心多畏，而土著民往往凌虐流寓者，白日未盡墜，則翳行林坳，鈔其囊橐物，甚者或至殺人。〔註84〕

流子里隸屬諸暨，位於山中的長谷，是元末士人的避居地，鄭鉉帶領龐大族人寓居此地，遭遇的苦難是超越宋濂所言。隔年，朱元璋取得婺州，部將李文忠派兵二千人戒護鄭氏還家，〔註85〕助其興復，並於十九年（1359）旌表

〔註78〕《宋濂全集》，《潛溪後集》卷10，頁319～320，〈鄭彥宏甫墓版文〉。
〔註79〕《宋濂全集》，《芝園前集》卷6，頁1267，〈鄭彥貞甫墓誌銘〉。
〔註80〕《明史》卷296，頁7585，〈孝義一〉。
〔註81〕《宋濂全集》，《芝園前集》卷6，頁1267，〈鄭彥貞甫墓誌銘〉。
〔註82〕〈義門鄭氏與元末社會〉下，頁67。
〔註83〕《宋濂全集》，《芝園前集》卷6，頁1267，〈鄭彥貞甫墓誌銘〉。
〔註84〕《宋濂全集》，《鑾坡前集》卷7，頁485，〈送許時用還越中序〉。
〔註85〕《宋濂全集》，《芝園前集》卷6，頁1267，〈鄭彥貞甫墓誌銘〉；《明史》（卷126，頁3741～2，〈李文忠傳〉）：「義門鄭氏避兵山谷，招之還，以兵護之。」

爲義門。〔註86〕學者檀上寬認爲這是鄭氏接受朱元璋政權,與之合作的象徵。〔註87〕但以現實考量,朱元璋已經控制浦江,成爲可能取代元朝的政權,爲了龐大家族的生存,鄭氏接受旌表是不得不然的決定。

後來的家長鄭鉅、鄭銘主政日短,僅知其「會遭兵難,法無少爽」,〔註88〕但在繼任家長鄭渭的事蹟中,也出現類似鄭鉉的記錄:

> 維伯陽父,自幼穎發,佐諸父齊家,才超然自見也。泉布出納,及米鹽細務,一一鉤校,使無所漏也。更繇之繁,身獨任之,戴星往來,瑜三十春秋,不憚煩也。辭意懇款,一本諸誠,無纖毫人僞也。化行鄉邦,三尺之童,率皆信服,爭呼之爲長者也。縣之大夫,踵門問政,告之以利病,民陰受其賜也。方嶽重臣,嘉其篤純,欲辟爲從事,辭不爲也。……合爨十世,中更亂離,左抗而右禦,卒使危復安也。〔註89〕

這段引文應證上述所言,身爲鄭氏家長所須具備的理財、防衛能力以及義門精神的實踐,故能引領鄭氏於易代間左抗右禦,轉危而安,成爲地方秩序的維持者。從至正十四年(1354)鄭鉉主家政到經歷易代的鄭渭,鄭氏確實見證元末的動亂,也成功地因應,這不只是鄭氏家長的善爲家計,鄭氏族人能以聚居爲念,接受家法的約束與孝友精神的實踐,更是鄭氏處於動亂不失秩序的主因。

肆、燕翼之道

《至正直記》的作者孔齊,在至正十八年(1358)避居會稽期間,獲睹《鄭氏家規》之後,深感家法建立的重要,〔註90〕甚至立言:「他日子孫長成,必效浦江義門家法也」。〔註91〕孔齊的感歎,指出元末鄭氏受到士人重視的原因,除其十世同居,孝義立家之外,更在其家法的完善與執行之嚴。宋濂形容鄭氏治家是「嚴而有恩,雖家庭中,凜如公府,子弟稍有過,頒白者猶鞭

〔註86〕談遷《國榷》(台北:鼎文書局,1978年,卷1,頁285):「至正十九年五月,旌浦江鄭氏,復其家,手書孝義門。」

〔註87〕〈義門鄭氏與元末社會〉下,頁71~72。

〔註88〕《宋濂全集》,《潛溪後集》卷10,頁320,〈鄭彥宏甫墓版文〉。

〔註89〕《宋濂全集》,《芝園後集》卷3,頁1382~3,〈故浦江義門第八世鄭府君墓版文〉。

〔註90〕孔齊,《至正直記》(校點本,收入《宋元筆記叢書》,上海:上海古籍出版社,1987年)卷2,頁68,〈家法興廢〉。

〔註91〕《至正直記》卷2,頁76,〈和睦宗族〉。

之。」〔註92〕然而，行法如此，家中已無和樂可言，但在孔齊眼中卻認為這是立法者的深謀遠慮，所訂所誡都是為了確保子孫安樂，家道存興的必要訓則，尤其在歷經元末兵亂後，孔齊更能體會鄭氏立訓的良意，一再強調家法存設是家族歷處動亂不致破敗的根基。〔註93〕

對此，鄭氏是早有認知，從鄭德璋留下不聽婦言的遺訓，到鄭大和編訂《家範》，鄭欽、鄭鉉的補錄，最後至明代鄭濤刊行《旌義編》，即為《鄭氏規範》，共經三代歷四編，從原有的五十八則增至一百六十八則，顯示鄭氏對於家法建立的重視。〔註94〕至於一再修法的原因，鄭濤有言：「復以為三規閱世頗久，其中當有隨時變通者」，顯見鄭氏家法的類型，不同於一般家訓僅於綱常倫理的勸誡，而是為了適應聚居的實際需要所立的治家之法，其中關於族人的生活管理，財產經營與秩序維持的措施，皆是具體而實用。〔註95〕因此，《家範》是鄭氏族人的生活守則，包括食、衣、住、行，以及生產、職事上可能的行為，皆有法可據，若有違背，家長將依法處置。

例如：在元代的《鄭氏家範》中有一條是關於衣著與用車的規定：「子孫年未二十五者，除綿衣用絹帛外，餘皆用布；除寒凍用蠟屐外，其餘遇雨皆以麻葳；從事三十里內並須徒走，初到姻親家者不拘。」而在飲酒上也有規定：「子孫年未三十者酒不許入唇，壯者雖許少飲，亦不可沉酗杯酌。」〔註96〕顯見其於生活行事的規範之細微。至於《家範》的實施情況，宋濂〈鄭氏孝友傳〉已有所記。其中關於鄭氏治家之要的「不聽婦言」，在《家範》的規定有：「毋用婦言以閒和氣；婦人干及外事則罰」等條，〔註97〕而在宋濂擔任塾師期間，已見「諸婦唯事女工，不使預家政，而且內外極嚴，興臺通傳，不敢越堂限」，由此可知鄭氏執行家法之嚴密。〔註98〕

宋濂有言：「今（鄭）柏之門，內外邕穆，且十葉聚食矣，非禮有以管攝之，惡免無乖盭哉？」〔註99〕鄭氏家法在歷任家長的強力執行下，成功維持鄭氏同居的盛況。隨著鄭氏的聲名遠傳，受到鄭氏家範影響的家族也愈多。

〔註92〕《宋濂全集》，《潛溪後集》卷5，頁231～2，〈鄭氏孝友傳〉。
〔註93〕《至正直記》卷4，頁124，〈莫置玩器〉。
〔註94〕《宋濂全集》，《芝園後集》卷3，頁1382，〈旌義編引〉。
〔註95〕《宋濂全集》，《芝園後集》卷3，頁1382，〈旌義編引〉。
〔註96〕鄭大和編，《鄭氏家範》，頁3348。此編成於元代，前文所引皆為此本。
〔註97〕鄭濤續編，《鄭氏家範》，頁3；頁29。
〔註98〕《宋濂全集》，《潛溪後集》卷5，頁231～2，〈鄭氏孝友傳〉。
〔註99〕《宋濂全集》，《宋學士文粹輯補》，頁1857，〈鄭柏加冠追補字辭〉。

如揭傒斯所言「吳越之士多感化興起」，〔註100〕虞集記有家族析居二十多年受
鄭氏感召而再聚。〔註101〕明初知名的義門，深溪王氏也是取法鄭氏而聚居。
〔註102〕而且鄭氏秉持義門的公義精神，不吝於家規的推廣，深溪王氏，〔註103〕
長塘黃氏，〔註104〕諸暨吳宗元，〔註105〕皆法鄭氏家規而治家有成。曾任塾師
的宋濂更是舉家遷居以鄰，其言：

> 惟古人最重遷，以墳墓在斯，親戚在斯，不敢輕於棄去，或去之，
> 必出於勢之不得已，今予豈有他哉？特欲薰漸孝義之門，以勗我
> 後人爾！……予子孫居於此者，毋析爨，毋為不義，毋侵蝕比鄰，
> 日衣被乎詩書，耕則為良農，學則為良儒，庶幾不負予之志也。
> 〔註106〕

由此可見，作為義門的鄭氏受人尊敬甚至稱羨的原因，不只於孝義傳家與公
義精神的展現，更重要的是，在兩朝動亂之間，從宋元之際的興起到元明之
際的壯大，鄭氏成功地維持家族聚居的延續，建立起良善的家風傳承，故能
成為當時士人治家的典範。

學者許懷林分析《鄭氏規範》的條文，解釋鄭氏得以聚居不散的原因，
約有四點：一是嚴行作為聚居基礎的財產共有制，執行的程度是決定聚居穩
定的關鍵；二是相對均等的分配，在尊卑男女的地位區分上進行均等分配，
減低紛爭；三是家長權威的神聖與管理的嚴密；四是濃烈的倫理思想教育，
對於族人產生自發的約束與凝聚。〔註107〕從上述關於元代家長與部份鄭氏成
員的記錄可知，鄭氏對於上述四點不只於家規的列文規範，在行為上都能有
明確的實踐。即是在兵亂奔走間，鄭淵仍袖藏《宗譜》、《家範》二書以行，
片刻弗離身。〔註108〕可見，元代的鄭氏得以興盛，並渡過危難，是在於鄭氏
族人對於聚居精神的絕對捍衛。這才是孔齊所誓言效法，能使家族在亂世中
圖存的根本之道。

〔註100〕《麟溪集》丑卷，頁4，揭傒斯，〈鄭氏孝友傳〉。
〔註101〕《麟溪集》子卷，頁1，虞集，〈旌表鄭氏義門碑頌〉。
〔註102〕《宋濂全集》，《芝園前集》卷6，頁1275，〈浦江深溪王氏義門碑銘〉。
〔註103〕《宋濂全集》，《芝園前集》卷6，頁1275，〈浦江深溪王氏義門碑銘〉。
〔註104〕《宋濂全集》，《芝園續集》卷1，頁1478，〈長塘黃氏義門銘〉。
〔註105〕《宋濂全集》，《芝園前集》卷4，頁1228，〈故筠西吳府君墓銘〉。
〔註106〕《宋濂全集》，《芝園後集》卷1，頁1357，〈蘿山遷居志〉。
〔註107〕〈鄭氏規範剖析——兼論義門聚居的凝聚力〉，頁162～3。
〔註108〕《宋濂全集》，《鑾坡後集》卷9，頁750，〈鄭仲涵墓志銘〉。

伍、結　語

　　明代的開國文臣宋濂，因胡惟庸案的牽連而舉家流放，在執刑前夕特將手書文稿交付鄭氏，賦詩而言：「平生無別念，念念只麟溪，生則長相思，死當復來歸。」〔註109〕即是遭逢大難，宋濂所念惟有鄭氏，生則相思，死當來歸，其所展現的深刻情誼，令人動容。作爲一個累世的地方大族，鄭氏或許並不突出，但能於當世享盡聲譽，名留三史，更於後世留有豐富的文人史料，而爲史上最爲知名的家族，鄭氏是適得其份。

　　鄭氏能得諸多士人的記載，除了其在地方與中央士人圈的經營之外，最重要的原因是來自宋濂，但是宋濂最初的成名又是來自鄭氏的士人網絡。在兩者的相互成就之間，鄭氏的貢獻不只於地方事業的經營，正如竇德士與檀上寬所認爲，鄭氏在元明之際的江南士人圈是有重要地位與影響。對此，兩位學者已有精闢的論著。

　　本文雖止於鄭氏家長的探討，但基本關懷仍是鄭氏能於元代興盛的過程。從宋元易代到元明易代，鄭氏是在動亂中興起，在動亂後壯盛，爲能因應動亂，鄭氏建立以合族的龐大組織，經營型態與嚴格的治家規範，貫穿其中的則是族人上下一心，以義門爲標榜的孝友精神，這是鄭氏能以十世同居的根基。可見家族的興盛，是來自精神的強健。鄭氏的成功正是由此，或許一個國家的強盛也是如此。

〔註109〕《宋濂全集》，頁2188，〈別義門〉。

第一章　緒　論

壹、緣　起

　　關於士人身份與行為的探究，是中國史研究的重要課題。「士人」，是以儒士為主的知識份子，在中國傳統社會中是一個極受推崇的「身份群體」〔註1〕。透過儒家經典的研習，承傳士人身負的使命，將理論化為實際，反映在現世事務的參與。不論是在政治、社會與文化層面，士人長期扮演著參與和關注的角色，直接或間接在當世發揮影響，加上士人的文字記錄在有意的保存與流傳下，後世對過去歷史的回溯時，士人自是成為討論的焦點。因此對於歷史工作者而言，士人行事與動向的呈現，是史事研究上一個極佳的探視途徑。

　　士人在歷史上的特殊性，在於其自我認同與定位下所兼具的雙重身份：一是作為儒家思想的研習者與承繼者，不可避免的有著傳延學術的責任；〔註2〕二是作為政治體制的參與者，必須承負政治現實的職責，與實踐儒家政治理念

〔註1〕關於「身份群體」（status group），是由 Marx Weber 所創，指享有相似社會地位之人群，有別於以經濟為主要評準的「階級」一詞。見 Weber, *Essays in Sociology*（trans. by H. H. Gerth, New York, 1964），pp186～187。Weber 曾以此觀念來分析中國士人的社會地位。見氏著 *The Religion of China*（trans.and ed.by H.H.Gerth, New York, 1964），pp107～141。這個說法的引用是來自，蕭啓慶，〈元代的儒戶：儒士地位演進史上的一章〉，收入《元代史新探》（台北：新文豐出版公司，1983 年），頁 1 及頁 41 之註 1。

〔註2〕儒家思想是透過經典的流傳而綿延，因此身為儒家知識份子的士人，便有義務保護思想與文獻的傳承不受中斷，這是他們所背負的文化使命，即士人的「斯文」傳統。參考 Peter Bol, *"This Culture of Ours" :Intelluctual Transition in T'ang and Sung China*, Stanford: Stanford University Press, 1992, pp1～2.

的期許。〔註3〕兼具不同性質卻可能並存的身份，士人必須同時擔負文化傳承與政治實踐的使命。但在恆久的文化傳承與多變的政治現實之間，有著複雜難明的緊張關係，被賦予學術與政治訴求的士人，必須面臨兩者之間不斷產生的矛盾與衝突。爲了突破困局，歷代士人不得不去思考這些問題：究竟學術傳承與政治責任是何者爲重、何者爲先？當政治環境與學術延續間有所違背時，該如何合適地選擇自我的定位，以完成肩負的責任？若是身處於政治動盪、儒學不彰的時代，作爲思想傳承者與政治參與者的士人又該如何自處？

這些難題困擾著歷代的士人，尤其在時勢變遷與朝代鼎革之際，這種介於政治責任與文化傳統間的特殊處境，更是士人普遍面對的課題。這種處境會有兩個面向的呈現：

一是在政權交替下政治服務對象的改變，伴隨著新政治環境的形成，士人在政治參與的型態上有所變化。這涉及的不只是加入新政治體制上的考量，更直接的問題是易代的士人該如何與新統治者建立合作關係，以確立儒家政治理念的落實與士人身份的實踐。當這些考量最後體現在效忠對象的選擇上，已是經歷細微、複雜的評估過程，在仕隱抉擇中士人所要秉持的，不只是儒家思想中選擇出仕對象的標準，甚至對於整體情勢的衡量、個人身家性命的保全、文化傳統的維繫等等，都是影響士人必須深加考慮而謹慎行動的因素。因此士人出仕與否的抉擇，是經過相當繁複的思索與個人機運的因應所做的最後決定，很少是以單純的政權認同，作爲效忠某政權的理由，況且在瞬息萬變的時勢變化下，士人的選擇很有可能是大環境造就下不得不如此的決定。這些因素造成易代士人在政治出處上的特殊處境，在政權的交替下常懷有深鬱難解的心結，研究者須要細細剖析才能加以明瞭。

二是處於時代交替的政治動盪期，如何保持文化傳統與文明遺產於亂世之中，不使其隨政權衰滅而佚散，可能是士人更爲關心的課題。雖然士人並不能擺脫其政治身份，但是爲了確保傳統的延續，學術發展必須有其自主性，

〔註3〕 知識份子以道自任的精神在儒家表現的最爲強烈，從《論語》的記載中可以知道孔子強調士的價值取向必須以「道」作爲最後的依據。孔子賦予士階層一種理想主義的精神，要求士人都能超越自己個體與群體上的利害得失，而發展對整個社會的關懷。（以上參考，余英時，《中國知識階層史論》，台北：聯經出版公司，1980 年，頁 38～39。）儒家以道自任的精神，要求士人必須能夠參與政治，作爲道的實踐，並且強調在仕的問題上，士人所要最終考量的是道的得失而不是個人的利害。道精神的傳承與政治實踐，是儒家賦予士人的重要使命。

得以獨立於政治遭逢之外。政治責任的實踐雖是重要，文化傳統的維護更是士人所不能規避的要務，即使是仕途多阻，不能為君所用使斯道行，也要將理念加以傳播而使斯道明。因為對於士人而言，政權興亡是在一時之間，文化傳承卻是必須永續經營的工作，即使士人面臨著不容其實現政治抱負的政治環境，文化延續事業仍是其須終身致力的職責。

由此可知，介於政治與文化的雙重處境，面對著「忠君」與「行道」間的矛盾，易代士人有著複雜難解的心路歷程。這也是筆者在歷史學習的歷程中，持續關心的焦點所在。

貳、問題的提出

以元末明初的士人作為考察對象，起始於此期士人所面對的處境不同其他時代的士人。在歷史研究的回溯中，元明鼎革最為人注意之處，在其所呈現「由夷入夏」的取替性質。對後世者而言，這種特殊處境在民族情操的揮發下，不知覺地淡化士人原本多方因素上的考量，而採取種族的歸屬作為評判其政權選擇的主要依據。因此在探視仕明的元末士人所做的出仕決定時，常以伸張民族大義與夷夏之防的歷史解讀，將其仕明的行為予以正當化。然而，經由史料的呈現與對比，會發現這種解釋存有不少令人質疑之處。

最早留意於此的是清代學者趙翼所提出「明初文人多不仕」的觀察，並以「明祖懲元季縱弛，一切用重典，故人多不樂仕進」的理由作為解釋。〔註4〕近代學者錢穆透過明初士人文集的舉證，也提出突破性的見解，認為元末士人不論仕明與否，對於元政權仍充滿思念之情，毫無重光中華的歡欣喜悅。〔註5〕無獨有偶，學者勞延煊也從明初文臣的詩作中，看出他們對於已亡政權的深思眷念。〔註6〕雖是間隔百年，這些考證成果為元末士人研究提出關鍵性的反思：從文集史料顯示，元末士人對於明政權的想望，並非後世所想像的熱切，單以夷夏之防作為其政權選擇的解釋，是否真能反映元末士人的真實

〔註4〕趙翼，《二十二史箚記》（台北：世界書局，1986年），頁466～467。

〔註5〕錢穆〈讀明初開國諸臣詩文集〉：「明祖以平民崛起為天子，為漢高以下所僅有，讀史者豈不曰驅逐胡虜，重光中華，其在當時，上下歡欣鼓舞之情當如何？考其史實，當時群士大夫之心情，乃及一時從龍佐命諸名臣，其內心所蘊，乃有大不如後人讀者之所想像。」收入《中國學術思想史論叢（六）》（台北：東大圖書公司，1978年），頁77。

〔註6〕勞延煊，〈元明之際詩中的評論〉，收入《陶希聖先生八秩榮慶論文集》（台北：食貨出版公司，1969年），頁145～163。

處境，而爲其在元及明之仕隱抉擇的依據？倘若如史料所示，明初士人確有不樂仕進的心態，除了以忠君觀作爲可能的解釋外，對於未曾仕元卻不樂仕明的士人而言，是否可另從政治、社會、思想背景尋求合適的解釋？且以不樂仕明的現象直接視爲是故國之思，是否過於簡化元末士人的易代心境？更重要的是，夷夏之防的觀念是否眞實存在於元末士人的思想中，他們對於元代的異族統治是抱持何種態度？而這樣的態度在易代之際與入明之後是否有所變化？從這些提問出發，元末士人的仕隱行爲逐漸爲研究者所重視，以「不樂仕明」的角度切入，溯自士人仕隱思想的發展，長期爲人忽略的元末士人隱逸觀，逐漸成爲討論的重點。

關於士人的隱逸行爲，學者牟復禮（Frederick W. Mote）認爲，這是士人處於亂世時常採取的生存方式，在中國傳統中有其思想與政治的意涵，可視爲士人表達對亂世不滿的型態。透過對元初隱逸士人的考察，牟復禮提出士人隱逸的兩種典型：一類是義務性的隱逸，其思想基礎來自宋代理學對「忠」的理解，強調對前朝的盡忠守節，是人臣對已亡故朝的義務，不當再爲新政權提供政治服務。另一類是自願性的隱逸，其理論根據來自儒家思想中「有道則仕，無道則隱」的觀念，基於對道的堅持，當環境不利出仕時，士人則須守道隱退。〔註7〕這爲士人的隱逸行爲建立理論性的解釋，但在個別歷史條件的遷變下，不全然適合於解釋元末士人的隱逸行爲，許多被視爲忠節的元末士人，根本未受元廷的官位或拒絕徵召，忠於元廷的解釋並不能概括士人採取隱逸行爲的理由。〔註8〕

爲了深入探查元末士人採取隱逸行爲的動機，學者劉祥光藉由元末徽州士人之隱逸思想的研究提出可能的解釋。他認爲元代士人在政治與思想條件的配合下，逐漸發展出以道自任的隱世觀，將個人對經世的使命轉化爲道統承傳的經營。〔註9〕這種獨立學術於政治之外的想法，是無關於個人對任何政

〔註 7〕 Frederick W. Mote, "Confucian Eremitism in the Yuan Period", in Arthur F. Wright ed., *The Confucian Persuasion*, Stanford: Stanford University Press, 1960, p204.

〔註 8〕 劉祥光，〈從徽州文人的隱與仕看元末明初的忠節與隱逸〉，《大陸雜誌》94 卷：1 期，1997 年 1 月，頁 32。

〔註 9〕 元代儒家退隱觀主要受到兩個因素的影響：一是宋儒對「爲己」詮釋上的突破，給與儒者在退隱觀上的理論基礎。「爲己之學」牽涉到學者的個人體驗，在學習過程中，學者與經典的互動，使他們發現以道自任的新詮釋。二是元代社會不利學者的出仕，轉而促使他們對出處上的反省。如果學問的價值不

權的訴求。不論是生處於元或明，士人堅持的是選擇以道統爲安身立命的自主性，對於仕進抱持較爲淡泊的態度。以此探視其於明政權下所反映的忠節、隱逸舉動，可解釋爲士人面臨政治機制對個人自主性的強加壓迫，所產生的自保性行爲。〔註10〕因此劉祥光認爲元末隱逸觀於思想史上的重要性，在於退隱理由與道統傳承的結合。〔註11〕這個解釋雖賦予元末士人在思想史上不同於往的特殊地位，但其研究對象僅限於徽州士人，忽略在地區差異下的士人是否出現不同行爲表徵的可能。此外，劉祥光是以徽州士人的隱逸觀爲例，歸結出元末士人「以道自任，不重仕進」的價值取向，但在藍德彰（John D. Langlois, Jr.）對於元末金華士人的研究中，卻提出截然不同的解釋。

　　士人群體的行爲模式與價值標準，是否有地區性的差別？倘若從南宋以來逐漸形成的地方性學風在元末已是普遍現象，士人群體的地區差異性應不容忽視，如此探討元末士人的仕隱行爲，則須個別留意其行爲背後的思想意涵。探討不同的士人群體，同是隱逸，有其不同的價值依據；同爲出仕，也有各自的理念託寄。在藍德彰的觀察中，金華士人將經世目的下的出仕行爲，視爲極高價值的士人實踐，其於不利仕進的政治環境，仍能致力於政治服務的培育與提供，〔註12〕相較於徽州士人遠離政治的治學態度，確是大爲迴異。若換個角度而言，將「不樂仕明」的士人心態，投置在金華士人的經

在於舉業入仕，那學者就必須思考該如何定位其所學與自身目標。許多元儒得到的結論，是以教授、著述，以維持個人獨立的爲道自任之方式，完成儒者的責任，而這並不低於出仕的價值。因此他們相信維持個人的獨立是自足的價值，不必然與政治事務相涉。參見，〈從徽州文人的隱與仕看元末明初的忠節與隱逸〉，頁42～43。

〔註10〕　由此來理解鄭玉的忠節與隱逸，表現的是儒者忠於所學的意涵。劉祥光強調，鄭玉之死不只是元史與後人所言僅是忠於元朝的忠義表現而已，更爲重要的是自身所學和自我意識獨立於政治之外的維持，與忠我概念的表現。參見，〈從徽州文人的隱與仕看元末明初的忠節與隱逸〉，頁42。

〔註11〕　劉祥光認爲這是由以道自任轉化而成的新退隱型態，在這種觀念下的隱世行爲賦與學者積極的意涵，不必要是「學而優則仕」，在「學而優」下仍可以致力於道統的傳承。這種退隱觀力求道統自立於政統之外，不被政治的紛擾所阻礙。儒者可在道統傳承中安身立命，透過寫作、教授與註解經典，就廣義而言，這也是入仕，也是爲政。見〈從徽州文人的隱與仕看元末明初的忠節與隱逸〉，頁43。

〔註12〕　John D. Langlois, Jr., "Political Thought in Chin-hua under Mongol Rule", in John D. Langlois, Jr. ed., *China under Mongol Rule*, Princeton, N. J.: Princeton University Press, 1981, pp. 137～139。

世取向，或可發現其與徽州士人全然不同的仕隱背景和理由。〔註13〕

　　金華士人的政治行爲成爲研究課題，起於輔明建國的諸多士人有不少是來自金華地區。論及朱元璋政權的性質轉變與士人的互動情形，浙東士人對於明政權的貢獻與從政態度已是重要的討論課題，〔註14〕其中則以自成爲地方學術社群，強調文化、思想傳承的金華士人，由學者身份從事政治實踐的心志，更爲士人研究者所注意。據藍德彰的觀察，不只在元代盛世甚至於元末動亂期間，多數的金華士人仍持續著積極的政治參與活動，明代的建國有相當程度是得力於他們的貢獻。〔註15〕而於錢穆所觀察「明初士人不樂於仕」的現象中，金華士人並沒有獨立於外，〔註16〕倘若如藍德彰所言，元代金華士人致力於追求學術與政治的領導地位，是以此思想與心態爲元、明政權提

〔註13〕關於金華士人的界定，是採行政區域的劃分，以元代的婺州路範圍（路治爲金華），出身婺州即視爲金華士人。但據藍德彰、孫克寬等研究者的劃分，主要是採學術承傳上的認定，只要是金華學者思想的傳承者也視爲金華學術的成員。雖然金華士人並未發展出體系化的思想內涵，似乎不足以學派稱之，但是從金華士人對於當地思想承傳的強調，與文獻保存上的重視，儼然是爲有相當凝聚力的學術社群。這樣的觀察是取自元末金華士人的行事而知，在此之前元代金華士人是如何發展與凝聚其思想特質，並且逐漸成爲具有影響力的士人群體，這可能是研究元代金華士人所不能規避的課題。關於元代金華士人的研究，孫克寬的《元代金華學述》（台中：東海大學，1976年）是目前較爲專論性的撰著。

〔註14〕對於浙東士人參與明代建國的理由，過去常以民族大節解釋其抗元行爲，然而在多數史料的比對下，發現其於元末多有援助元朝鎮壓地方叛亂的舉動，因此其於元末的政治動向以及加入朱元璋政權的因由，是近來漸受重視的研究題材，相關論文：陳高華，〈元末浙東地主與朱元璋〉，原載於《新建設》，1963年第5期，後收入氏著《元史研究論稿》（北京：中華書局，1992年），頁290～306；以及寶德士關於浙東士人在元末從事地方改革的討論，見 John W. Dardess, "Confucianism, Local Reform, and Centralization in Late Yuan Chekiang, 1342～1345." In *Yuan Thought*, ed. Hok-lam Chan and Wm.Theodore de Bary, Columbia University Press, 1982, pp.327～374.

〔註15〕藍德彰認爲金華學術之所以重要，在於對元朝與明朝的政治貢獻。金華士人輔佐朱元璋取得政權，之後編修元史，以其觀念爲元朝留下恆久的評價。金華士人貢獻聲望與所學爲明代立國建下根基，輔佐朱元璋從軍閥出身一改成爲中國君主的形象。也許是朱元璋不只受助於金華，但關於金華士人對於明代的貢獻，近代學術尚未有進一步的考察。參考 "Political Thought in Chin-hua under Mongol Rule"，p.138。

〔註16〕在錢穆《讀明初開國諸臣詩文集》考述的八人金華出身的士人的有：宋濂、胡翰、蘇平仲三人，另未論其文集而略有提及的有王褘，其中方孝孺並不是開國文臣，也非金華人，但爲宋濂門人，受傳其學。

供政治服務，〔註 17〕那麼是在何種思想條件或政治環境下，使得入明的金華學者在從事政治實踐時，隱約透露出不樂於仕的訊息？換言之，溯自政治參與的目的，究竟金華士人參與明朝建國的動機何在，在諸多政權中爲何以朱元璋爲其託附對象？而於政治運作過程扮演何種角色，對於朱元璋甚至明朝立國的寄望，及其實際影響又是如何？

以研究取向而言，隱逸行爲的呈現是彰顯士人對於政治實踐與學術獨立的堅持，透過隱逸觀來談士人的仕隱行爲，士人思想的理念性質較易於具體顯現。然而論及士人面臨出處抉擇的實際遭遇時，其抉擇不論是隱或仕都在相似的時代處境下，隱逸士人堅持理念以歸隱作爲呈現，相對的，出仕士人也有堅持政治參與的理論根基，須以出仕付諸實踐。由出仕士人的心境轉換作爲考察的對象，是易代士人研究上較爲缺乏也較難處理的部份，但以士人的出處問題是著重於士人的仕隱考量，特別是於考量過程所憑藉的思想原則，單就隱逸士人的考察是不足以解釋元末士人研究上的種種課題。因此，藍德彰採以經世著名的金華士人進行研究，是爲探視元末士人心態的另方取徑，或可以此深究仕明者所呈現不樂於仕的緣由。

從出仕角度探究士人的仕隱行爲，首先涉及士人的參政動機，是否有其必然或必要性訴求。學者竇德士（John W. Dardess）認爲，儒者參政是爲儒學專業（profession）的實踐與展現，〔註 18〕而於實際的政治運作，以儒學作爲專業並進行有效的政治指導，必須藉由官職的權力賦予才能落實，士人的出仕成爲不能規避的使命。因此在元末仕隱行爲的探視上，竇德士提出不同於錢穆的看法，認爲當時士人所重視的並非是忠節觀念，而是對於實踐儒學專業所能提供的政治環境與機會，〔註 19〕這也是部份元末士人面臨政權選擇時

〔註 17〕參見 "Political Thought in Chin-hua under Mongol Rule"，p.137。

〔註 18〕Dardess 賦予儒家以一個頗具社會化意涵的字眼——專業（Profession）來加以討論，將儒家視爲是一群專注（奉獻）於與被要求專精於一套理論化、體系化、普遍化的知識原理上的集結團體。他們被教導爲，不只要學習聖王之道，並且實踐所學，以達到經世的目的。作爲一個專業，儒者擔負社會服務的理念，實踐所學來尋求公眾的福益。在政治上，被要求參與或至少是密切合作於組織化的公眾政權。然而，儒學思想通常是適用於建議而非決策的形式，當與政權或政府體制有所抵觸時，儒學倫理會要求士人忠於儒學專業。參考，John W. Dardess, "Confucianism, Local Reform, and Centralization in Late Yuan Chekiang, 1342～1345.", pp.327～8.

〔註 19〕Dardess, *Confucianism and Autocracy :Professional Elites in the Founding of the Ming Dynasty*, Berkeley, Los Angeles, and London :University of California Press, 1983, pp.9～10。

所考量的標準。〔註 20〕以「朱元璋能用之故而仕之」來解釋仕明者的從政心態，可能過於強調士人於政治參與的自主性，究竟士人對於立國能有多少決定性的貢獻，在政府機構可以擔任的職責等等，都可能影響朱元璋對待士人的任用態度。故而除了探討士人爲何仕明外，也須考慮朱元璋是爲何且如何接納士人，兩者之間是在何種條件下相互配合於建國事業，而於何種因素下呈現出其各自本質與目的上的差異，這才是決定明初士人心態的主因。然而士人致力於鋪設政治理念、建構治國藍圖，卻又難以預測實際從政下的種種遭逢，倘若士人可以瞭解思想理念與政治實際之間的差距，那是什麼支持他們對於出仕的想望？以元代金華士人爲例，若如藍德彰所言其將儒者定位於兼具官僚的學者身份，那是何種理由使士人不能放棄出仕的期待？除了士人承負的儒學傳統對於仕進的寄託外，士人的出路問題是否也爲不能忽略的原因所在？

因此言及元末士人所重視的並非華夷之防，而是實踐儒學專業的機會，其中更深刻的含意是，在元廷統治下道行與否的問題。這個問題對不同時期的元代士人有著不同方式的解讀，但是如何使道彰使道傳的根本考量卻是相同。〔註 21〕元代士人是處於仕途受阻的時代，科舉不行數十年，士人在謀生、出路上有著極大的問題。〔註 22〕有什麼方式是可以在這種處境下繼續於道的傳行，不少士人對此深思，不斷地提出解決方法。如前言之徽州士人，在自身學術條件的配合下，發展出以道自立的思想觀或是隱逸觀。而金華士人則是爲使學術能在指導政治下繼續傳延，著重於爭取政府參與的機會。然而，不論是重隱或重仕的思想型態，道的傳承是否能獨立於政治的遭逢之外，士人並無絕對的信心。倘若須借身顯才能使道顯之，士人將不能規避任何出仕機會，問題是，這些機會並非士人所能自主，重仕的金華士人並非沒有對此

〔註20〕竇德士以金華、處州士人爲考察對象，認爲其多仕明的因由在於：a、曾參與元末浙東地方改革的經驗促使他們更爲激進化與政治化，不能接受元廷日漸腐敗的事實。b、當他們致力於重塑士人群體的道德結合力以落實於政治實踐時，元朝政策明顯地不合於他們欲於從事改革與集權的理念，故而採取收回對元的忠誠或是因而轉向效忠明。參考 *Confucianism and Autocracy*, pp.128～9。

〔註21〕關於元代士人在異族統治下所面臨學術傳承的課題與應變，可參考王明蓀，《元代的士人與政治》（台北：學生書局，1992 年），第四章〈士人之理想〉的第二節〈道行與道尊〉，頁 275～307。

〔註22〕關於元代士人的政治地位可參考：王明蓀，《元代的士人與政治》，第三章〈士人之政治地位與問政〉，頁 133～247。而元代士人的處境與出路，則可參考：蕭啓慶，〈元代的儒戶──儒士地位演進史上的一章〉，頁 1～58。

深思。〔註 23〕生處於沒有太多機會提供政治服務的環境下，首當其衝的並非是政治與學術的協調課題，而是士人身份與價值定位的思考：如何提高士人地位獨立於政治遭逢之外，在不以儒士爲重的政治處境下，士人依然可以自得於其士人身份與志業。〔註 24〕從這個角度出發，元末士人除了各自發展仕隱思想的傳統外，也普遍強調以學術自立的士人價值。〔註 25〕

由此深思，士人於元末和明初的處境有何差異？顯現在仕隱選擇與士人獨立性上，入明士人已逐漸喪失其在元末的自主地位，處於愈趨集中的君主政權支配下，愈是難以學術身份自立於政治之外。明初士人何以不樂於仕？若能考察士人由元末到明初的處境轉換，應有局部圖象可以逐步呈現。因此筆者在擇取研究主題時，考慮以行事顯明且兼具學者身份的仕明士人，由元末至明初的身份改變與處境轉換過程中進行考察。而以明初功臣宋濂於元明之際多種身份的轉變，從地方儒士到中央官僚，元儒到明臣，由隱入仕，其於不同時期所呈現的多種面相，頗能顯現元末士人的部份處境，故爲本文的研究對象。

參、元明易代時的宋濂

關於元末士人的出處型態，若以仕隱行爲來探視，約可分爲四類：一是元時隱而明時仕，如宋濂。〔註 26〕二是元明皆仕，如劉基。〔註 27〕三是

〔註 23〕宋濂嘗言：「予豈忘斯世哉！雖然予聞道之興廢係諸天，學之進退存諸己，存諸己者吾不敢不勉也。係諸天者予安能必之哉！予豈若小丈夫乎！常往山林而不返乎！未有用我者爾！苟用我，我豈不能平治天下乎！」見《宋文憲公全集》（四部備要，以下簡稱《全集》）卷 51，頁 4b，〈龍門子凝道記、終胥符第三〉，。

〔註 24〕牟復禮認爲，元代士人雖是歸於儒戶，但這並沒有取代科舉制度，來保障士人的入仕之途，即使延祐二年的重開科舉，並未眞正提昇漢儒的政治地位，因此許多在文學藝術上具有天份的士人，從政治以下的出路發展所長，追求個人在學術或文藝上的實踐，因而發展出其他時代所不常見的生活或思想型態。參考（英）崔瑞德編，史衛民譯，《劍橋中國遼金元史》（北京：中國社會科學出版社，1998 年），牟復禮撰寫的第九章〈蒙古統治下的中國社會〉，頁 781～782。

〔註 25〕以金華士人爲例，徐秉愉在〈以文自立——元代金華文士吳萊〉一文中，歸結得出金華士人在政治不遇下發展以學術作爲士人志業的傳統，其中以吳萊爲關鍵，上承方鳳下傳宋濂，成就以金華文脈爲係的思想傳承。收入《世變、群體與個人：第一屆全國歷史學術討論論文集》（台北：國立台灣大學歷史學系，1995 年），頁 129～147。

〔註 26〕元至正年間，薦授宋濂爲翰林編修，但宋濂以親老固辭，入龍門山爲隱著書。

元明皆隱，如戴良〔註28〕、王逢。〔註29〕四是元時仕而明時隱，如楊維楨〔註30〕。這四位在易代間採取不同仕隱態度的士人，在錢穆的舉證下，隱約皆有「亡元之崇重，興明之輕蔑」的心態。〔註31〕倘若仕隱行爲的呈現，是個人心志與政治抉擇的表態，這些同處易代的士人應是各依其政治考量從事出處的選擇，然而這些相異的出處行徑在錢穆的觀察下，卻都能顯現重元輕明的故國之思，假使這是入明士人的普遍現象，又該如何解釋其中以個人心志選擇爲明政權服務的士人，他們於元末的仕明心態與入明後的故國之思是何以交替呈現？由此看來，在從事元末明初的士人研究時，不能輕忽在元明政權交替中士人處境的變化。爲求深入了解元末士人於易代間的心態演變，藉由士人由元入明的仕隱抉擇進行歷史性的考察，以此呈現元明政權交替間士人政治處境的差異，將爲元末士人的出處問題提出更能符合歷史情境的解釋。

　　在行事記錄與史料來源的考量下，筆者選擇留有豐富史事記載的明初功臣宋濂爲探討對象。而其所留下的大量文集是爲元明史研究的重要材料，也是探察其個人定位與心志取向的主要依據。筆者認爲，宋濂作爲士人研究的特殊性，在其多重身份的轉變，尤以身具政治與學術的雙重身份，與元儒與明臣的經歷轉換，是能多面呈現易代士人的各項課題。因此藉由宋濂由隱入仕的經歷與身份轉換進行探察，應可爲士人出處行爲的研究提供更多省思。

　　　　至明太祖取婺州，徵召宋濂，因而出仕。見《明史》（北京：中華書局，1976
　　　　年）卷 128，頁 3784～3785，〈宋濂傳〉。

〔註27〕劉基曾於元至順年間舉進士而入仕，後爲江浙儒學副提舉，論御史失職，爲
　　　　臺臣所阻，因而去職。至明太祖下金華後，徵召入仕。見《明史》卷 128，頁
　　　　3777，〈劉基傳〉。

〔註28〕戴良於至正年間獲薦授江北行省儒學提舉，但其見時事不可爲，避地吳中，
　　　　依張士誠。而明立國後則隱於四明山，洪武十五年，太祖召至京師，欲官之，
　　　　但戴良以老疾固辭。隔年四月自裁身亡。見《明史》卷 285，頁 7312，〈文苑
　　　　傳〉。

〔註29〕王逢曾在至正年間作〈河清頌〉，臺臣薦之，以疾固辭。張士誠據吳時，王逢
　　　　曾獻策以降元抗明。而後明太祖滅張士誠，欲辟用之，多次徵之，王逢堅不
　　　　受召，隱而不仕。見《明史》卷 285，頁 7313，〈文苑傳〉。

〔註30〕楊維楨爲元泰定四年進士，仕宦多年後擢爲江西儒學提舉，因避亂而未上。
　　　　張士誠屢次徵召而不赴。明太祖多次徵召之，但維楨嘗言：「豈有老婦將就木，
　　　　而再理嫁者邪？」因而不受。宋濂見其高節，曾贈詩曰：「不受君王五色詔，
　　　　白衣宣至白衣還。」見《明史》卷 285，頁 7308～9，〈文苑傳〉。

〔註31〕錢穆，〈讀明初開國諸臣詩文集〉，頁 84。

一、宋濂生平

宋濂字景濂，生於元武宗至大三年（1310），卒於明太祖洪武十四年（1381）。原籍婺州路金華縣潛溪，後遷至浦江縣青蘿山下。〔註32〕於元有號龍門子，四方學者皆稱之潛溪先生。年六歲入小學，能誦古文，書過目則成誦〔註33〕。十二歲，入家塾受學于包廷藻〔註34〕。十七歲，能為古文辭，並「自以為有得」〔註35〕。十九歲，入府城受春秋經于聞人夢吉〔註36〕，「為舉子業每出諸生右」。〔註37〕之後改學古文辭，從學吳萊於諸暨白門書院〔註38〕，並師事柳貫〔註39〕、黃溍。〔註40〕至元元年（1335）濂代其師吳萊任教於浦江義門鄭氏，〔註41〕後因多次應舉不第而專事授述〔註42〕，以「家事授子姓，朝夕從事書冊間」〔註43〕。至正九年（1349），翰林侍講危素薦之，擢授翰林編修，但以親老固辭。〔註44〕

〔註32〕關於宋濂遷居事由，〈蘿山遷居志〉（《全集》卷26：10a）記以：「余世居金華孝善里之潛谿，其地在縣東七十里禪定院側溪之東即入義烏境。元重紀至元元年乙亥正月十五日，授經浦江義門鄭氏。久之，以其家九葉同居乃願卜鄰焉。相地於仁義里孝門橋之上，其地直縣東三十有山曰青蘿。……十年庚寅二月十五日攜家自金華來遷。」

〔註33〕鄭楷〈潛溪先生宋公行狀〉（《全集》卷首2：1a）：「六歲入小學，授以李翰蒙求。」

〔註34〕宋濂，〈南澗子包公碣〉，《全集》卷23：13a。

〔註35〕宋濂，〈贈梁建中序〉，《全集》卷2：8b。

〔註36〕宋濂〈樓彥珍墓誌銘〉（《全集》卷49：12a）：「初余年十九負笈入婺城之南，受經說於聞人先生。」另見於〈宋公行狀〉，《全集》卷首2：1b。

〔註37〕〈宋公行狀〉，《全集》卷首2：1b。

〔註38〕〈樓彥珍墓誌銘〉（《全集》卷49：12a）：「聞浦陽淵穎公闡教諸暨之白門，余復裹糧相從。」

〔註39〕宋濂〈跋柳先生上京紀行詩後〉（《全集》卷22：12a）：「濂以元統甲戌伏謁先生於浦江私第。」

〔註40〕宋濂，〈蔣季高哀辭〉，《全集》卷40：12b。

〔註41〕〈蘿山遷居志〉（《全集》卷26：10a）：「元重紀至元元年乙亥正月十五日，授經浦江義門鄭氏。」

〔註42〕在〈行狀〉與《明史》中皆未記載宋濂試舉之事，而見於宋濂，〈予奉詔總裁元史故人操公琬實與纂修尋以病歸作詩敘舊〉：「憶昔試藝時，年于二十九，……顧予坎凜姿，甘在孫山後」，收入《宋學士全集》（金華叢書本），補遺卷1：94b～95a；另在〈致政謝恩表〉（《全集》卷21：1a）嘗言：「在前朝雖屢入科場，曾不能沾分寸之祿。」

〔註43〕鄭濤，〈潛溪先生小傳〉，《全集》卷首2：1a。

〔註44〕見〈宋公行狀〉，《全集》卷首2：2a。而危素薦之事，見宋濂〈危侍講新墓碑銘〉（《全集》卷27：14a）：「私念公相知特深，在前朝時欲薦入史館。」

　　至正初年起江南兵亂四起，十一年（1351）劉福通於淮西起兵，以紅巾爲號。〔註45〕同年，紅巾軍徐壽輝建國號天完僭稱皇帝。〔註46〕十二年（1352）孫德崖、郭子興於濠州起兵，〔註47〕而方國珍於台州也多次聚眾入海反亂。〔註48〕十三年（1353），張士誠據高郵，建國號大周，稱誠王。〔註49〕十五年（1355），劉福通立韓林兒於亳州，稱小明王，建國號宋，改元龍鳳。〔註50〕十六年（1356），朱元璋取鎮江路、廣德路，稱吳國公。〔註51〕同年，宋濂因避世亂不欲以事表顯，偕弟子入小龍門山著書〔註52〕。十月，《潛溪集》刊行，〔註53〕寓言集《龍門子凝道記》與《燕書》於十七年（1357）相繼完成。〔註54〕

　　至正十八年（1358）六月朱元璋兵取浦江，宋濂攜家逃往諸暨。〔註55〕十二月下婺州改名寧越府。十九年（1359）正月徵召宋濂爲寧越府五經師〔註56〕，濂於同年三月遷家還金華故居。〔註57〕二十年（1360）三月，以李善長薦，與劉基、章溢、葉琛並徵至應天。七月爲江南等處儒學提舉，十月奉旨授世子經學。二十三年（1363）與諸儒居禮賢館，以備講經與諮詢。〔註58〕二十四年（1364），改濂爲起居注。隔年以疾乞歸，居家養親，〔註59〕尋丁父

〔註45〕　《元史》卷42，頁891，〈順帝五〉。

〔註46〕　《元史》卷42，頁891，〈順帝五〉。

〔註47〕　《明太祖實錄》（中研院史語所校印，1962年）卷1：2b。

〔註48〕　《元史》卷42，頁897，〈順帝五〉

〔註49〕　《元史》卷43，頁909，〈順帝六〉。

〔註50〕　《元史》卷44，頁922，〈順帝六〉。

〔註51〕　《元史》卷44，頁931～932，〈順帝七〉；《明太祖實錄》卷4，頁3a。

〔註52〕　〈潛溪先生宋公行狀〉，頁2a。

〔註53〕　鄭濤於《潛溪前集》卷末編者識言（《全集》卷首1：4b～5a）：「潛溪集一編總六萬有餘字，皆金華宋先生所著之文……嗣是有所作者當爲後集以傳。至正十六年歲次丙申冬十月十三日。」

〔註54〕　《龍門子凝道記》後記（《全集》卷52：14b～15a）：「濂於至正十六年丙申冬十月四日庚戌，入小龍門山著書，十七年丁酉春正月一日丙子，書成。」另見《燕書》後記（《全集》卷37：14b）：「至正丁酉（十七）夏五月記。」

〔註55〕　宋濂，〈諸子辯〉後序，《全集》卷36：17b～18a。

〔註56〕　《明太祖實錄》（卷7：2b）：「己亥春正月，命寧越府王宗顯開郡學，延儒士葉儀，宋濂爲五經師。」

〔註57〕　〈蘿山遷居志〉，《全集》卷26：10a。

〔註58〕　《明太祖實錄》卷12：4a。

〔註59〕　宋濂，〈恭題御賜書後〉，《全集》卷3：4a～b。

憂。〔註60〕二十七年（1367）撰〈諭中原檄〉，申明中國夷狄之辨。〔註61〕次年（1368），朱元璋即皇帝位，定國號明，建元洪武，宋濂時為五十九歲，仍在家居。〔註62〕

洪武元年十二月詔修元史，宋濂服除召還〔註63〕，為總裁官。二年（1369）二月開史館修史，六月濂由起居注擢為翰林學士。三年，坐失朝參，與王禕同降為翰林編修。十二月，遷奉議大夫國子司業。四年（1371）八月，因議孔子祀禮不稱君旨，謫安遠知縣。十一月，召還為禮部主事。五年（1372）十二月，擢為太子贊善大夫。六年（1373）陞翰林侍講學士。九年（1376）六月陞翰林學士承旨。十一月太祖下詔致仕。十年（1377）正月濂致仕還鄉，此後一歲一朝。〔註64〕

洪武十三年（1380），因長孫慎坐胡惟庸黨而獲罪，被執送京。太祖欲殺之，賴皇后、太子力救之而免死，改流放茂州。十四年（1381）五月於流放途中病逝夔府。明武宗正德八年（1513）追謚文憲〔註65〕。

二、從元儒到明臣的身份轉變

從生平所示，宋濂生處元代的五十年間並未入仕。但宋濂並非沒有入仕的想望，早年赴學習舉業，曾多次參試科舉，因屢次落第才無意於仕途。就其文集所示，在落第後致力於經典學習，以儒者自期，寄望成為以傳道授道為任的士人。〔註66〕《明史》以「自命為儒」為之定位，確顯宋濂是以儒者

〔註60〕 宋濂〈先府君蓉峰處士阡表〉（《全集》卷50：12a）：「惟我顯考府君之歿，既窆白石山，阡與顯妣夫人同穴，於是距顯妣卒且葬時已二十春秋。」考濂母卒於至正六年（〈先母夫人陳氏墓表〉，《全集》卷50：13b），推算二十年後，濂父當卒於至正二十六年左右。

〔註61〕 見《明太祖實錄》卷26：10a～b。原文收入程敏政編《皇明文衡》（四部叢刊本，卷1：1a～2a），但未收入宋濂文集中。

〔註62〕 宋濂服滿還朝的確切時日待考，但據《明太祖實錄》（卷33：9b～10a）記：「洪武元年閏七月丁卯，上謂侍臣宋濂等曰……」，可知宋濂當在洪武元年閏七月之前已還朝。

〔註63〕 夏燮，《明通鑑》（北京：中華書局標點本，1959年）卷2，頁216，〈紀二：洪武二年二月丙寅條〉。

〔註64〕 以上事蹟俱見〈行狀〉與《明史》本傳。

〔註65〕 《明史》卷128，頁3784～88，〈宋濂傳〉。

〔註66〕 宋濂〈予奉詔總裁元史故人操公琬實與纂修尋以病歸作詩敘舊〉（《宋學士全集》補遺卷1：94b～95a）：「顧予坎懍姿，甘在孫山後，……別歸金華山，幸有雲半畝……鑽研六藝學，誓以託不朽。」

身份作爲個人心志的實踐。〔註67〕然而,其心志是確定於元,學問也養成於元,雖爲明代功臣,卻難以明儒視之,這應是《宋元學案》將宋濂列入的原因。〔註68〕但以明代開國文臣之身,後人多以明人視之,著重其於明的功蹟與行事,而其於元的儒者身份較爲後人所忽略。

討論宋濂的定位,可從其以學者入仕的身份談起。作爲學者,宋濂對於明代建國的貢獻是相當有限,既非將領也非謀臣,不外是作爲文學侍臣,從事撰文制典的工作。假如宋濂是將入仕作爲學術的實踐,爲何於生命盛年放棄元廷的徵召?倘若此舉是反映宋濂作爲儒者的選擇,志以著述傳道爲業,那他後來決定仕明的行爲又是依據何種考量?

關於浙東學者對於明代建國的貢獻,竇德士提出一個特別的看法,認爲明代集權體制的學理根據,主要是來自浙東士人對於集權政府的訴求。這群有著參與地方改革與平亂經驗的學者,在對元政府集權化的期望落空下,轉向投靠新政權以實踐其政治藍圖。〔註69〕宋濂也在其中,然而,元末的宋濂未有政治參與的事跡,其政治思想或訴求,多是對於學術傳承的企許,儒者身份的定位,以及學術實踐不能脫離政治的想法。〔註70〕根本上仍是來自儒學傳統的經世理念,及其對士人入世的寄許,若欲以此推論宋濂思想有集權化的政治訴求,並以此輔佐朱元璋的建國而助於明代集權政治的形成,仍須相當的史料論證。

基本上,元末的宋濂是以學者身份自期,並且以此身份擴張個人聲名。至少在至正十四年(1354)後,在浙東的士人群體中已有相當聲譽。且是毫無政治經歷,在元末紛亂之際,專事於教書與著述。〔註71〕可見宋濂爲朱元璋所知而召用,當不在於政治能力而是其於士人群體的聲名,探討宋濂的政治期望與貢獻,必須留意宋濂的入仕背景:是以知名的地方士人身份加入政權體制,憑藉學者的聲名,與逐漸成型的浙東士人學術網絡,而爲朱元璋所用。因此論及宋濂對於明朝建國的貢獻,須先探視朱元璋於立國之初對於士

〔註67〕 《明史》卷128,頁3784,〈宋濂傳〉。

〔註68〕 黃宗羲原著、全祖望補修,《宋元學案》(北京:中華書局,1989年),卷82,〈北山四先生學案〉,頁2800,〈凝熙門人〉。

〔註69〕 Dardess, *Confucianism and Autocracy*, pp.128~9; 179~181。

〔註70〕 *Confucianism and Autocracy*, pp.156~172。

〔註71〕 以浙東四先生(劉基、宋濂、葉琛、章溢)爲例,其中除宋濂外皆是於元末輔佐行樞院判石抹宜孫的幕僚。見《明史》卷128,頁3778;3788;3789。

人支持的需求。倘若宋濂於士人網絡的學者聲名，確實助於朱元璋取得士人群體的支持並增展其政權號召力，關於元末宋濂成就聲名與聯繫士人網絡的過程，則須深加探究，或可得出異於竇德士的論述，重新評價浙東士人的參政心態，與其對於明代建國的貢獻。

三、學術與政治生涯的交替

元明的易代對宋濂造成最顯著的轉變，應是在於學術生涯與政治生涯的交替。元代宋濂於固辭後以著述授課爲業，寫出不少著作，較爲世人所知的有：至正十年應縣官之命而著的《浦陽人物記》〔註 72〕，十七年入龍門山爲隱著書的《龍門子凝道記》〔註 73〕與《燕書》〔註 74〕，以及十八年於兵亂中所作的〈諸子辯〉。〔註 75〕而潛溪諸集在至正十六年後也陸續付梓刊行。〔註 76〕另外，宋濂也從事他人文集的編纂工作，例如編集其師柳貫〔註 77〕、吳萊的文集。〔註 78〕從宋濂所編纂文集的序文中，多有透露「懼其泯而不傳」的擔憂。〔註 79〕似乎反映其對文獻流傳與保存的深切關懷。這些舉動集中於至正十年到十七年之間，是其學術生涯最爲蓬勃發展的時期，較具代表性的學術論作，以及明確反映其學術思想的論述文字，大都完成於此期。至正十八年後宋濂爲避兵亂曾經顛沛流離一段時日，待其歸返金華，即爲朱元璋所徵召，隨侍君側建制撰文，此後文集就較少出現彰顯個人思想的學術創作。

從地方儒者到中央儒臣的轉變，宋濂由元末的學術生涯開啓入明的政治生涯，面臨的挑戰，不只於政治服務對象的轉換，最大的困難，應是現實政治與學術理念的衝突問題。不同於元末時期的宋濂，輔助建國而享有盛名的明代宋濂已經不能再以自隱方式追求個人志業的實踐，在君主集權的政治支配力下，

〔註 72〕戴良於至正十年序《浦陽人物記》，見《全集》卷首 1：20b，〈原序〉。

〔註 73〕《龍門子凝道記》後題（《全集》卷 52：14b）：「濂於至正十六年丙申冬十月四日庚戌入小龍門著書。十七年丁酉春正月一日丙子，書成。」

〔註 74〕《燕書》後記（《全集》卷 37：14b）：「余爲《燕書》四十篇……至正（十七年）丁酉夏五月記。」

〔註 75〕〈諸子辯〉後序，《全集》卷 36：17b〜18a。

〔註 76〕鄭溪，《潛溪前集》卷末編者識，《全集》卷首 1：4b〜5a。

〔註 77〕柳貫，《柳待制文集》（四部叢刊），卷首序，頁 9 上，余闕序文。

〔註 78〕宋濂〈淵穎集序〉：「濂從公游最久，既受此編以歸……、至正（十四年）甲午春正月望日，門人同郡宋濂謹序。」見《淵穎集》（金華叢書）卷首，頁 1a〜3b，〈原序〉。

〔註 79〕《淵穎吳先生文集》（四部叢刊）卷首，頁 1 下，胡翰序文。

想以學術傳承或是其它方式塑造士人獨立於政治外的自主性，恐怕是難以實現，這是多數明初士人憂懼不適的來源。由此而言，宋濂從元入明的過程，呈現出由立言到立功的轉換，以學術生命蓬勃發展的元末宋濂，邁入開啟政治生命的明代宋濂，應是許多元末士人的處境反映。正如前言，元代士人在不以儒者為重的政權統治下，各自尋求其他出路，發展出以學術自立的士人價值，卻於入明後，處於朱元璋的強力延攬，許多士人由隱入仕，對其原有生涯與處世心態產生相當衝擊。這對元末士人的處境探討，應是不能忽略的課題。

四、仕隱抉擇的歷程

以宋濂作為元末士人出處的研究對象，在其顯明的仕隱事蹟，而以元時隱、明時仕的行為，是為探視易代士人面對前後政權之態度的有效取徑。依生平所示，宋濂曾經歷二次仕隱的抉擇。一是至正九年（1349），元廷薦授為翰林編修，而宋濂以親老辭之；二是至正二十年（1360）應朱元璋之召而赴往應天，為其仕明的開始。顯示宋濂在元明之際確有仕隱抉擇的過程。如此抉擇可解釋為宋濂不願仕元而選擇仕明，但有兩點值得留意：

第一，這兩次的抉擇間隔十一年，並非於同期間所作的決定。在十一年間元末政局多有變動，宋濂的處境與政治心態也隨時勢發展有所遷移。這些的變化對於宋濂在仕隱抉擇的態度上有何影響？在其進行考量決定行為之餘，對當時政局的可能演變又是如何評判？在兩次的抉擇中宋濂的仕隱動機究竟為何，是否相同？這都是筆者所須加以求證之處。

第二，從文集中得知，宋濂在青年時代曾參加元朝的科舉，有欲為世用之意。〔註80〕但是他拒絕元廷的薦舉，有入仕之意卻放棄入仕機會，是真為養親，還是有其他考量，仍須多加考證。〔註81〕在戴良、劉基對宋濂此事的記載中，多有標示宋濂的拒仕是有其個人心志的寄許，並深為二人所推崇。〔註82〕倘若宋濂於元朝時仕進態度的轉變，是可以反映其對元廷統治的心態改變，從戴、劉二人對宋濂此舉的認同可知，如此心態並非宋濂所獨有。對

〔註80〕宋濂，〈予奉詔總裁元史故人操公琬實與纂修尋以病歸作詩敘舊〉，《宋學士全集》補遺卷1：94b～95a；〈致政謝恩表〉，《全集》卷21：1a。

〔註81〕據王褘〈潛溪集序〉（《全集》卷首1：4a）所言：「景濂既不求用於世，而世亦未有以用之」，宋濂不只是不求仕進，還有不為世所知用的感憾。

〔註82〕戴良，〈送宋景濂入仙華山為道士序〉，《九靈山房集》（四部叢刊）卷6，頁36下；劉基，〈送龍門子入仙華山辭序〉，《誠意伯文集》（四部叢刊）卷9，頁214下。

宋濂而言，如此決定是否有其學理依據？處於現實政局的快速演變，如何對
兩次不同政權的徵召進行考慮與評估？且於明朝未立仍為反元政權的狀態，
卻能接受徵召的理由與情勢條件又是為何？而於仕明後，如何藉由政治參與
實踐士人使命？且以太祖雄猜多疑，如何自處？對明貢獻，與士人心志的實
現，又是如何？這將是以下各章所要探討的重點。

五、宋濂研究的重要性

　　總述以上所言，本文研究是以元末士人的出處問題為關注焦點，在題材
的選擇上，則以宋濂的仕隱抉擇為主要的論述取向。目前有關宋濂的研究，
大都偏向於文學表現的探究，對於宋濂作為元末士人的身份與處境則較少論
及。〔註83〕筆者認為在元明易代的士人研究上，關於宋濂是有研究的必要：

1、宋濂身處元明易代之際，處於元代有五十九年之久，思想學術皆養成於
　　元，因其身為明代開國功臣，後人多以明人視之，但其遭逢元明鼎革下
　　政治社會的遷變，面臨仕隱的抉擇問題，深刻經歷元末士人所遭遇的政
　　治與文化課題，頗能呈現當代士人在時代變遷間心境的轉變過程。

2、宋濂以文著稱，〔註84〕在元時即享文名，與當時許多重要文人有密切
　　的往來，透過其文字的記載，可以探視當時士人社會的互動情形，以
　　及呈現出大多數士人的普遍關懷。

3、宋濂的文集史料極為豐富，是研究元明間的政治社會變化與江南士人
　　活動之不可或缺的資料來源。

4、宋濂的思想傳承自金華學派，在浙東地帶金華可謂是文化、思想中心
　　，於元末明初之間金華地區曾出現不少知名士人。金華學派的思想對
　　於當代的江南士人應有相當程度的影響。而宋濂可稱是元末金華學術
　　之重要傳承者，透過對宋濂思想的探討，或可歸結出當時江南士人的
　　思想所趨。

5、根據史實記載，宋濂與劉基並為明太祖的兩大文臣，〔註85〕由其出仕
　　太祖與其後遭遇，可以探討士人與明政權的關係。

〔註83〕請參考本文〈附錄一〉。

〔註84〕宋濂〈跋張孟兼文稿後〉(《全集》卷 22：12a)：「……、伯溫對曰：當今文章
　　第一，輿論所屬，實在翰林學士臣濂，華夷無閒言者。」

〔註85〕《明史》(卷 128，頁 3784，〈宋濂傳〉)：「濂長基一歲，皆起東南，負重名。
　　基雄邁有奇氣，而濂自命儒者。基佐軍中謀議，濂亦首用文學受知，恆侍左
　　右，備顧問。」

　　基於以上考量，筆者認爲宋濂有其探討的重要性，特別是對元末士人的出處探究，宋濂的例子可爲一個有利研究的途徑。

第二章　元代的宋濂

第一節　先世與家系

《明史》對於宋濂的先世記載十分簡略，〔註 1〕在宋濂之前家世並不顯赫，未有史料記錄。因宋濂享有盛名，其家系記錄，收入文集隨之流傳，得能爲今所知。現有元人胡助〈宋氏世譜記〉與歐陽玄（1283～1357）〈石刻世系記〉是僅存且詳盡的宋濂家世資料。〔註 2〕

宋濂先世可溯至唐朝武德年間的大理丞宋憲，原居京兆（長安），後南遷至江南的吳興。宋憲字秉彝，通曉《易經》，曾任《易經》講師。憲之後人居住吳興者有十四世，行事不顯，傳至宋榮後，於後周世祖廣順年間自吳興移居義烏，隱於覆釜山下。由宋榮至宋侃，七世皆爲儒者。侃字子穆，娶妻楊子同，生永敷、柏。南宋寧宗嘉定年間，兩人同遷至金華縣潛溪，即爲宋濂家址所在。宋柏字秉操，娶陸烈，無子，以永敷子溥德爲嗣。溥德娶周武，

〔註 1〕在《明史》本傳（卷 128，頁 3784）僅記：「宋濂字景濂，其先金華潛溪人，至濂乃遷浦江。」

〔註 2〕胡助〈宋氏世譜記〉收錄於宋濂於至正十六年刊行之《潛溪集》（也稱《潛溪前集》）的書末附錄，另也收錄於《全集》卷首（見卷首 3：1a）。而歐陽玄〈石刻世系記〉原爲石刻碑文，宋濂收錄全文於其〈先大父府君神道表〉（《全集》卷 50：11b～12a），《全集》卷首也有收錄（見卷首 3：1a）。據載，《潛溪集》有前後續別四集共四十卷（見《全集》卷首 1：1b，揭汯序），最爲明確的是《潛溪前集》於至正十六年刊行（見鄭渙序），今《潛溪集》已散佚不全，但《潛溪前集》現有日本内閣文庫所藏之至正十六年刊本，其中文章於《全集》中皆有收錄。

生守還、守有、守富。守富字德政（1260～1337），爲宋濂祖父。娶妻金妙圓，生文昭、文囿、文馨、文隆。文昭（1276～1356）爲濂父，字文霆，娶妻陳賢時，生子淵（1307～？）、濂，生女氎（？～1358）。（見表2－1）

宋濂的家世記錄以始遷潛溪的宋柏之後較爲明確。宋柏無子以兄子溥德爲嗣。據載宋溥德爲人溫厚，行事有古人風致。子守富爲濂之祖父，生於南宋理宗景定元年（1260），卒於元順帝至元三年（1337）。嘗於宋元易代政治混亂之際以智計保全家園，爲人忠信友愛，與兄長共執里役常獨自前往。妻金氏有賢德，治家以禮，尤勤於織事，家道漸豐。守富與濂爲同月日生，對濂特加憐愛，多有勉示。〔註3〕濂父宋文昭爲守富長子，在入元之初，因官徵過苛而家道中衰，文昭分擔父勞兼負家計與官役，且於元成宗大德十一年（1307）以智計殲滅盜賊聞名鄉里。〔註4〕爲人和善謙恭，鄉人以善士稱之，元順帝至正初年集賢院以其善行賜號「蓉峰處士」。〔註5〕卒於至正二十六年（1366），〔註6〕享年八十一。〔註7〕

宋濂出身一般民戶，既無仕宦也非儒戶，前三代皆無習儒事蹟，且以父祖輩經歷宋、元易代的社會動盪，生計維持爲當務之急，無暇學習。宋濂回溯祖、父的生平事蹟，多有言及宋末的吏治敗壞與元朝入主江南造成的失序情形，對於人民生計產生極大衝擊，宋家於入元之初是相當窮困，幾度傾毀。〔註8〕在元朝統治漸爲穩固後，人民生活受其法制保障，較能不爲奸吏與盜賊所迫，漸養生息。大德十一年（1307）盜賊入侵潛溪，官府能以社兵順利滅賊，社會秩序已能維持。〔註9〕宋文昭於生計之餘，鑑於先世多代爲儒，有意

〔註3〕 宋濂，〈先大父府君神道表〉，《全集》卷50：10b～11b。

〔註4〕 宋濂，〈先府君蓉峰處士阡表〉，《全集》卷50：12a。

〔註5〕 關於宋文昭以平民之身何以受封，與至正中薦授宋濂爲翰林編修一事是否相關，皆尚待考證。其受號爲「蓉峰處士」一事，胡助與歐陽玄所撰之世譜記中皆有提及，另在以下諸文中也有涉及。宋濂，〈先府君蓉峰處士阡表〉，《全集》卷50：13a；趙汸，〈宋處士諫文〉，《東山存稿》（四庫全書）卷5：51b；徐一夔，〈蓉峰處士宋公哀頌〉，《始豐稿》（四庫全書）卷4：16b。

〔註6〕 〈先府君蓉峰處士阡表〉（《文集》卷50：12a）：「惟我顯考府君之歿，既窆白石山，阡與顯妣夫人同穴，於是距顯妣卒且葬時已二十春秋。」考濂母卒於至正六年（〈先母夫人陳氏墓表〉，《全集》卷50：13b），推算二十年後，濂父當卒於至正二十六年左右。

〔註7〕 〈先府君蓉峰處士阡表〉，《全集》卷50：13a。

〔註8〕 〈先大父府君神道表〉，《全集》卷50：10b～11a。

〔註9〕 〈先大父府君神道表〉，《全集》卷50：11a；〈先府君蓉峰處士阡表〉，《全集》卷50：12b。

重振家風而勉勵諸子向學，嘗言：「吾不解市美田宅遺兒，教之通一經足矣」。
〔註 10〕宋家向以耕織爲生，家境普通，難以支付長期學習所需。但是宋文昭
執意培育子弟習儒，其妻陳氏典賣首飾，也要支持宋濂遠赴外鄉從學。〔註 11〕
在宋文昭夫婦的支助下，不只宋濂，長子宋淵也接受教育，專注於醫術的學
習，後來受薦爲義烏縣的醫學教諭。〔註 12〕

表 2－1　宋氏家系

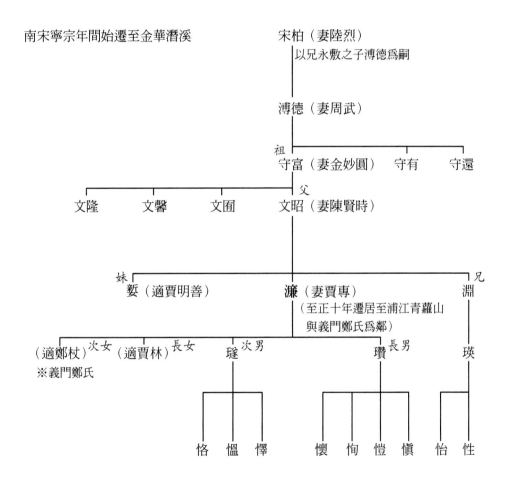

南宋寧宗年間始遷至金華潛溪

〔註10〕　宋濂，〈先母夫人陳氏墓表〉，《全集》卷50：13b。
〔註11〕　〈先母夫人陳氏墓表〉，《全集》卷50：13b。
〔註12〕　〈先母夫人陳氏墓表〉，《全集》卷50：13b。

第二節　求學歷程

　　宋濂的讀書歷程始於自家家塾，〔註13〕其祖宋守富延聘當地學者包廷藻（1265～1336）教授子孫讀書。〔註14〕宋濂參與其中，但於幾歲入學則記載不一。據鄭濤所記，宋濂是「年六歲入小學，其師包文叔，授以李瀚《蒙求》」，〔註15〕宋濂卻記以十二歲師事包廷藻。〔註16〕宋濂以包氏爲師，由此入學應是可信，但以小學作爲啓蒙教育，十二歲入學可能稍晚。不過，二文皆指出宋濂從師包氏時日未久，有很長的時間宋濂是以借書苦讀的方式，時續時輟地進行學習。〔註17〕除了家境清寒外，自幼展現的過人才氣，也是導致無從拜師的原因。據載，宋濂「甫六歲即能誦古文，書過目輒成誦，爲詩歌有奇語，操筆立就，人異呼之爲神童」，〔註18〕宋家意於培養宋濂繼續求學，但家力不足支付求師名儒，鄉里授徒者又自認才學不足爲宋濂師之，所以宋濂於少年時期是以自學苦讀。〔註19〕

　　對於自學的宋濂而言，最大的問題莫過於書籍的來源。宋家並無餘財置書，想要遍觀群書，須向鄉里的藏書家借書，在抄錄後按日歸還再借他書，日復一日，由此豐富學識與家中藏書。且因無師教授，每有疑問則須「趨百里外從鄉之先達，執經叩問」，備感辛苦。〔註20〕這是宋濂早年累積學識的方式，積極於閱讀與拜訪學者，補其無師之憾。日後宋濂得以不厭其勞從學於金華名儒，應是起於少年時代的苦學經驗，深知拜師求學的重要。

〔註13〕元代學校的設置，在江南諸路學和縣學中設立小學，選擇老成之士爲師，或是由自家招師設塾，或從其家學皆可（見《元史》卷81，頁2032，〈選舉一〉）。一般而言，小學是啓蒙學習識字的開始，因此宋濂祖父設塾教授家中子弟習字，可能是當時一般民家教導子弟學習的方式。

〔註14〕宋濂，〈南澗子包公碣〉，《全集》卷23：12b。

〔註15〕鄭濤，〈潛溪先生小傳〉，《潛溪前集》（元至正十六年刊本）書末附錄上；另見於《全集》卷首2：1a。

〔註16〕〈南澗子包公碣〉（《全集》卷23：12b）：「濂之祖太常府君與南澗子相友善，嘗延於家塾，俾諸孫師事之，而濂甫十二齡，亦預其列。」

〔註17〕宋家的確無力支助宋濂求學，在讀書之餘宋濂也必須負擔家計，以至於讀書歷程時續時輟，因此包文藻曾致書宋文昭言：「公之子終成偉器，豈可嬰世利而志不專耶！外物去來猶春花之開落，唯問學乃身中之至寶。」宋文昭同感於此，不希望因家計而擔誤宋濂的學習，之後宋濂得以離家求學。（見〈南澗子包公碣〉，《全集》卷23：13a）

〔註18〕王禕，〈宋太史傳〉，《全集》卷首2：2a。

〔註19〕〈潛溪先生小傳〉，《全集》卷首2：1a。

〔註20〕宋濂，〈送東陽馬生序〉，《全集》卷32：11a～b。

　　多年自學後，宋濂得到學官張繼祖（1287～1339）的賞識，〔註21〕引薦入學，拜師於聞人夢吉（1293～1362）門下。〔註22〕獲得家人的全力支助，十九歲的宋濂終能負笈至金華縣城，開始從師學習的儒者生涯。〔註23〕

一、學爲舉子業

　　若宋濂六歲入小學之事記載無誤，其時正逢元仁宗延祐二年（1315），元代首次開科試舉。單以時間巧合，無法斷言宋濂入學與科舉重開是否相關，但其從學聞人夢吉，所入學堂是婺州路學，〔註24〕教授內容以試舉科目爲主，宋濂在此學習三年，是以舉子業爲務。〔註25〕前言宋濂父祖未有功名，也未習儒，宋濂得以從學，除了體質羸弱無力生產外，〔註26〕也與當時社會風氣有關。科舉的興辦與內容，向來主導士人的讀書心態，且於元代，不論是學習場所與學習科目，皆與科舉體制密切連結，官學與書院的授課取向，隨著考試科目的設置而變動。〔註27〕基於科舉作爲入仕的管道，願意赴學讀書的人口也會增加，「人之所以勵於學，科目之興也」，〔註28〕科舉制度的恢復使得元代儒者重得入仕途徑，直接促成讀書風氣的興盛。〔註29〕如宋濂的門友王褘（1298～1344），爲求功名而始研經，試舉不成輒棄去。〔註30〕宋濂以非

〔註21〕關於張繼祖的生平，參見，柳貫，〈張君繼之墓誌銘〉，《柳待制文集》卷12：3a～4b。

〔註22〕宋濂，〈哭張教授父子辭〉，《全集》卷48：2a。事另見〈潛溪先生小傳〉（《全集》卷首2：1a）：「鄉先達張教授繼之自瀏陽滿官歸，聞景濂善記也，亟延見於別墅，問四書正傳若干可通背景，濂以一月爲答……、繼之驚曰：有才如此不可廢也，城南聞公夢吉鄉貢進士也，吾引汝就學焉。」

〔註23〕宋濂，〈樓君墓誌銘〉，《全集》卷49：12a。

〔註24〕王褘〈凝熙先生聞人公墓表〉：「……久之乃開門授課，四方學者咸來受業。婺爲憲府所治，司憲者每禮致先生坐郡庠爲學者師，及歷任教官所至，學者爭從之游。」見《王忠文公集》（金華叢書）卷20：31b。

〔註25〕〈潛溪先生小傳〉，《全集》卷首2：1a～b。

〔註26〕宋濂〈太乙玄微記〉（《全集》卷35：11a）：「賦質甚弱，十日九疾，生產作業之事皆力有所不任，爲日學操觚，造爲文章。」因爲早產與幼疾使得宋濂體質甚弱，不堪田事操勞，於是以讀書作文消磨時間。

〔註27〕姚大力，〈元朝科舉制度的行廢及其社會背景〉（《元史及北方史研究集刊》6期，1982年），頁56～7。

〔註28〕余闕，〈李克復總管赴贛州序〉，《青陽先生文集》（四部叢刊）卷4：7a。

〔註29〕〈元朝科舉制度的行廢及其社會背景〉，頁56～7。

〔註30〕宋濂，〈哭王架閣辭〉，《全集》卷48：2a～b。

儒者家庭出身，可能也在此風氣下開始習經。據宋濂回憶，宋文昭鼓勵子弟習儒是起於「予家自文通先生以來世多巨儒，深懼詩禮之澤或絕」，希望宋濂知學而「爲孝子、爲悌弟、爲良師儒」，倒不冀求以此攀附權貴。〔註31〕

元代的停舉與復科是絕無僅有的歷史事件，所涉及的政治、社會、文化層面皆可爲元史研究的重要課題，尤以停舉後儒者學習生態的變化，造成元代學術發展的重大遷變與影響，深受關注。近代研究認爲，元代儒者所重是「爲己之學」，教育目的著重於個人的道德修養，而非仕祿功名的取得，因此理學所重視的修己成人之學，在元儒的強調與闡示下，成爲士人必須延續儒業學習的理由。〔註32〕且以元代中斷科舉，在不具仕祿保障的前提下，儒業研習不再是晉身仕途的必要途徑。故將學術獨立於爲政之外，轉化儒學中積極用世的思想內涵，落實於個人道德的修爲與涵育，成爲元代儒者的研學心態。〔註33〕至於科舉重開是否眞能重振習儒風氣，改變學子的求學目的，則須多方資料的考證。可確定的是，元代於停舉多年後的重新開科，在當時士人社會仍是引起廣泛程度的回響，對於苦無出路的儒者而言不啻是生機再現。〔註34〕

元代科舉的內容本從理學家許衡（1209～1281）所議，罷考詩賦以經學爲重，但在元仁宗皇慶二年（1313）頒佈的《行科舉詔》有言：「試藝以經術爲先，詞章次之」，可見並未罷考詞章。元代科舉考試的科目設定是以四書經問與策論爲主，漢人、南人須加試經義與古文。〔註35〕且爲改正士人專研詞章的陋習，試舉首重經義，有意參試的士人，必須在熟讀四書之外通曉一經。爲作科舉準備，學校授課特重習經，宋濂於官學求學是以研經爲務，在聞人夢吉的傳授下通讀五經，〔註36〕尤以《春秋》爲極精熟。〔註37〕

〔註31〕〈先府君蓉峰處士阡表〉，《全集》卷50：12b。

〔註32〕Wing-tsit Chan（陳榮捷），"Chu Hsi and Yuan Neo-Confucianism" in Yuan Thought, ed. Hok-lam Chan and Wm. Theodore de Bary, Columbia University Press, 1982, pp. 204～213.

〔註33〕劉祥光，〈從徽州文人的隱與仕看元末明初的忠節與隱逸〉，《大陸雜誌》94卷：1期，1997年1月，頁37。

〔註34〕〈元朝科舉制度的行廢及其社會背景〉，頁42～3。

〔註35〕《元史》卷81，頁2018，〈選舉一〉。

〔註36〕〈宋太史傳〉，《全集》卷首2：2a。

〔註37〕〈潛溪先生小傳〉（《全集》卷首2：1a）：「聞公深喜，授春秋三傳之學。凡學春秋者皆苦其歲月先後難記，景濂則並列國紀年能悉誦之。」

　　聞人夢吉是正式教導宋濂研經的師者，出身於習儒世家，曾祖聞人韶是金華縣令，祖父聞人逸孫曾於溫州任儒學教授，〔註38〕父親桂山翁則師事大儒王柏（魯齋，1197～1274），以朱學為宗〔註39〕。夢吉自幼承襲父學，泰定三年（1326）以《尚書》中舉鄉試，因於會試失利未能考上進士，此後周遊多處學府擔任教官，從學者眾。〔註40〕宋濂在入學前，雖憑自學略有所得，但未曾拜師於名儒門下，經學造詣相當粗淺，加上宋濂早期熱衷於古文辭，「自以為有得」，不以習經為重。〔註41〕但在入學後，宋濂得以通曉五經，且因聞人夢吉學承金華朱學，直接啓迪宋濂於朱子理學的學習。〔註42〕對於日後以儒自命的宋濂而言，此期學習是有極具關鍵性的啓發。

　　此外，處於名士匯集的金華城中，文人間的論講與交際活動十分頻繁，有助於未具聲名的青年學子，充份擴展交遊與見識。此時與宋濂往來的門友文士中，不乏出身顯赫儒學背景之人，經由談論、結交，不只增長學識，更是提供求師問學與結識名儒的機會。例如宋濂於城中所結識的唐懷德（思誠，1307～1357），是金華名儒唐仲友（說齋，1136～1188）的七世孫，受業於金華朱學名儒許謙（白雲，1270～1337）門下，深究六經百家之說，所宗則濂洛諸儒。後因講學授徒而漸享盛名，元臣余闕（1303～1358）也深慕其學。〔註43〕宋濂因於元暢樓上見唐懷德與人言論精闢，心生敬慕而近之，日後常與問學討論，學識見解皆增進不少。

　　宋濂於十九歲入城，在郡庠研習三年，〔註44〕除了接受學校安排的課程，聽從聞人夢吉的指導，平時也須參加官學例行的課試。這些定期考試不外是驗收學生的學習成果，且為試舉的準備。〔註45〕宋濂的昔日好友胡翰（1307

〔註38〕　宋濂，〈凝熙先生聞人公行狀〉，《全集》卷41：13b～14a。
〔註39〕　《宋元學案》將桂山翁列入〈北山四先生學案〉中的魯齋門人，是王柏的弟子與繼學者，見頁2753。就《宋元學案》的編撰者黃百家認為，北山四先生承學黃榦（勉齋），是朱子學之嫡系。參考《宋元學案》卷82，頁2727，〈北山四先生學案〉之「百家謹案」。
〔註40〕　〈凝熙先生聞人公行狀〉，《全集》卷41：14a～b。
〔註41〕　宋濂〈贈梁建中序〉（《全集》卷2：9a）：「余自十七八時輒以古文辭為事，自以為有得也。」
〔註42〕　《宋元學案》將聞人夢吉列入〈北山四先生學案〉的桂山家學，見頁2765。
〔註43〕　宋濂，〈唐思誠墓銘〉，《全集》卷49：15a～16b。
〔註44〕　宋濂〈樓君墓誌銘〉（《全集》卷49：11b）：「余年十九負笈入婺城之南受經說於聞人先生……、居三年，聞浦陽淵穎吳公闡教諸暨白門，余復裹糧相從。」
〔註45〕　〈宋太史傳〉（《全集》卷首2：2a）：「為舉子業課試，每居諸生右。」；〈小傳〉（《全集》卷首2：1a）：「適鄉校行私試，景濂輒占前列。」

～1381）原於吳師道（1283～1344）門下研經，〔註46〕因學習古文辭而從師吳萊（1297～1340），時常向宋濂讚譽吳萊的學識博深與教學精良，並邀請宋濂前往就學。〔註47〕胡翰不但是宋濂的多年好友，也是學識上深心敬服的對象。〔註48〕兩人於何時結識，資料所現並不明確，可能在宋濂入城前就已相識。〔註49〕胡翰字仲申，世居金華，祖父胡漢以學行名鄉里，父胡英曾任元朝太平路總管府照磨兼架閣之職。胡翰自幼由母督學，既長則隨父宦游。〔註50〕其於少時能誦數萬言，鄉里父老謂爲奇才。〔註51〕後隨吳師道習儒業，從吳萊習古文，並師於許謙、黃溍（1277～1357）、柳貫（1270～1342）之門。〔註52〕宋濂於後也受教於吳萊、黃溍、柳貫，拜師於許謙門人，問學於吳師道。〔註53〕鄭濤嘗言宋濂素畏胡翰，是深慕胡翰的學識涵養，當胡翰邀之共赴吳萊門下，宋濂是欣然往之。〔註54〕此後胡翰與宋濂共師於諸位金華名儒，時常切磋問學，交誼更爲深厚。宋濂的求學拜師之途，顯然是來自胡翰的影響與牽引。

　　宋濂從學於吳萊門下，開始其學術生涯的新里程，此時的宋濂仍有意試舉，〔註55〕但於吳萊悉心指導之下，遍讀經史、諸子百家與古今文章，學識、文章皆大有進展。

〔註46〕 關於吳師道的生平，詳見張樞，〈元故禮部郎中吳君墓表〉，《吳正傳文集》（元代珍本文集彙刊，國立中央圖書館編印），附錄。

〔註47〕 〈潛溪先生小傳〉（《全集》卷首2：1a）：「每見景濂輒加獎譽且謂曰：舉子業不足煩，景濂曷學古文辭乎！」

〔註48〕 宋濂〈胡仲子文集序〉（《全集》卷29：7a～b）：「濂與先生同師於吳公相五十餘年，髮禿齒豁矣！見世之士多矣！！心之所仰而服者惟在先生！！」

〔註49〕 〈潛溪先生小傳〉（《全集》卷首2：1a）：「同里胡君仲申時受學浦江吳公立夫。」由此看來，胡翰與宋濂似乎是同鄉里人氏，但是胡翰的傳記資料中多是言其爲金華人，無法判斷是否與宋濂同鄉，宋濂與胡翰的結識是地緣還是入城後所擴展的人脈，由此無從得知。

〔註50〕 吳沉，〈長山先生胡公墓銘〉，見程敏政編《皇明文衡》（四部叢刊本）卷84：11b。

〔註51〕 宋濂，〈胡仲子文集序〉，《全集》卷29：7a。

〔註52〕 〈長山先生胡公墓銘〉，《皇明文衡》卷84：11b。

〔註53〕 宋濂〈吳先生碑〉（《全集》卷30：18b）：「濂於先生固弟子，行幸執筆從士列，感餘教所曁。」

〔註54〕 〈潛溪先生小傳〉（《全集》卷首2：1b）：「仲申，景濂所畏者，聞其言甚喜，於是復從吳公游。」

〔註55〕 宋濂〈亡友陳宅之墓銘〉（《全集》卷23：16b）：「初濂讀書浦陽江上……濂時頗有志應舉，相與詰難經義，連日夕弗休。」

二、從學吳萊

　　宋濂離開郡庠從學於吳萊門下，是在二十一歲左右，爲其求學歷程中是極具關鍵的轉折，不論是經術思想的涵養、文字表述的訓練、學識視野的開拓與士人網絡的建立，皆於此時得到亟度伸展。宋濂師學吳萊爲期甚長，在吳萊未逝前皆有密切聯繫。日後宋濂不只接替吳萊受聘爲義門鄭氏家塾的教席，甚至爲其撰碑、寫傳與編刊文集，可說是吳萊思想、學行的傳承者與發揚者。〔註56〕

　　宋濂受學於吳萊門下，最初是在諸暨縣的白門方氏義塾。〔註57〕吳萊是元代集賢大學士吳直方（1275～1356）之子，原名吳來，由母盛氏授書啓蒙，年七歲已能作文，爲名士方鳳（1240～1321）所賞識，改名爲萊。少年時期已讀遍群書而胸懷遠志，嘗欲上書論時事，因病不果。〔註58〕延祐七年（1320）以《春秋》中江浙鄉試，隔年試禮部不利而返，退居鄉里以授徒著書爲業。〔註59〕其時，浦江大族鄭氏的家長鄭大和有意培育家中族弟，特聘吳萊爲師，教授其從子鄭銘讀經。胡翰遠聞吳萊才名，特從金華奔赴浦江就學，日夜問學而與鄭銘交情深厚。〔註60〕日後鄭銘爲鄭氏家長，與宋濂、胡翰有同門之誼，宋濂又爲家中教席，三人情誼特深。至於吳萊於義門授徒爲期多久，並不明確，至少在元英宗至治元年（1321）前就已任席，而與至元元年（1335）宋濂接下鄭氏教席之時，間隔有十五年。〔註61〕其中與宋濂年紀相當的鄭氏族人多曾從學吳萊。據宋濂所記，受學之處是於諸暨的方氏義塾，可能吳萊曾離開義門而轉教於諸暨方氏，後又回鄭氏授徒。不過吳萊在諸暨任教的學生中也有來自鄭家的子弟，〔註62〕雖是轉教他處，與義門鄭氏的聯繫仍是相當密切。

〔註56〕關於吳萊的思想與學行，參考徐秉愉，〈以文自立——元代金華文士吳萊〉，收入《世變、群體與個人：第一屆全國歷史學術討論論文集》（台北：國立台灣大學歷史學系，1995 年），頁 129～147。

〔註57〕宋濂，〈故溫州路總管府判官宣君墓誌銘〉，《全集》卷 30：15a；〈樓君墓誌銘〉，《全集》卷 49：11b。

〔註58〕宋濂，〈淵穎先生碑〉，《全集》卷 41：1a～b。

〔註59〕《元史》卷 181，頁 4189，〈吳萊傳〉。

〔註60〕宋濂，〈鄭景彝傳〉，《全集》卷 30：7a。

〔註61〕〈鄭景彝傳〉（《全集》卷 30：8a）：「濂聞浦陽鄭氏家九葉同居最多，令子弟而授經者之師吳公先生又一時名士，心極傾下之，後十五年濂以非材來繼吳公後。」

〔註62〕〈故溫州路總管府判官宣君墓誌銘〉（《全集》卷 30：15a）：「始濂游學諸暨時，與烏傷樓君彥珍、浦陽宣君彥昭、鄭君浚常、浚常之弟仲舒，同集白門方氏

　　宋濂於諸暨求學期間認識不少出身世家的青年才俊，而與鄭深（1314
～1361）、鄭濤相識最深。〔註63〕鄭深後來擔任元丞相脫脫的家塾教師，至
正九年（1349）皇太子習書端本堂，由脫脫主其事，〔註64〕鄭深即以宣文
閣授經郎身份侍席授經。〔註65〕鄭濤則是與宋濂同師於柳貫、黃溍，同門
日久情誼甚篤，後與鄭深、鄭泳遠遊大都，深得脫脫賞識薦爲朝官。〔註66〕
鄭濤與宋濂深交多年，知之甚深，而於元廷任職期間爲其撰寫小傳，助其
文集刊行與撰序，並徵請朝官、名儒序其文集，對於宋濂文名的傳佈貢獻
甚多。〔註67〕可探究的是，鄭氏是偏處浦江的地方大族，遠離政治活動中
心，也非歷代爲官的仕宦家族，如何與元朝政廷建立關係，應是值得探討
的課題。〔註68〕雖言鄭氏子弟赴京求官的舉動，是跟隨當時江南士人在科
舉之外尋求政治出路的普遍潮流。〔註69〕猶如戴良所言「其所以貴重之者，
往往有異於他士」，〔註70〕似乎鄭氏族人較其他江南士人有更好的機運，但
是這樣的機運不只因鄭氏子弟的才學出眾，鄭氏與元廷官員的人脈關係可
能是更爲主要的原因。

　　吳萊與宋濂之前從學的包文藻、聞人夢吉最爲不同之處，在於其父吳直
方曾於元廷擔任要職，得到順帝與丞相脫脫的信任，是知名的南人官員。直
方於早年遠游大都曾困阨一時，因脫脫之父馬札兒臺賞識其才，聘爲塾師，

　　　　之義塾，塾師乃吳貞文公立夫，蓋鄉先生也。」鄭浚常即爲義門鄭深，鄭仲
　　　　舒則是鄭濤，爲宋濂至交。
〔註63〕〈故溫州路總管府判官宣君墓誌銘〉，《全集》卷30：15a。
〔註64〕《元史》卷138，頁3345，〈脫脫傳〉。
〔註65〕歐陽玄，〈麟鳳二字大贊〉，《圭齋文集》（四部叢刊）卷15：1a。
〔註66〕戴良〈說佩〉：「今仲舒與其兄仲幾（深）弟仲潛（泳）三人者，懷玉而遠遊，
　　　　抱器而效用。太師大丞相（脫脫）見而奇之，因館置府下十餘載。」見《九
　　　　靈山房集》（四部叢刊）卷4：14b。
〔註67〕歐陽玄〈潛溪後集序〉：「經筵檢討鄭君濤以金華宋濂先生所著文集微予序，
　　　　予爲之言。」《圭齋文集》卷7：12b。歐陽玄應該不識宋濂，卻曾爲其序文
　　　　集及《浦陽人物記》，可能皆是透過鄭濤爲其徵序。
〔註68〕在鄭深、鄭濤之前，家長鄭鉉曾受薦入仕，游於大都，與黃溍、揭傒斯交好，
　　　　這應是鄭家從仕元廷的開始。至於鄭鉉爲誰所引薦，尚難得知，有可能是同
　　　　爲金華出身的黃溍或柳貫，二人與鄭氏家長鄭太和熟識，可能因此引薦鄭鉉
　　　　入朝。參考檀上寬著，胡其德譯，〈義門鄭氏與元末社會上〉，《世界華學季刊》
　　　　第四卷，2期，1983年6月，頁63下。
〔註69〕關於當時南人北上獵官的風氣，可參考，陳得芝，〈元代江南地主階級〉，《元
　　　　史及北方民族史研究集刊》，第七期，1983年，頁86～94。
〔註70〕戴良，〈說佩〉，《九靈山房集》卷4：14b。

之後隨著脫脫位顯而官運漸達。〔註71〕脫脫長期師事之，深受影響，而於脫脫主政期間的重要變革，多有參與獻策。〔註72〕吳直方雖在《元史》無傳，以其與脫脫的深切交往，探討元代中末期的政爭課題，應具研究的重要性。〔註73〕吳萊為直方長子，試舉不成而隱居於鄉，與功名無涉。至元六年（1340）脫脫採直方之策得以罷絀伯顏主持朝政的同時，吳萊受薦為長薌書院山長，雖因病未及赴任，然其於此時獲薦，可能與吳直方的朝中權勢有關。〔註74〕若言鄭氏子弟遠游大都能為脫脫賞識，是憑藉鄭氏與元廷官員的人脈關係，其中以吳直方為最可能的引薦者。且不論同為浦江出身的地緣關係，以吳萊在鄭氏任教多年，鄭深、鄭濤皆出其門，當鄭氏子弟遠赴大都，嘗知遠游之苦的吳直方應會加以牽引。

宋濂於吳萊門下求學，與之前較大的差別，在於政治與學術人脈的擴展。以普通人家出身，若不經科舉、不習儒業，此生勢與仕途無緣。且是生處於遠離政治中心的江南僻壤，朝廷的紛爭、政治事務的變革，宋濂是無從得知。但在從學於吳萊之後，藉由吳直方與出仕的鄭氏子弟，可與元廷的南人官員有所牽連，且於日後授徒浦江，得與當時和金華士人圈交往密切的鄭氏相為連繫，倘若宋濂有志於仕途，這些人脈關係將有助於宋濂為仕者所薦，獲取一官半職應非難事。表面看來這些人脈的鋪陳對於當時年僅二十，且致力舉業的學子宋濂而言，〔註75〕尚未能發揮實際作用，卻相當有助於宋濂在學界視野的擴展。日後宋濂從學於金華名儒黃溍、柳貫門下，問學於許謙門人與吳師道、張樞（1292～1348）諸儒，〔註76〕皆與吳萊、鄭氏的士人交遊有關。由此而言，宋濂若有從政抱負與政治關懷，應不是起於入郡庠學

〔註71〕宋濂，〈故集賢大學士榮祿大夫致仕吳公行狀〉，《全集》卷41：5a～8b。

〔註72〕《元史》卷138，頁3342，〈脫脫傳〉。

〔註73〕參考檀上寬，〈義門鄭氏與元末社會上〉，頁61下。

〔註74〕徐秉愉，〈以文自立——元代金華文士吳萊〉，頁139。

〔註75〕宋濂〈亡友陳宅之墓銘〉（《全集》卷23：16a～b）：「初濂讀書浦陽江上，宅之侍其舅氏吳徵君長卿來游，濂始識之。。……問其所從師則韓莊節公性、黃文獻公溍也，問其所從學則治經為進士之業也。濂時頗有志應舉，相與詰難經義，連日弗休。」

〔註76〕王禕〈宋景濂文集序〉：「吾友宋君景濂，早受業立夫氏而私淑於吳氏（師道）、張氏（樞），且久游柳、黃二公之門，間又因許氏門人以究夫道學之旨。」見《王忠文公集》（金華叢書）卷2：2b。關於張樞生平詳見，黃溍，〈張子長墓表〉，《金華黃先生文集》卷30：19b；另於《元史》中有傳，見卷199，頁4477～8，〈隱逸傳〉。

舉子業之時，而是受學於吳萊門下，日夜與吳萊、鄭氏弟子及有心仕途的門人相與切磋問學，在彼此砥礪下逐漸確立用世心志。

宋濂雖與吳萊往來密切，但於學堂求學的時間並不長，可能是困於家境無法資助外地求學的費用，在諸暨待不到一年就返回金華。〔註77〕宋濂於諸暨的求學過程也是相當困苦，當時於義塾求學者多是紈綺之子，而宋濂不只衣著寒酸，也無力住入學堂宿舍，只能於前廊搭舖就居，十分苦學。〔註78〕宋濂可能因資費不足而返，據史料所示，從諸暨返鄉後三年，宋濂娶妻生子忙於家計，未有遠遊。〔註79〕這段時間宋濂應該沒有從師其他學者，而是採取自學方式研習，兩年後宋濂來到浦陽，才得以繼續拜師問學。

三、師事黃溍、柳貫

在〈陳子章哀辭〉中宋濂自言從諸暨與陳子章辭別後，三年後於義烏相見，隔兩年當宋濂「束書寓浦陽」時再度相遇。〔註80〕其言束書寓浦陽，可能是指接任鄭氏教席。在文集中常出現的讀書浦陽山或讀書浦陽之語，應是指宋濂於浦江授經的時日。這段時間宋濂以授徒為業，不須操勞家事，更能專心讀書，也更能求師問學。宋濂於至元元年（1335）授經浦江鄭氏，年二

〔註77〕宋濂〈陳子章哀辭〉（《全集》卷40：11b）：「予昔在諸暨與子僅居四月而別，在烏傷未十日而別。」；〈宣君墓誌銘〉（《全集》卷30：15a）：「彥珍最先還，而濂與彥昭、浚常兄弟講學將一期。」；〈樓君墓誌銘〉（《全集》卷49：11b）：「聞浦陽淵穎吳公闈教諸暨之白門，余復果糧相從，彥珍知之騎驢躡余後，越五月即還。」從以上敘述得知，宋濂在義塾中受學一期，一期為時多久尚待考據，然而其與門友陳璋（子章）於諸暨相處僅四個月，但從文中所述宋濂雖較子章早至但未久居，且早子章離去。而彥珍與濂同時至，居五月即還，宋濂仍在學。猜測宋濂待於諸暨義塾可能超過五個月，但未足一年。

〔註78〕〈陳子章哀辭〉，《全集》卷40：11b。

〔註79〕宋濂娶妻賈專，據〈先夫人木像記〉（《全集》卷35：10a）言專嫁至宋家年二十二歲，宋濂之母陳氏年四十九。而據〈先母夫人陳氏墓表〉（《全集》卷50：13a）言陳氏享年六十三，卒於至正六年（1346）。由此推算之陳氏四十九歲時應是文宗至順三年（1332），其時宋濂娶妻賈氏，年約二十三。就前註所推斷，宋濂年二十一至諸暨，可能於一年內返回，不久即娶妻。據〈陳子章哀辭〉（《全集》卷40：11b）：「越三年予再見子章於烏傷，更相勞苦。子章握手顧予曰：子之貧尚爾耶！子但力學，天殆不能貧子也。」可知宋濂與子章於諸暨別後三年再見時依然貧苦如往，此時宋濂應已娶妻，家事煩忙自是無力從學。

〔註80〕〈陳子章哀辭〉，《全集》卷40：11b。

十六歲。〔註 81〕若推算以〈陳子章哀辭〉中每次相遇的間年，宋濂束書浦陽之年，也是二十六歲左右。從宋濂之前的求學記錄來看，其於求學過程所遭遇的困難，不外是赴外求學的資費與尋求師學對象的問題。宋濂是個積極向學的人，求師問學是不遺餘力。這次宋濂受聘爲塾師，不但解決問學的資費問題，且能透過鄭氏於地方士人的網絡聯繫，有更多機會結識名儒，甚至拜師其門。在這段時間宋濂從學於柳貫與黃溍門下，且久游其門，日後成爲是柳、黃二人學術的重要接繼者。

宋濂從師黃溍的時間並不明確，應是晚於師事柳貫。宋濂於元統二年（1334）拜師柳貫，〔註 82〕時年約二十五歲。而於〈金華黃先生行狀〉宋濂自言與黃溍交游有二十年之久，〔註 83〕黃溍卒於至正十七年（1357），宋濂時年四十八，從師黃溍應在二十七歲左右，此時宋濂已在鄭氏任教。而宋濂師事柳貫之時，較宋濂所記其於東明任教稍早一年。據鄭家子弟所記，宋濂是於二十五歲時任教義門鄭氏於東明山，〔註 84〕就能符合宋濂是來到浦江後才師事柳貫的推論。且以宋濂的財力與人脈關係來考量，宋濂師事二儒的時間，應在任教鄭氏之後。

宋濂從學黃、柳二門的情形，大致是授徒課餘之時才能前往拜之，〈鄭仲涵墓誌銘〉云：

> 初予讀書浦陽山中，仲涵即從余游，先後十有餘年。予初無益於仲涵，而仲涵之相助余者恆多。時予執經山長吳公、待制柳公、侍講黃公，仲涵每侍予往拜三公。〔註 85〕

鄭淵（子涵，1326～1373）是宋濂的學生，宋濂往拜師門皆同行，可知宋濂在任教後仍繼續師學於吳萊，與黃溍、柳貫的往來也十分密切。事實上，以鄭氏與黃、柳二人的往來情形而言，宋濂得以從學其門，是與鄭氏的引薦有關。黃溍與柳貫皆與鄭氏家長鄭太和爲多年舊友，常與鄭家子弟互有往來。黃溍爲義烏人，所居與鄭氏不兩舍而近，納交鄭氏父子兄弟間。〔註 86〕而柳

〔註81〕〈蘿山遷居志〉，《全集》卷 26：10a。

〔註82〕〈跋柳先生上京紀行詩後〉，《全集》卷 22：12a。

〔註83〕〈金華黃先生行狀〉（《全集》卷 41：13b）：「某從先生游垂二十年，知先生爲最深。」

〔註84〕鄭楷〈翰林學士承旨公墓誌〉：「年二十五授徒于義門鄭氏。」見《義門鄭氏奕葉文集》（四庫存目叢書）卷 5：34b。鄭柏記以：「年二十五明道著書義門鄭氏之東明山」，見《金華賢達傳》（金華叢書）卷 11：1b，〈儒學傳〉。

〔註85〕宋濂，〈鄭仲涵墓誌銘〉，《全集》卷 11：4a。

〔註86〕黃溍，〈鄭氏義門詩序〉，《金華黃先生文集》卷 17：4b。

貫與鄭氏同居浦江，嘗言鄭太和是其老友。〔註 87〕二人在鄉與鄭氏的交誼如此，在朝也互爲提攜，當鄭鉉（1295～1364）游宦大都之時，黃溍常與之論學交游，甚至鄭鉉的獲薦入朝很可能是黃溍促成。〔註 88〕黃溍、柳貫同爲金華地區的大儒，授徒甚眾，其中不乏鄭家弟子。前言與宋濂同師吳萊的鄭濤，受學於黃、柳二人門下，〔註 89〕而宋濂與鄭濤情誼甚篤，可能是透過鄭濤的引薦而從學。

　　黃溍、柳貫二人與宋濂前所師從的吳萊、聞人夢吉的差異，在於前二人皆長期任官，官至翰林院，是元廷中南人士人圈的主要成員，與出身江南的士人官員如虞集（1272～1348）、揭傒斯（1274～1344）、吳直方、吳師道、歐陽玄、危素（1303～1372）等往來從密。柳貫以翰林待制致仕，黃溍則仕至翰林侍講，曾主試鄉試、會試，並擔任廷試讀卷官等，拔擢不少人才。〔註 90〕論及仕途與文名，兩人皆享極高聲譽，並與揭傒斯、虞集齊名爲「儒林四傑」。〔註 91〕宋濂在從師吳萊後逐漸與當時的士人交游圈建立聯繫管道，爾後從師黃、柳二人，更明確與當時南人官員有所連結。元代南人官員於中央政府的發展情形與地位尚須考證，但是脫脫主政後對於南人多有任用應是確實。在脫脫（1314～1355）主持的新政中許多文教性工作是委任南人官員主事，包括科舉制度的恢復、三史的修撰等等。這些南人官員並非官居樞職，但隨著脫脫的崛起，地位也較有提昇。這些變化可能與吳直方受到脫脫信任有關。在南人官員逐漸受用之際，宋濂所從之師皆與中央政廷的南人官員相關，宋濂門友鄭濤、鄭深受擢任職，王禕（1322～1373）曾游於大都爲危素所薦，〔註 92〕日後宋濂也受薦爲翰林編修。若是這些薦舉行爲是起於南人官員的有意拔擢，顯示南人的政治地位在元中期後是有逐漸提昇的現象。至於這是否表示南人勢力於元廷的伸張，仍待考證。不過，宋濂從師於當朝名儒

〔註87〕 柳貫，〈鄭泳冠字祝辭〉，《柳待制文集》卷 13：6b。

〔註88〕 宋濂〈鄭都事墓誌銘〉，《全集》卷 24：7b。此文只提及鄭鉉與黃溍、揭傒斯的交游情形。

〔註89〕 〈潛溪先生小傳〉（《全集》卷首 2：2a）：「予少景濂五歲，初從吳公游始識景濂，及再從柳黃二公而與景濂相從尤密。於學爲同志，於師爲同門，不可謂不知景濂也。」至於鄭濤師於黃溍且與之交游之事，見宋濂〈跋黃文獻公送鄭檢討詩序〉，《全集》卷 18：5b。

〔註90〕 宋濂，〈金華黃先生行狀〉，《全集》卷 41：12b～13a。

〔註91〕 《元史》卷 68，頁 4189，〈柳貫傳〉。

〔註92〕 《明史》卷 289，頁 7415，〈忠義傳一〉。

的黃、柳門下，應是日後宋濂的學術聲譽得以擴張，逐漸於江南士人圈建立聲名的關鍵。

宋濂於黃溍、柳貫門下結識不少心志相合的學子，日後多能成為金華的知名士人，其中以王禕、戴良（1317～1383）與宋濂相交最久，長期論學與詩文往返，相知甚深。〔註93〕王禕字子充，義烏人，祖父王炎澤於元任石峽書院山長，父王良玉曾任常山、東陽二縣之儒學教諭，以文學名。〔註94〕王禕年少宋濂十二歲，嘗拜師於柳貫，且久游黃溍之門，深受重視。〔註95〕後游於吳中與張簡等人交往，〔註96〕且北游大都，以文知名。〔註97〕而於至正八年（1348）見元政衰弊，上書時宰求其變革而未受。當朝文士以其文知為黃溍門人，有意上薦於朝，危素與段天祐等人列薦之，不果，後張起巖又率翰林僚屬薦之，又不報。在屢薦不利下，王禕終知世道不能為而歸隱於青巖山，此後著書明道名傳一時。〔註98〕宋濂與王禕有同門之誼，思想、學術多有相通之處，皆享文名，對文的看法一致，強調以制國經綸為士人習文目的，這是黃溍告誡宋濂、王禕之語，兩人常於論學間引用此言互為申明、勉勵。〔註99〕

王禕北游大都與當朝文士結交，憑藉的是黃溍門人之名。據載，王禕於北游期間是從隨黃溍而留居大都，〔註100〕如前所言，人脈關係的牽連是新輩文人進入士人交游圈的主要管道，在黃溍文名與人脈的助力下，王禕卓越的

〔註93〕 宋濂與王禕的交往見，宋濂，〈華川書舍記〉，《全集》卷35：3b～4a。宋濂與戴良的交情則見王禕〈天機流動軒記〉（《王忠文公集》卷5：9a～b）所言：「叔能（戴良）之所與游密者，宋先生濂，亦禕之所師友焉。」

〔註94〕 鄭濟，〈故翰林待制華川先生王公行狀〉，《皇明文衡》卷62：25b。

〔註95〕 王禕，〈跋宋景濂所藏師友帖〉，《王忠文公集》卷3：34b。

〔註96〕 張簡生平詳見，《明史》卷285，頁7321，〈文苑傳〉。

〔註97〕 關於王禕北游的過程與遭逢，詳見胡翰〈華川集序〉：「子充，黃公里中子也。嘗負其所有，涉濤江游吳中者。久之，又自吳踰淮泝黃河，而北達于燕趙，留輦轂之下久之，訖無所遇合，儻然布衣耳。然自京師及四方之士，不問識與不識，見其文者莫不稱誦其美，則得黃公者深矣。」見《胡仲子集》（金華叢書本）卷5：3b。

〔註98〕 〈故翰林待制華川先生王公行狀〉，《皇明文衡》卷62：25b～26a。

〔註99〕 宋濂，〈華川書舍記〉，《全集》卷35：4b。

〔註100〕 王禕〈上蘇大參書〉（《王忠文公集》卷13：25a）：「頃者執事參政江浙，禕方從黃公留京師。及執事被命召還，而禕又就試南歸，無由瞻道德之光，拱聽議論。」據《元史》〈蘇天爵傳〉（卷183，頁4224～7）所記，蘇天爵於至正七年後任江浙行省參知政事，九年召還，因此王禕北游大都的時間約是至正七、八年間，而於九年南歸。至於王禕自言就試南歸，是否意指參加至正十年的科舉鄉試，則不得而知。

才思與文采，得以獲取眾人的賞識。在黃溍、柳貫一輩文臣逐漸凋零之際，取而代之者是王禕、宋濂等漸有文名之人，然而這些文名的建立，仍須透過知名文人的引薦。黃溍之文以博雅雄麗著稱，因有盛名，常有人登門求文，在宋濂游於黃門期間，黃溍常命宋濂代撰求者之文，並許其署名，於是在求文者的傳擴下，宋濂漸以文名知於世。〔註101〕以黃溍文名廣佈於朝，經其引薦，即是未曾北遊的宋濂，也爲朝臣文士所知。〔註102〕約在至正年間，宋濂文名得於士人圈中逐漸形成。

柳貫雖與黃溍齊名，仕途卻不如黃溍顯達。黃溍是以首科進士出身，長期任職中央，柳貫則於大德四年（1300）以察舉任地方教諭，在地方游宦多年。〔註103〕宋濂拜師之時，柳貫已退居在家，脫離中央士人圈，在文人群體間較無政治與文化上的號召力，對於宋濂聲名的造就是不如黃溍，但宋濂師學其下所得甚多。除有文名外，柳貫也是個通經博學之士，經史、律曆、方技、數術無所不精，尤長於禮制兵刑之學。〔註104〕文集中收有柳貫回覆宋濂之信，即是答覆禮樂規制的相關問題。〔註105〕柳貫與黃溍同名於時，大致是柳貫學問淵博而爲文閎肆，黃溍學識精深而爲文典密，〔註106〕兩人的學識性質與行文風格皆不相同，宋濂師學二人，截長補短，獲益良多。

宋濂與戴良的交往是於柳貫門下。戴良字叔能，又號雲林，浦江人，生平極嗜讀書，通曉醫卜釋老之說。早年治經習舉業，尋後棄去，專學古文辭，從師柳貫、黃溍、吳萊，與柳貫尤爲親密。在柳貫逝後，甚至主事其家，持心喪三年。戴良以詩聞名，至正九年（1349）余闕任浙東道廉訪司，行使浦江，問訪當地之士識得戴良。〔註107〕與之問學論詩且盡授其學，有師生之實。

〔註101〕〈潛溪先生小傳〉，《全集》卷首2：1b。
〔註102〕元翰林侍講張以寧曾序宋濂《潛溪後集》，有言居燕（大都）時已數見宋濂《潛溪集》，可見宋濂文名確爲朝臣所知，見張以寧，〈潛溪集序〉，《翠屏集》（四庫全書）卷3，頁57a。另外，國子監臣陳旅，於至正三年前爲宋濂文集撰序，可見宋濂文名於至正初年已於大都傳佈。見陳旅，〈宋景濂文集序〉，《全集》卷首1：3a。
〔註103〕宋濂，〈柳先生行狀〉，《全集》卷41：8b～9b。
〔註104〕〈柳先生行狀〉，《全集》卷41：10b。
〔註105〕柳貫，〈答金華宋景濂書〉，《柳待制文集》卷13：16a～17a。
〔註106〕王禕，〈宋太史傳〉，《全集》卷首2：4a。
〔註107〕胡翰〈天機流動軒記〉：「至正十年春，武威余公廷心持憲節按部至浦江，問邑之士於謙齋趙侯。侯以戴叔能進，公嘉獎之，隸書署其軒曰：天機流動。」見《胡仲子集》卷6：14a。

〔註 108〕宋濂因與戴良往從甚密，俱往見之，識得余闕。〔註 109〕至於宋、戴二人晉見余闕的原因，應是起於柳貫文集的編纂。〔註 110〕柳貫於至正改元時，因脫脫主更化徵用老成之士而獲薦，以翰林待制兼國史編修官入朝。科舉復行後嘗於江浙行省主持鄉試，至正二年（1342）因病逝世。〔註 111〕余闕久聞柳貫文名，任職刑部時曾與論文，〔註 112〕至正九年（1349）行使浦江，獲其遺文，遂命浦江縣侯廉阿年八哈編刊文集，由柳門弟子戴良、宋濂主事，〔註113〕二人遂與余闕交游。〔註 114〕

　　編纂柳貫文集是宋濂擴展聲名的開始，同年宋濂接受廉阿年八哈的託付，撰寫《浦陽人物記》。爲其作序者有翰林學士歐陽玄、經筵檢討鄭濤以及戴良。〔註 115〕此時歐陽玄不識宋濂，爲其撰序，應是來自同僚鄭濤的敦請。鄭濤任職中央多年，以其與宋濂的交誼與宋濂爲鄭氏教席的身份，對於宋濂文名的推廣不遺餘力。因此，在吳萊、黃溍、柳貫、這些影響宋濂至深的老師逐漸退出文壇之際，宋濂在未曾出仕也少有遠游的情況下，能於浙東士人圈中崛起，且取而代之，是與任席鄭氏有關。總之，宋濂藉由鄭氏的人緣與財力，在學術研習上得到不少資助，尤以鄭家豐富的藏書，對於宋濂學識的增長極具貢獻。宋濂在鄭氏家中名爲授徒實爲究學，言其浦江授徒皆稱以讀書浦陽。倘若宋濂於學識研習得其所成，而於金華士人的學術傳承具有承先啓後的地位，其與鄭氏的關係是極具重要的關聯。鄭氏與金華士人的連結，也不止於地緣關係，對於金華學術的發展是有相當的影響與貢獻。

〔註 108〕趙友同，〈故九靈先生戴公墓誌銘〉，《九靈山房集》外集卷 30：6a。

〔註 109〕宋濂，〈題余廷心篆書〉，《全集》卷 29：14a。

〔註 110〕戴良與柳貫情誼甚密，在柳貫逝後對於柳貫文集的刊行不遺餘力。在至正七、八年左右，蘇天爵任職江浙行省參知政事（《元史》卷 183，頁 4226），戴良曾上書蘇天爵，請求爲柳貫刊行文集（〈上蘇伯脩參政書〉，《九靈山房集》卷 4：16b～17a）。因此戴良在識得余闕後，可能也有爲柳貫刊行文集的請求，而爲余闕接受得以刊行。

〔註 111〕宋濂，〈柳先生行狀〉，《全集》卷 41：10a。

〔註 112〕余闕，〈柳待制文集序〉，《柳待制文集》卷首序。

〔註 113〕蘇天爵，〈柳待制文集敘〉，《柳待制文集》卷首序。

〔註 114〕關於柳貫文集的刊行，戴良曾於至正七年左右，代柳貫之子柳致明上書當時的江浙行省參政蘇天爵，求其刊行柳貫遺稿，未果。（見〈上蘇伯脩參政書〉，《九靈山房集》卷 4：16b～17b。）可見戴良早有刊行文集之意，日後余闕下令刊行柳貫文集，應是起於柳家與戴良的奔走，戴良與余闕的結識與投合，皆因此事。

〔註 115〕見《全集》卷首一，頁 19a～20b，〈原序〉。

第三節　任教東明山

宋濂於正元元年（1335）任教義門鄭氏，講學於東明山，鄭氏子弟凡年十六以上者皆相從，一門受業約有四十餘人。據〈宋濂行狀〉言，因吳萊解館而歸，以宋濂從學日久深得其學，故嗣主教席。〔註116〕教塾所在於東明山中，位於浦江縣東，爲仙華山支脈，距鄭氏所居極近。家長鄭德璋有意培育子弟從學，在山中創一精舍，延聘教席。〔註117〕繼任家長鄭大和將精舍加以擴充，有如書院規模。其中作爲休息室的游泳軒，是宋濂平日讀書養學，課餘時與弟子論學暢談之所。〔註118〕

鄭氏對於宋濂在讀書上的資助，尚不只於經濟與讀書環境的提供，對於自小苦讀、必須借書抄錄的宋濂而言，鄭家於財力充足下所擁有的豐富藏書，是宋濂最爲需要的讀書資源。關於鄭家藏書對於宋濂學識的養成，黃溍故交的楊維楨（1296～1370）有言：

> 余家浙水東，去宋子之居不百里，知宋子之幼學，入青蘿山中不下
> 書屋若干年，得鄭氏藏書數萬卷，書無不盡閱，閱無不盡記，於是
> 學成，著書若干萬。〔註119〕

宋濂遷至青蘿山是於至正十年（1350），但是遷居與鄭氏爲鄰的想法，是在授徒後就開始蘊釀。遷居的原因，除了經濟來源的提供、書籍的需求外，鑑於元末動亂日漸頻繁，顧及家人財產的保全，比鄰鄭氏可得的庇護與秩序維持，應是宋濂考量遷居的主因。

宋濂任教鄭氏始於至元元年（1335），持續到至正十八年（1358）隨鄭氏逃往諸暨而止。十四年間，宋濂遍讀鄭氏藏書，著書明道，刊行文集，經歷朝廷薦舉，固辭而隱，入山著書等等，得於浦江開創學術研習的新里程，確立個人聲名，其生涯規劃、學習目的與人生際遇也出現極大轉折。這一切應從鄭氏與宋濂的關係談起。

〔註116〕鄭楷，〈宋公行狀〉，《全集》卷首 2：1b。
〔註117〕宋濂，〈東明山精舍壁記〉，鄭太和編《麟溪集》（四庫存目叢書）卷甲，頁7a～8b。
〔註118〕胡翰，〈游泳軒記〉，《麟溪集》卷甲，頁 5b～7a。
〔註119〕楊維楨，〈潛溪新集序〉，《全集》卷首 1：1a。

一、義門鄭氏

　　浦江鄭氏是元朝知名的望族，數代以來的同居共財，累積可觀的財富與地方聲望，建立起以家長爲中心的家族規範，並能將共居的公義擴展至外，於鄉里中扶衰救敝，儼然成爲地方秩序維護者。所謂「取其于天性而和諸物，則人人可以制而行之者，命之曰義。字其民曰義民，表其門曰義門」，〔註120〕以公爲義而結合同居，以公爲義而扶救鄉里，這種以「與眾共之」的家族結合擴展至鄉里成爲地方共同體，是被表爲義門的重要條件。當鄭氏共居的聲名在鄉里間傳佈時，元廷從鄉人所議，至大四年（1311）由中書禮部旌表爲義門，〔註121〕這是鄭氏享有盛名的開始。

　　據宋濂〈鄭氏孝友傳〉記載，鄭氏祖先鄭白麟，先居河南滎陽，傳至北宋元符年間（1098～1100）由鄭淮遷至浦江。〔註122〕在鄭淮的經營下鄭氏成爲當地大族，已有賑恤鄉里的經濟能力。〔註123〕鄭氏因鄭淮善行而享名鄉里，久之人稱其居地爲仁義里。〔註124〕但是鄭淮的樂善好施已到傾家蕩產的地步，經過幾代的發展，傳到鄭綺時鄭氏已經家道中落。鄭綺有意重振鄭淮時代的家風，因而禁止子孫別居，開始同財共爨。〔註125〕鄭綺名列《宋史、孝義傳》，以孝持家，精通春秋學。歷四代，德珪、德璋兄弟也因友愛事蹟列於《宋史》同傳。〔註126〕傳至德璋，鄭氏已經同居百年，因宋元易代的戰火波及，浦江發生嚴重飢荒，在鄭德璋的主持下，鄭家又開始從事賑災的慈善事業。大致從德彰開始，鄭氏已經恢復到鄭淮時代的盛況，在德璋「厚自樹立，興起其家，而齊之以禮法」下，鄭氏儼爲地方大族。爲了避免重蹈覆轍，鄭德彰致力於家風的維持，認爲同居共財是鄭氏重振的原因，並撰《家範》傳授齊家之道，再度申誡子孫禁止分居。〔註127〕

〔註120〕柳貫，〈鄭氏旌表義門記〉，《柳待制文集》卷 15：12b。
〔註121〕宋濂，〈鄭氏孝友傳〉，《全集》卷 40：14a。
〔註122〕〈鄭氏孝友傳〉，《全集》卷 40：13b；黃溍〈青田縣尉鄭君墓誌銘〉：「鄭氏之先家睦州。宋元符中，有徙婺之浦江者。兄弟三人，其季曰淮。」見《金華黃先生文集》卷 37：1a。
〔註123〕《金華賢達傳》卷 2：3a～b，〈鄭綺傳〉。
〔註124〕〈青田縣尉鄭君墓誌銘〉，《金華黃先生文集》卷 37：1a。
〔註125〕戴良，〈重刻冲素處士墓銘後題〉，《九靈山房集》卷 7：3b～4b。
〔註126〕《宋史》卷 456，頁 13415，〈孝義傳〉。
〔註127〕《金華賢達傳》卷 2：4a～b，〈鄭德璋傳〉。

　　德璋之後，繼任家長為德珪之子文嗣，此時鄭氏已同居六世，朝廷獎其同居善行，加以旌表，此後鄭氏就以義門為名。鄭氏得受朝廷旌表，不只於累世共居的美德，主要據其作為鄉里指導者所具有的地方聲望。此外，已有相當地方支配力的鄭氏在受表後，憑借義門鄭氏之名，不斷從基層向上發展，上達中央，互通聲息，更加擴大其社會影響力。文嗣死後繼任家長為文融（字大和或太和），是使鄭氏於元朝末期愈趨壯大的關鍵人物。在其主事期間，鄭氏再度為朝廷表彰，且於至元元年（1335）獲准免除徭役。〔註128〕上書請求朝廷復行古例准許義門免除徭役之人，正是柳貫。

　　柳貫不只為鄭氏上書免除徭役，日後受鄭氏之邀為其撰文〈鄭氏旌表義門記〉，詳細描述鄭氏得以旌表為義門的經過，並且大力彰揚其以孝義家風、以義為宗的精神內涵。〔註129〕鄭大和與柳貫相識已久，有同鄉之誼，而以鄭氏於浦江的聲望，柳貫是十分尊崇，加上柳貫任官多年，以文著稱，透過其聲名以提高鄭氏地位，是相當可行。若以現實觀點考量，提高鄭氏的聲名等同提高南人的地位。且以當時的南人官員多有與鄭氏往來的文字記錄，可見在鄭大和期間，南人官員與鄭氏的連結頗為密切。〔註130〕至於這是被表為義門的鄭氏所自發的力量，還是透過出身金華的官員所牽引，仍須考究。然而，兩者的連結在鄭大和之後愈趨明顯，鄭氏子弟入朝為官也是始於鄭大和下一代的鄭鉉。前言鄭鉉、鄭濤、鄭深等人北游大都，皆能進入中央士人圈，且受薦任官，可能來自出身金華的官員所提攜。事實上，這些人脈，包括與黃溍、柳貫、吳直方等人的交誼，皆是於鄭大和時期所打下的基礎。

　　鄭大和處於地方與中央的關係上是扮演何種角色？當這些南人官員尤其是吳直方得為脫脫重用後，鄭氏在南人社會中的地位是否有被突顯的可能？而此時的鄭氏與南人官員，尤其是金華出身的官員，又是何種意義下的連繫？甚至脫脫與鄭氏間的關連，脫脫下台後鄭氏對於元廷的反應等，是否也反映出部份南人對於元末政治的態度？而宋濂等元末士人是否在這種態度下蘊釀出對於元廷政權的普遍看法？由此而言，對於研究南人官員於元末政壇的發展、與地方勢力的連結情況，以及地方士人對元廷的態度等問題，鄭氏尤其

〔註128〕〈鄭氏孝友傳〉（《全集》卷 40：14a）：「重紀至元元年冬十二月，太常博士柳貫與鄉校群士又上狀請如故事復其家，從之。」

〔註129〕柳貫，〈鄭氏旌表義門記〉，《柳待制文集》卷 15：12b～14b。

〔註130〕鄭大和所編的《麟溪集》中收有多位人士為鄭氏所作的文章、詩詞、碑銘等，可由此深究鄭氏的人脈關係與交游情形。

是鄭大和是有探究的必要。宋濂於〈鄭氏孝友傳〉對於鄭大和主事時的鄭家盛況記有：

> 大和司家事嚴而有恩，雖家庭中凜如公府，子弟稍有過，頒白者猶鞭之。每遇歲時，大和坐堂上，群從子皆盛衣冠雁行立左，序下以次進，拜跪奉觴上壽，畢皆肅容拱手自右趨出，足無相銜，無敢參差者。見者嘖嘖嗟慕謂有三代遺風，雖石奮之家亦所不及。名聞天下，自大丞相及臺院諸公卿多有賦詩美其行，部使者武威余闕行縣，以其孝友七郡或莫之先，書「東浙第一家」以褒嘉之。皇太子在青坊聞其事而歎曰：此國家之祥瑞也！復親御翰墨畀以「鳳麟」二大字，翰林學士承旨歐陽元爲之贊勒石以傳。〔註131〕

鄭大和的生年不詳，其接掌鄭氏之時應早於順帝至元元年（1335），此年鄭氏獲詔免除徭役。在沒有明確的史料下，尚無法判斷鄭氏得以獲免是否爲鄭大和運作下的結果，不過從鄭文嗣始旌表爲義門後，鄭家聲望有明確擴展的趨勢，鄭大和有可能在鄭氏以義門之名提高地方聲望後，因勢利導地統合地方勢力網絡，包括政治、文化層面的人脈聯繫。鄭大和有意將鄭氏的家族社會擴展爲以地方爲中心的社群結合，而在其主家時期鄭氏確實以此方式在金華地區日漸擴大，漸成爲當地士人的交游中心。這是否代表鄭氏有往中央發展的意圖，依史料看來並不明確。但是鄭氏結交的人脈中確有不少入朝爲官的當地名儒，若言鄭氏是於同鄉入仕者的牽引下逐漸爲朝廷所重，問題在於這些入仕者的牽引是如何有效？倘若是因於南人官員的日漸受用下，被引領入朝的鄭氏子弟爲朝廷所用得以擴展鄭氏聲譽，其中最爲關鍵的人物，應是主持更化政策、復行科舉、總裁三史修撰的丞相脫脫。

鄭大和享年八十以上，主掌鄭氏家政到至正十三年（1353），〔註132〕期間鄭氏備極榮耀，上至皇太子、大丞相，朝廷的文臣，路過的廉訪使，當地的官員，文人等等，多有賦詩書匾讚頌鄭氏的美行。〔註133〕這些榮耀事蹟多是集中於至正十四年（1354）之前，脫脫主政期間。例如：脫脫於當政時曾

〔註131〕〈鄭氏孝友傳〉，《全集》卷40：14a。

〔註132〕鄭濤〈麟溪集序〉：「茲集始完而府君之賁在，殯已二月，竟不能一視其成……至正十三年夏六月丙申朔，義門八世孫前經筵檢討權參贊官鄭濤謹序。」見《麟溪集》卷首目錄，頁4a～b。

〔註133〕關於浦江鄭氏於元的政治、社會地位，可從其與地方、朝廷的人脈網絡來加以探討，而在《麟溪集》所收錄之題詩、贈文的作者身份上是可充份反映。

贈書鄭氏「白麟溪」三大字〔註134〕；至正九年（1349）浙東廉訪使余闕書匾「東浙第一家」；稍後皇太子賜書「鳳麟」；至正十二年（1352）江浙行省平章政事月魯帖木兒，在任職之初先表彰鄭氏，特書「一門尚義，九世同居」贈之。〔註135〕這些尊榮之所以集中於至正初年脫脫當朝之時，可能因於鄭氏子弟與脫脫間的密切關係。鄭深與鄭湞曾於脫脫家授經，〔註136〕特別是鄭深，先為別兒怯不花所用，因讒言罷去，於至正六年（1346）為脫脫所識引為家師，子哈剌章從其教。〔註137〕其時皇太子長住脫脫府第，與哈剌章共學，也由鄭深授讀《孝經》。至正九年（1349）脫脫復拜右丞相，受命領學皇太子，授經者正是鄭深。〔註138〕可知鄭家備受皇家與朝廷尊崇，皆拜脫脫得勢之賜。至於引薦鄭氏為脫脫所識之人，可能是為脫脫教席的吳直方。前言鄭大和在鄭家財力、聲勢日漸興盛下致力於地方網絡的連結，同為浦江出身的吳直方也是與鄭氏深切交往之人，且不論同鄉之誼，其子吳萊於鄭氏長期任教，聲息相通，當吳直方伴隨脫脫掌權而日漸得勢下，不止對於南人官員多有提攜，對南方士人的引薦應不遺餘力，當然包括與其子關係密切的鄭氏子弟。

鄭氏在日漸興起之際，家塾教師正是宋濂。宋濂於鄭氏獲免徭役的同年，為鄭大和聘任為教席。身為鄭氏教師，負有教育子弟的重任，鄭大和對之寄望甚重，之後鄭大和為示後世子孫齊家之道，擬定禮儀家規修撰《家範》三卷，宋濂為其顧問多有參與。〔註139〕而於任教之二十餘年間，親睹鄭氏逐步興盛，宋濂是與有榮焉。這段期間，宋濂著有數篇歌頌元朝武功與慶賀皇太子的文章，如：〈皇太子入學頌〉〔註140〕、〈皇太子受玉冊頌〉、〔註141〕〈國朝名臣序頌〉、〔註142〕〈西域軍中獲角端頌〉等，〔註143〕宋濂多以「臣濂」

〔註134〕 歐陽玄，〈白麟溪三大字後〉，《圭齋文集》卷14：4a～b。

〔註135〕 王禕，〈鄭氏義門碑後記〉，《王忠文公集》卷7：3b。

〔註136〕 宋濂，〈鄭都事墓銘〉，《全集》卷24：

〔註137〕 宋濂〈故江東僉憲鄭君墓誌銘〉（《全集》卷49：7a～b）：「聞太師喜士即走見之，時太師新解機務退居豐。……、明年以煩言出居西寧」。對之《元史、脫脫傳》（卷138，頁3344）及《元史、順帝紀》（卷41，頁878），可知鄭深謁見脫脫之年當為至正六年（1346）。

〔註138〕 〈故江東僉憲鄭君墓誌銘〉，《全集》卷49：7a～b。

〔註139〕 〈宋公行狀〉，《全集》卷首2：1b。

〔註140〕 《全集》卷39：8a。

〔註141〕 《全集》卷39：8b～9a。

〔註142〕 《全集》卷39：9a～12b。

〔註143〕 《全集》卷39：12b～13b。此文以角端為題，記以元太祖征西遇怪獸，以人語勸太祖還師，太祖問近臣耶律楚材，得知此獸為角端，不可犯，故回朝。

或「遐方賤士臣濂」自稱。宋濂未曾任職元廷，為何以臣自稱，尚待考證。
不過，皇太子受學既是鄭深伴讀，鄭氏理應祝頌，而於鄭氏教授的宋濂應是
撰寫這些恭賀文字的主要人選。這些文章是否流傳尚不可考，但皆收於至正
十六年（1356）刊行的《潛溪集》中，撰著之時是在鄭氏於元廷聲望最盛期
間。

　　因此，善於撰文的宋濂在鄭氏聲望的擴展下，碑銘文章廣為流傳，享有
文名，且以鄭氏屢受旌表，作為家師的宋濂，督導之功不可沒，受到鄭氏與
其他士人的重視。簡言之，無顯赫家世也未曾仕宦的宋濂，能於元末的金華
地區享有盛名，是藉由鄭氏教席的身份，加入以鄭氏為中心的地方網絡，在
鄭氏日漸興盛下，有助其於地方社會與中央朝廷營造個人聲名。日後宋濂遷
居浦江與之為鄰，次女宋珥婚配鄭源之子鄭杖，〔註144〕與鄭氏不只有賓主之
誼，且有地緣、血緣之親，自是相互依存而榮辱與共。

二、遷居青蘿

　　宋濂與鄭氏的依存關係雖起於任教，但宋濂真正加入鄭氏的地方社會網
絡，與鄭氏家族形成地緣聯繫的生活共同體，應在遷居之後。至正十年（1350）
宋濂自潛溪攜家遷往浦江青蘿山，其時任教鄭氏家塾已十五年。長期身處他
鄉，但潛溪與浦江相鄰，往返間並不費時，且以宋氏於潛溪世居多代，若無
特別因素，不會有遷居之舉。宋濂於〈蘿山遷居志〉對其遷居始末記有：

　　　　余世居金華孝善里之潛谿，其地於在縣東七十里禪定院側，溪之東
　　　　即入義烏境。重紀至元元年乙亥正月十五日，授經浦江義門鄭氏。
　　　　久之，以其家九葉同居乃願卜鄰焉，相地於仁義里孝門橋之上，其

　　　　宋濂以此事為頌，題名為〈西域軍中獲角端頌〉。巧合的是，陶宗儀於《輟耕
　　　　錄》提及，至正十年的江浙鄉試是以「角端」為賦題，黃溍曾事前告知陶宗
　　　　儀，準備此題。陶宗儀察聞諸書，得知角端典故，記於文中。（見《南村輟耕
　　　　錄》卷5，頁55。）然而，陶宗儀所記與宋濂文中所寫一致。由此猜測，宋
　　　　濂此文可能與科舉試題有關，是否宋濂也曾參試至正十年的鄉試，則不得而
　　　　知。
　〔註144〕〈宋公行狀〉（《全集》卷首2：6b）：「女二長適金華賈林，次適義門鄭杖。」；
　　　　宋濂〈鄭府君墓誌銘〉：「予少與仲本（鄭源）為金石交，遂以女珥歸其子。」
　　　　見《潛溪前集》卷7：5a，亦見《全集》卷42：6b。但《全集》與《潛溪前
　　　　集》所刊略有差異，宋濂之女的名字也不同，因《全集》刊行較晚也非原刊
　　　　本，故採以原刊本《潛溪前集》所記為憑。

地直縣東三十里有山曰青蘿。……至正十年庚寅二月十五日攜家自
金華來遷，揭其扁曰潛谿，示不忘本也。……惟古人最重遷，以墳
墓在斯、親戚在斯，不敢輕於棄去，或去之必出於勢之不得已，今
予豈有他哉！特欲薰漸孝義之門，以勖我後人爾！……子子孫居於
此者，毋析爨，毋爲不義，毋侵蝕比鄰，日衣被乎詩書，耕則爲良
農，學則爲良儒，庶幾不負予之志也。〔註145〕

據宋濂所言，遷居浦江是授徒後才有的想法，可能因於長年離家，無法顧及
家人，而有遷居的考量。但古人重遷，必有勢之不得已，對宋濂而言不得不
遷居的決定，是起於與鄭氏爲鄰的想望。前言，鄭氏因於同居共財而日漸壯
大，建立以家長爲中心的家族秩序，爲能維持共居型態，必須節制個人私利，
以家族的興榮爲重，於是孝義德行成爲家族承傳的首要價值。宋濂於鄭氏授
徒日久，撰有〈鄭氏孝友傳〉，相當熟知鄭氏家史，認爲良善家風是鄭家興盛
的主因，並且深慕鄭氏同居的孝義典範，希望藉由遷居比鄰使得宋家子弟受
其薰化，致力於家風的維持，日後成爲孝義之門。這是〈蘿山遷居志〉中宋
濂力主遷居的理由。但是宋濂強調，遷居是出於勢不得已的決定，根本目的
應是確保家族的延續。以文化層面而言，與鄭氏爲鄰受其家風薰習而爲良善
之家，的確是作爲家族延續的有效方式。若以安全條件考量，與十世同居的
地方大族相爲比鄰，最直接的助益即是身家性命的保障。鄭氏受表義門，是
起於從事鄉里救濟所展現的社會公義，以此凝聚鄉里力量，成爲當地秩序的
維護者。至正年間反亂四起，元廷疲於應付，鄉里自發的民兵組織成爲地方
平亂的主力。鄭氏是否組有民兵、結寨自保，並無明確記錄。〔註146〕但以常
理判斷，鄭氏應可憑藉累居多世的人力、物力，透過長期經營的地方聲望，
動員鄉里培育自保的防衛組織。宋濂嘗言：「元季兵起，州郡繹騷，大將數統
兵入境，服義門名，皆戒士卒，毋敢犯。」〔註147〕事實上，單憑義門之名，
恐難說服橫行鄉里的官軍予以戒懼。將領敬畏的可能是鄭氏所集結的地方勢
力，並非軍隊可輕易干犯。倘若鄭氏確有軍隊都不能動員的社會支配力，在
盜賊四起的元末之際，作爲鄉里領導者，以穩定當地秩序爲務的鄭氏家族，
應有不能忽視的抗敵力量。

〔註145〕《全集》卷 26：10a～b。
〔註146〕檀上寬，〈義門鄭氏與元末社會下〉，《世界華學季刊》第四卷第三期，1983
　　　　年 6 月，頁 67。
〔註147〕〈鄭都事墓誌銘〉，《全集》卷 24：8a。

　　元朝因政治、社會秩序的嚴重混亂，在統治力無法掌控下，爲急速擴大的新興政權所取代。基本上，順帝之前的元廷政權仍有相當程度的地方控制力，面對層出不窮的反亂事件，多能快速處理。因此，導致元朝滅亡的地方叛亂勢力，雖於立國之初即不斷湧現，但在中央統治力尚爲穩固的元前中期，零星的叛亂事件都未能擴大成爲割據勢力。然而在順帝即位後，層出不窮的政治、財政問題，加上至正五年（1345）的黃河潰堤所造成社會危機，導致元廷無法彌平不斷衍生的大型叛亂。因此，元末政府已無力於社會秩序的維持，鄉里自發的防衛力量才是決定家族能否保全的重要條件。以宋濂家族爲例，入元之初屢遭侵擾，家園數度毀棄，在宋濂祖父的苦心經營下漸能安居。大德十一年（1307），江南與淮南地區發生嚴重饑荒，歲兇民流下盜賊頻傳，宋濂的父親與祖母親歷這場災禍，以巧計滅賊才得以保全。〔註148〕連續兩代宋家幾遭侵毀，對於盜賊爲患所造成傾家滅族的災難，宋濂是有深切體會。所以身處動亂頻傳的元末之際，宋濂可能爲求保全家族而遷居，首要考量即是尋覓可供長居久安之所，因此選擇與累世同居的鄭氏爲鄰，以其防衛力量爲之庇護，當可提供身家安全的保障。總之，宋濂於至正年間的遷居之舉，不只追求文教風尚的薰習，而是帶有動亂時勢的迫切性。

　　原爲涵化子孫而遷居的宋濂，卻能與鄭氏爲鄰，直接獲得學術研習的多方資助，造就博深的學問根基。鄭氏提供宋濂最爲重要的資源就是八萬卷的藏書，據楊維楨所言，在青蘿山居的時日中，宋濂遍讀藏書，日夜深究其理，學有所成後撰作著書，成就一時聲名。宋濂學術的養成與聲名的傳佈，皆在遷居青蘿的十年內逐步成型。在其七十餘年的生命歷程，此十年相當短暫，卻對宋濂日後受用，得享功名的盛業，有極爲關鍵的造就。基本上，宋濂於授徒之後就已開始講述研學的生涯，持續至避難之前其生活型態都未有改變。而宋濂決定遷居是有長期任教鄭氏的準備，如傳統儒者所爲，選擇授徒著書爲業，從事學術的傳承與探究，以儒學傳承者自居。鄭濤曾描述此時的宋濂是：「年三十即以家事授子姓，朝夕惟從事書冊間，稍有餘暇或支頤看雲，或被髮行松間，遇得意時輒缶擊浩歌，聲振林木，翛翛然如塵外人。」〔註149〕怡然自得之情展現無遺，這應是宋濂生平中最能從心所欲的快樂時日。

　　史料對於宋濂元末事蹟的記錄，多是集中於遷居後的數年。至正十年

〔註148〕宋濂，〈先大父府君神道表〉，《全集》卷50：11a。
〔註149〕〈潛溪先生小傳〉，《全集》卷首2：1b～2a。

（1350）遷居，十八年（1358）攜家遠避諸暨，九年之間經歷仕隱抉擇，《浦陽人物記》的撰成，文集付梓刊行，入山明道，創作究道所成的《凝道記》等等，尤以《凝道記》的撰寫是宋濂感懷時勢之餘，藉由著書以彰明心志的代表作品，也是宋濂文集中極為少見的思想性著作。原本安於授徒讀書的宋濂在短期內卻有一連串自我彰顯的動作，而這些行為大都顯現宋濂研道有成的學術成果。在宋濂的求學歷程中，遷居青蘿是頗具關鍵性的標示，顯見宋濂的學術生涯進入新的里程，從拜師學習晉昇至沉潛自學、著書明道的階段。〔註150〕

　　宋濂能夠專心學術研習，歸功於鄭氏的多方資助，但根本原因是於學習目標與個人心志的確定。宋濂早年致力舉業，正式拜師學習即是始於郡學中從事科舉考試的準備。但宋濂最後選擇徜徉山中，講道著書自得其樂，明顯放棄舉業的研習，專力於學術事業的沿續。宋濂是如何改變心志，並確立日後的學習方向，應從試舉不第談起。

三、應試不第

　　在〈贈梁建中序〉中，宋濂對其學習歷程有生動描述：

> 余自十七八時，輒以古文辭為事，自以為有得也。至三十時，頓覺
> 用心之殊，微悔之。及踰四十，輒大悔之，然如猩猩之於屐，雖深
> 自懲戒，時復一踐之。五十以後，非惟悔之，輒大愧之，非惟愧之，
> 輒大恨之。自以為七尺之軀，參於三才，而與周公、仲尼同一恒性，
> 乃溺於文辭，流蕩忘返，不知老之將至，其可乎哉？〔註151〕

這是宋濂為學多年後的自我反省，對於自己沉溺文辭而不求治學，感到十分後悔。宋濂撰寫此文是有感於當世學子過於沉溺文辭而荒廢儒學的研習，以儒業傳承為志的宋濂認為這將危害學術的延續，因此藉由個人於學術研習的覺察為後學者提供鑑鏡，鼓勵學者須以治學為重。這些原為宣導的反省文字，對宋濂心志所向的探察提供不少線索。宋濂自言最初是學以古文辭，直至三十歲才頓覺用心之殊。指出宋濂開始覺察學習方向偏離，改變學習的目標與內容是起於三十歲之後。

〔註150〕宋濂〈蘿山雜言〉（《全集》卷38：5b）：「濂自居青蘿山，山深無來者，輒日玩天人之理。」

〔註151〕宋濂，〈贈梁建中序〉，《全集》卷2：9a。

　　此時宋濂是如何頓覺爲學偏離，尚無明確史料可以說明。以求學歷程而言，宋濂已於鄭氏任教，與吳萊、柳貫、黃溍諸師往來密切，並已從學於許謙門人與張樞、吳師道等名儒門下聽經講道，師學內容是以理學爲主，宋濂此時是著重於儒學研習，明顯不同於過去以古文辭爲事的學習方向。不過，宋濂習經原是作爲試舉的準備，因元代科舉首重經義且以朱子理學爲宗，而這些名儒皆師承朱子理學，是有助於宋濂從事舉業的學習。雖然宋濂師學吳萊是習古文辭，但在習文之餘仍不忘經書的研讀，甚至遍訪治經名師予以問學。〔註152〕宋濂若未放棄舉業，這些專於治經的努力應是以功名取得爲目的。然而，宋濂於日後卻明白彰顯以儒自命的心志，對照此時宋濂所爲，未見有以儒業爲志之意，因此宋濂的棄舉抉擇，可能是其心志轉變的顯示。因爲個人心志的轉換應是伴隨學習目的的改變，原爲試舉而學宋濂是否因舉業不成而徹底檢討長期以來的爲學方向，重新釐清個人所認知的學習本質與目的，找尋以學術建立自我價值的實踐方式，確定以儒業承傳自立的心志取向？這應是探索宋濂如何以儒自命的重要線索。

　　關於宋濂的試舉記錄史料上並無記載，但在宋濂文集中保存一條可貴資料：

> 憶昔試藝時，年丁二十九。不諳精與觕，運筆如掃帚。欲盡王霸言，至寅直窺酉。於時有操君，許子乃其友。同自鄱陽來，懷玉期一售。……及至淡墨題，氏名列某某。果符人所占，兩榜皆冠首。顧予坎壈姿，甘在孫山後。……買舟踏澎湃，共折江頭柳。別歸金華山，幸有雲半畝。結茅澗之阿，敢曰松桂誘。尋鶴陟欹磴，避人下關牡。外物絕他縈，中扃森獨守。鑽研六藝學，誓以託不朽。〔註153〕

這是宋濂於明初總裁《元史》時，送別因病告歸的友人操琬（公琬）而寫的贈詩，言以兩人結識至日後交遇的經過。從詩文可知，宋濂與操琬同年參加鄉試，操琬與友人許某皆上榜，唯獨宋濂落第。因此宋濂返回金華自隱於鄉，不問世事，專心於儒學的研習。詩中清楚顯示宋濂從有志試舉到以儒爲業的轉折，關鍵即是宋濂落榜的事實。雖無直接證據指出，是在未成功名下導致

〔註152〕宋濂〈雷府君墓誌銘〉（《全集》卷5：10b）：「濂在弱齡頗有事科目之學，輒聞閩中雷氏兄弟以易經相傳授，所爲經之大義，流布四方，多取之以爲法。」
〔註153〕宋濂，〈予奉詔總裁元史故人操公琬實與纂修尋以病歸作詩敍舊〉，《宋學士全集》（金華叢書本），補遺卷1：94b～95a。

宋濂轉向以學術研究作爲自我價值的實踐方式，但是宋濂若未放棄舉業，仍以功名爲求學目的，就無法確立日後宋濂所多次強調以學術承傳作爲士人彰顯個人價值的心志取向。

基本上，並無史料證明宋濂是於對學術本質的重新認識下而自動放棄舉業，還是因於無以中舉下才以學術研究作爲人生的新目標？但宋濂屢次應試不第卻是事實。在宋濂致仕後所寫〈致政謝恩表〉有言：「臣本一介書生，粗讀經史，在前朝時雖屢進科場，曾不能沾分寸之祿，甘終老於山林。」〔註154〕可知宋濂是屢次落第，未曾仕宦於元。而且宋濂只曾赴考鄉試，其與操琬結識的會場應是位於杭州的浙闈試場。至於何年應考則存疑。詩文所言宋濂二十九歲時試舉，對照年代應是順帝至元四年（1338），但於至元年間因伯顏罷科，科舉考試停止舉行，而於至正元年脫脫主政才恢復科舉。〔註155〕至元元年有舉行鄉試，未及舉行會試便罷科，到至正元年（1341）重開鄉試，其間停罷二科，所以宋濂是無法於至元四年應舉。且據陶宗儀所記，操琬是至正四年（1344）鄉試進士，〔註156〕因此宋濂與操琬共試應於至正四年（1344），而非至元四年，這是宋濂試舉最明確的一次記錄。

至於宋濂從何時開始應舉，又於何時棄舉甘老山林，因無明確記載尚難得知。但據〈亡友陳宅之墓銘〉所言，送濂於諸暨求學時仍致力於舉業的準備。文中記其與來訪的陳宅之相識，得知宅之所師爲名儒韓性與黃溍，所學治經爲進士之業，「濂時頗有志應舉，相與詰難經義，連日夕弗休，迨別去，猶依依難望，至日落乃止」，〔註157〕可知宋濂此時求舉心意甚堅。宋濂於諸暨求學年約二十二歲，因年紀尚輕可能尚未應試。此外，宋濂也曾與至正十一年（1351）的進士許汝霖（時用，1390～？）同試浙闈。〔註158〕據載許汝霖於至正十年（1350）中舉鄉試，隔年登進士第。〔註159〕宋濂是否於至正十年鄉試與其同試？據文中所記，兩人「同試藝浙闈……自時厥後，時用以禮經擢上第」，〔註160〕宋濂未言汝霖是於此試中舉，而言「自時厥後」以《禮經》

〔註154〕《全集》卷21：1a。

〔註155〕至元罷科經過，詳見《元史》卷142，頁3404～3406，〈徹里帖木兒傳〉。

〔註156〕陶宗儀，《南村輟耕錄》卷28，頁344～6，〈非程文〉。

〔註157〕《全集》卷23：16a。

〔註158〕宋濂，〈送許時用還越中序〉，《全集》卷2：3a。

〔註159〕蕭良幹纂，《萬曆紹興府志》（《中國方志叢書》，台北：成文出版社，1983）卷32，頁4上，〈選舉志三〉；卷33，頁26上，〈選舉志四〉。

〔註160〕〈送許時用還越中序〉，《全集》卷2：3a。

登第，似乎汝霖中舉是於此試之後，許汝霖在中舉之前可能試舉多次，但與宋濂同舉之年尚未登第，汝霖是在至正十年中舉鄉試，可能兩人同試的時間是早於至正十年。

　　從至正元年（1341）復科到至正十年（1350）前的鄉試有三次，分別為元年（1341）、四年（1344）與七年（1347），宋濂既不能於至元年間應舉，所參加的多次考試應集中於至正年間。倘若宋濂確實應考至正四年的鄉試，元年、七年的鄉試，宋濂也可能參與。據〈唐思誠墓銘〉記，宋濂於官學習業時結識唐懷德，五年後宋濂從學吳萊而懷德講學淮陰，後於懷德返鄉時相遇於錢唐。〔註161〕錢唐（杭州）是當時江浙行省治所在，宋濂客居於此所為何事，文中未言。但宋濂卻因與唐懷德重逢而相詰問學，藉由懷德的博識深思，引導宋濂對於科舉行後士人只顧習業不重研學的現象有所反省。文中指出兩人此次別後十年宋濂歸隱龍門，隱居龍門是至正十六年（1356）之事，推算宋濂與唐懷德會面之時應於至正七年（1347）左右。至正七年曾舉行鄉試，少有遠遊的宋濂卻於此時客居錢唐，可能與應試科舉有關，但無確切史料可證。不過，宋濂此行能與懷德論學，對其日後求學的心志與方向確立是有相當程度的影響。

　　宋濂屢試不第並非個案，在宋濂文集中記有不少習儒者有類似遭遇。同是拜師研習經義，將治經視為試舉的準備，而於試舉不利下棄舉不就，或是改學古文辭，或受薦為校官，或隱而自學，有各種不同的出路，但多因此放棄儒業的研習。〔註162〕宋濂也在試舉不成下棄舉，但於何種心態下棄舉，以宋濂多篇彰顯心志的文章約略可知，宋濂是以求道之心來從事學術的研習，放棄專務舉業的研經心態，才能真切體會求學的真義。宋濂認為，因追求世俗利祿而忽略治學本身的目的，不啻是本末倒置。面對科舉宋濂也曾趨之若鶩，忘卻習儒者所承負的學術使命。由此而言，元代多年不行科舉雖嚴重影響士人的生計，卻也引導士人重新思考儒學的價值與研習的目的何在。即是元朝復科，在名額短缺下，多數試舉者仍無法登上仕途，而以學習儒業為試舉目的，因屢試不中，也促使士人必須思考究竟所學為何的重要課題。宋濂

〔註161〕宋濂，〈唐思誠墓銘〉，《全集》卷49：15a～b。
〔註162〕參見宋濂，〈故樓景元甫墓碣〉（《全集》卷23：14b）；〈哭王架閣辭〉（《全集》卷48：2a）；〈諸暨陳府君墓碣〉（《全集》卷24：1a）；〈元徵士周君墓誌銘〉（《全集》卷24：a）；〈哭張教授父子辭〉（《全集》卷48：2a），皆提及其人曾以舉業為志，終因不舉而棄之事。

是其中較為幸運者，因於鄭氏的資助而較其他落第士人能有更好的學習環境，可以不受世事的牽絆，安於儒學的鑽研，故能造就博深的學術涵養。

回到宋濂自我覺察與確立心志的問題，倘若宋濂確於反省後重新立志，究竟覺察的關鍵時期是在何時？宋濂自言三十歲始知為學用心殊異，其於至正元年（1341）為三十二歲，至正十年（1350）則四十一歲，假如宋濂是於至正十年前棄舉，是三十餘歲，確實符合其言頓覺治學偏離的年紀，配合宋濂於贈操琰詩中言其落榜後「鑽研六藝學，誓以託不朽」的心志取向，更可支持宋濂是於三十歲左右棄舉，轉為治學的自我定志。由此可知，宋濂是於屢試不第下重新尋找價值的託負，對其學習過程進行反省式的覺察，發現自我學習早已偏離學術本質，習經目的不為治學而為科舉，因而放棄舉業專力於儒學內涵的闡發，以學術承傳的使命作為託付自身不朽的價值所在。此時宋濂三十餘歲，已於鄭氏授徒十餘年。至正六年（1346）於青蘿山建屋準備遷居，十年（1350）遷居浦江，開始其沉潛養學的讀書時期。宋濂以儒自命的心志由此確立，日後以授徒著書為業，致力於學術涵養的培育，所謂厚積而薄發，短期間著述不斷刊行，開啟宋濂不同於求舉功名的治學生涯。

第三章　治學與爲文

第一節　自命爲儒

　　宋濂在歷史上一向被視爲輔明建國的首要文臣，著重其對明代學術與文教的肇始之功，劉基（1311～1375）在太祖面前評論當朝文臣的文學成就時，即推重宋濂爲當朝文章第一〔註1〕。鄭濤與王禕於元末所寫的宋濂小傳，對其「以文知於時」，「以文章家名海內」之事也多有著墨。〔註2〕宋濂以文章之名享譽元明之際是無庸置疑。然而在《明史》本傳不只指出宋濂以文爲名，並爲其點出「自命爲儒」的定位。〔註3〕如此定位是取自宋濂的自我期望、治學心志，還是依據當時士人對宋濂的普遍認識、評價？倘若清代史家是根據宋濂自我彰顯的心志爲之定位，可斷言的是，這樣的評價，並不符合當世之人對於宋濂的認識，以及宋濂聞名於世的緣由。

　　宋濂以文章家享名於元，以第一文臣稱譽於明，文名之盛，史家多以文學家視之，《明史》記載則著重宋濂於仕明經歷與輔君事蹟的描述。先是與劉基的對比，以兩人皆於東南享有盛名，「基雄邁有奇氣，而濂自命爲儒」，具體指出兩人性格特質，日後一爲佐軍中謀議，一以文學受知備顧問，呈現各

〔註1〕 宋濂〈跋張孟兼文稿序後〉（《全集》卷22：12a）：「一日侍上於謹身殿，偶以文學之臣爲問，伯溫對曰：當今文章第一，輿論所屬實在翰林學士臣濂，華夷無閒言者。」

〔註2〕 鄭濤，〈潛溪先生小傳〉，《全集》卷首2：1b～2a；王禕，〈宋太史傳〉，《全集》卷首2：2b。

〔註3〕 《明史》（卷128，頁3784）：「（劉）基雄邁有奇氣，而濂自命爲儒。」

有所長的仕途發展。再來鋪述宋濂的輔君事蹟,著重其以禮法規勸太祖,深得太祖信任、禮遇的過程。而於文末,以宋濂主掌朝廷文衡,碑記刻石多出其手,乞文之人之多,與國外使節對其文集的重視等等文章盛行的情況,爲之總結。〔註4〕《明史》所述雖能具現宋濂志爲儒臣的實踐理念與過程,最終仍以文學盛名作爲宋濂的歷史評價,與文前所言宋濂自命爲儒的心志,似有不合,顯見宋濂心志與聲名間的差距。宋濂於元末曾撰以〈白牛生傳〉抒發心志,有言:「生而好著文或以文人稱之,則艴然怒曰:吾文人哉!天地之理欲窮之而未盡也,聖賢之道欲凝之而未成也,吾文人乎哉」,〔註5〕早已深覺其於自我定位與世人認知間的差異。爲了解決個人目標與成就展現的差異,除了治學心志的屢次申明外,對其「溺於文辭,流蕩忘返,不知老之將至」的偏學心態也有深刻悔悟。〔註6〕因此《明史》對於宋濂生平記以目標與成就差異的載述,是能具體呈現當世的宋濂以儒業爲志卻因文名而顯的困窘心境。

學者探討宋濂的學術貢獻,也是著重宋濂的文學成就與聲名呈現,對其作文章法與文學理念的提出,採以文學思想的演變脈絡爲之論述,特重其對明代文學發展的奠基與影響。近來學者則是強調宋濂於思想與論學的理念呈現,運用思想史的演變趨勢指出宋濂的學術特色,重新評定宋濂的學術貢獻與治學所向,闡明宋濂除具當世所重的事功、文名之外,另有爲人長期忽略,是其心志所向的理學家身份。〔註7〕對此明清學者已有提出宋濂爲理學家的觀點,以宋濂門人的方孝孺(1357～1402)最爲極力聲明。方孝孺認爲,宋濂平生爲學是致力於「粹然窮理而盡性」的理學探究,常爲事人所見的「事功、言語傳于事者,乃其餘緒」,〔註8〕並非宋濂治學的眞正內涵,當世之人是「知愛公文,而不能盡得其意,且不能盡觀也」,〔註9〕宋濂之文雖能流傳爲人所重,眞正的思想內蘊卻無法藉由文字傳佈爲人所知、所傳。因此深爲宋濂期

〔註4〕 《明史》卷128,頁3784～8,〈宋濂傳〉。

〔註5〕 《全集》卷40:16a。

〔註6〕 〈贈梁建中序〉,《全集》卷2:9a。

〔註7〕 關於宋濂的評價問題,在王運熙、顧易生編著,袁震宇等著的《中國文學批評通史‧明代卷》(上海:上海古籍出版社,1996年)中則是認爲,宋濂的詩文創作淵深宏博,恣肆多姿,文學思想以宗經明道爲本,亦有所變通,對後世的影響是頗爲復雜。作爲開國文臣之首,明人論及本朝文學,對之較爲重視,然或宗其道或效其文或重其博學,所重不同評價也就多有歧異。

〔註8〕 方孝孺,〈潛溪先生像贊〉,《遜志齋集》(四部叢刊)卷19:23a。

〔註9〕 方孝孺,〈宋學士續粹文序〉,《遜志齋集》卷12:17b～19b。

許且盡傳其學的方孝孺，〔註10〕是有意彰顯宋濂於作文之外的學術貢獻，強
調宋濂所欲闡揚、延續的儒學內涵，以及輔佐帝王實現善政的治政之功，才
是其人與其文應爲人重視的價值所在。〔註11〕這隱約指出宋濂的治學與爲文
是以思想與政治的成就爲其宗旨。

　　學者容肇祖從宋濂對理學諸子的推崇，看出宋濂以理學家自居的治學心
志，且據其論學之文，判斷其學雖以朱子爲宗，卻深受陸學影響，頗有調和
朱陸的態度。並以宋濂於〈六經論〉力主六經即爲心學，所顯示出以心爲重
的思惟傾向，〔註12〕認爲宋濂應是明代開展心學的先聲。〔註13〕而學者侯外
廬則以理學史的考察，認爲宋濂的理學思想所呈現對於天道、心性、爲學方
法、朱陸調和、儒佛關係的種種態度，是反映朱學思想在元明之際的遷變與
分流之過程。〔註14〕事實上，從《宋元學案》將宋濂列入〈北山四先生學案〉
視爲元末金華朱學的傳承者可知，宋濂作爲理學思想家的身份是相當確定。〔註
15〕總之，宋濂是因文章造就遠勝於思想涵育的成果，以至文名過盛掩蓋其因
文論道的學術本質，但以宋濂論學所呈現的理學思惟，不只於思想史有其探
討空間，對於考察理學思想發展至明的遷變過程也有研究的價值。

　　由此探視宋濂的爲學心志與世人評價間的差異，倘若宋濂的「自命爲儒」
是以探究儒學與實踐儒學爲志，且確立於尚未仕明的元末期間，爲同代學人
所認知，〔註16〕可探究的是，在宋濂實踐心志的過程中所面臨的易代衝擊與
仕隱抉擇，對其治學型態的衝擊是否造成足以改變心志的影響，而使其於心
志履行與成就展現上產生不符期望的落差？或者，因於出仕的決定，使得宋
濂實踐所學的方式在仕隱生涯的轉換下產生極大的差異，甚至改變其原欲呈
現的學術型態與行志途徑，反映於出仕前後的學術聲名、地位的變化上？總

〔註10〕　宋濂，〈送方生還寧海序〉，《全集》卷30：2b～3a。
〔註11〕　〈宋學士續粹文序〉，《遜志齋集》卷12：19a～b。
〔註12〕　宋濂，〈六經論〉，《全集》卷36：1a～1b。
〔註13〕　容肇祖，《中國歷代思想史・明代卷》（台北：文津出版社，1993年），頁13
　　　　　～20。
〔註14〕　侯外廬，《宋明理學史》（北京：人民出版社，1987年），頁55～76。
〔註15〕　《宋元學案》卷82，頁2800～1，〈北山四先生學案〉。
〔註16〕　見鄭濤，〈潛溪先生小傳〉，《全集》卷首2：1b；王褘，〈小傳〉，《全集》卷首
　　　　　2：2b～3a；〈宋景濂文集序〉，《王忠文公集》卷2：1a～3b；楊維楨，〈潛溪
　　　　　新集序〉，《全集》卷首1：1a。對於宋濂的治學心志皆有相當詳細的描述，也
　　　　　極力爲之闡揚。

言之，若能藉由宋濂仕前心志與仕後成就的落差，以及生前聲名與身後評價的變化，思考其以理學家自許而世人以文學家視之的身份差異，而探以從其心志所向的思想史脈絡予以探視，對其學術本質的研究應有更爲深入的呈現。

一、享以文名

宋濂早年求學是先習古文後學治經，因投師不易，多是自學研讀，以撰文自樂。據〈太乙玄徵記〉所記，宋濂體質羸弱，無以勝任生產工作，在「日學操觚，造爲文章」的創作中尋求人生寄託，日夜讀書求以「疲精竭思攻爲文章」，「窮年矻矻恆不知變更」。如此呈現的習文成果，宋濂是相當滿意，嘗言「學文二十餘年，自意已造其極，不知猶未也」。〔註17〕但宋濂並未停滯學習，在立志爲儒的激勵下，不斷進行爲學心態的檢視，經歷多次的自我省覺。這篇〈太乙玄徵記〉正是宋濂檢視爲學的重要標記，撰著時間不會晚於至正十六年（1356）。〔註18〕文中記述宋濂如何對於自身爲學的態度與治學、爲文理念產生根本性覺悟，且藉省覺過程的呈現指出爲學的正確心態與目標，以爲日後行文、踐學的理念指引。

在至正十六年刊行的《潛溪前集》有不少類似〈太乙玄徵記〉的寫作體裁，採以故事或寓言的鋪陳，道出爲學、爲文與爲政的義理。多是設計以對話的方式，由兩人對辯各示真理，在一問一答間激盪出宋濂所要彰顯的思想精義。這也是宋濂於《凝道記》中展現凝道所成的論述形式。《潛溪前集》與《凝道記》的刊行時間相當接近，皆於至正十六、七年間，其時宋濂也撰有不少短篇寓言，以及寓言結集的《燕書》，可言這種寫作體裁是此時宋濂表達思想的主要方式。〈太乙玄徵記〉的設計是採以天啓的模式，假想一個曾授《洪範》《五行》予劉向的神人——太乙之精，在宋濂爲文思竭時給予省示，並於對答間引導宋濂認知爲學作文的真義，宋濂醒覺後決意遵循太乙所教，改變求學方向，專力於六經研習，故能提昇個人的學識境界。

文章的前半段，宋濂自陳著文的緣由，是喜於沉浸在創作爲文中所經歷「凡慮既澄，運思希夷，上升層霄下入重壚」的神思激盪之過程，體會運神用思後的暢快之意，並可超越個人身份與時空條件的限制，藉由想像的推演

〔註17〕宋濂，〈太乙玄徵記〉，《全集》卷35：11a～b。

〔註18〕此文收於至正十六年刊行的《潛溪集》（後稱潛溪前集），撰著時間不會晚於至正十六年。

鋪陳出千變萬化的文字情境。這樣的趣味使得自幼病弱的宋濂得從作文中提振委靡的精神，且樂於其中。宋濂相信透過行使文辭的專研琢磨，是可促進心神凝聚與思緒運行，達到暢快神思使心樂之的效果。若是一日不作文，便會覺得「六氣昏昏精神不來」，因此宋濂認爲思想潛能的開發，必須透過作文的鍛鍊來加以培育，這是古之學者須以治文爲業的原因。但是，太乙聽完宋濂的說辭後，不禁三歎而言曰：

> 上堪下輿，惟人中居，厥初芒艾，瞢未有知，野鹿標枝，蚩蚩狂狂，聖人者出，扶弱敎基，揭我日月，燭我冥魊，所謂建生民極立天地心者是不有道歟？道雖無形，揆文可知，典謨渾厚，卦畫閎奇，雅頌恢張，禮樂咸儀，春秋謹嚴，袞褒鈇銊。不由於此，去道遠而舍其根荄玩其葩葉。而何以史遷諸子爲且非文不行，非文不章？天子非文曷風四方，諸侯非文莫守其邦，鄉大夫非文身鬱不揚，士庶人非文窣過于鄉。故云：文者，乾坤之粹精也，陰陽之靈龢也，四時之衡石也，百物之錧轄也，中國之采章也，四裔之儀法也，可不務乎？

太乙反對追求心中之樂的爲文態度，認爲文有載道顯道之重任，藉由文傳使道顯之，是承道士人爲文的目的，而宋濂爲文不由道已是遠離文之本質，何以自言已造其極。太乙強調古之學者之所非文不行，不是追求神思的暢然與文筆的精練，而是非文無以彰顯心志、傳承治道、**聲譽流傳**，所謂立德、立言、立功三不朽，非文則無以立之、彰之，士人爲文當以載道爲務，豈能捨本逐末以賣弄文辭自得。然而，太乙所見當世爲文者卻是：

> 彼辨博而馳騁，以邪奪鄭，是誣世也。卑辭甘言，藉威取寵，是媚權也。佞墓受金，是非舛謬，是周利也。氣亡魄喪，憫憫不振是萎爾也。抽青媲白，眩人耳目，是聲聾也。

太乙認爲眞正的文是：「充於一身和順，內積英華，外發達于四國民物阜康、政敎靄洽，筆之於書則可爲天下後世法。」言明文不只載明義理，尙有爲後世彰明治道之法的世用之功，將辭章、義理、事功藉由爲文予以結合，才是文之本質與非文不行、非文不彰之所在。最後太乙告誡宋濂，以其治學之勤，應當注意爲學所向，切勿偏差，言畢即逝。日後宋濂藉卜得知此爲學文玄徵，「於是惕然悟悉，燔毀筆硯，取六經文燖溫之，未幾學果進。」〔註19〕

　　此文所述是宋濂親歷或虛有情事尙難確認，但是太乙彰示的爲文之道確

〔註19〕 以上引文見〈太乙玄徵記〉，《全集》卷35：11b～12a。

爲宋濂遵行，且爲日後傳學爲文的基本理念。更重要的是，文末所述宋濂棄筆從經而學果進的省悟成果，正好點出宋濂由學文到學道的思想轉折。對此，宋濂在《凝道記》中也有明確標示：

> 處士君嘗謂予曰：「吾幸逢六合眞元之會，而弗克仕。不仕無義，古之訓也。爾濂尚體予之訓，以行其志哉！志行，道亦行也！」予竊謹識之，於是盡棄解詁文辭之習，而學爲大人之事。以周公孔子爲師，以顏淵孟軻爲友，以易詩書春秋爲學，以經綸天下之務，以繼千載之絕學爲志，子貢宰我而下，蓋不論也。〔註20〕

文中所言「學爲大人之事」與〈太乙玄徵記〉中以六經爲宗、致道天下爲務的治學目標，相爲應合。文中宋濂言其心志轉向，是遵自父親的訓誡，而非〈太乙玄徵記〉的神蹟指引。不過，二文皆清楚呈現宋濂放棄文辭而專力治學，並以經世爲重的心志轉折。由此猜想，這些標示不只是宋濂對其治學心志的確定與聲明，同時也是已享文名的宋濂有意彰顯爲學目的爲世人所知，冀求改變不合心志所趨的文人聲名。

宋濂能文也愛著文，在求文者的傳播下漸於文壇興起，而於盛享文名的元末期間始覺爲學已偏，志以儒學自立。然而，這樣的思想轉折能否落實於宋濂的學術實踐，包括文章創作的型態與思想意涵的闡發，徹底改變其聲名呈現？據鄭濤於至正十三年（1353）所記：「景濂以文知名于時，臺憲諸顯人多願得而觀之，而景濂不以爲己足，且謂文爲載道之具，凡區區酬應以時適用者皆非文。」〔註21〕指出當世之人對於宋濂之文的重視與宋濂自許的爲文之道確實有相當落差。文既爲載道之具，爲人所重的應是義理而非文辭，但宋濂爲人所知卻是其文辭，而非其道。雖言宋濂是因替代黃溍撰文而名聞朝中，但是僅以擅文所得的聲名，確實不合宋濂心中所志。〔註22〕

宋濂文名的擴展，起自柳貫、吳萊文集的編纂、《浦陽人物記》的撰寫與個人文集的刊行。據戴良言宋濂撰《浦陽人物記》是應浦江縣侯廉阿年八哈之請所作，〔註23〕而於至正十年（1350）刊行，同年宋濂與戴良受余闕之請

〔註20〕 宋濂，《龍門子凝道記、令狐微》，《全集》卷52：14b。

〔註21〕 〈潛溪先生小傳〉，《全集》卷首2：1b。

〔註22〕 〈潛溪先生小傳〉，（《全集》卷首2：1b）：「黃公至以博雅雄麗稱其文，人有求文於黃公者，黃公不暇爲，輒命景濂撰就，自署其名而遺之，由是景濂以文知名于時。」

〔註23〕 戴良，〈浦陽人物記序〉，《全集》卷首1：21b。而廉阿年八哈是至正九年上任，見毛鳳韶編，《浦江志略》（天一閣）卷3：13a。

編纂柳貫的文集。歐陽玄序《浦陽人物記》，評價宋濂爲文是「序事極有法，
議論則開闔，精神氣昌不少餒，復深惜其沉困在下，而未能遇也」〔註24〕，
並對其以治教爲重的體例，所展現的卓越學識極爲激賞，認爲宋濂爲學之正、
見識之高，是不應沉困於下。爾後，宋濂的《潛溪前集》於至正十六年（1356）
刊行，卷首冠以國子監丞陳旅（1287～1342）的序文，強調士人作文應法韓
愈，以六經爲本，以載道爲宗，且極力闡揚文有載道之任，有治政、傳道之
功，可使「渾涵彌綸之道，淳龐沖雅之音」憑之流傳，爲後世知法。陳旅特
將黃溍、柳貫譽爲元代文壇之韓愈，而視宋濂爲李翱、皇甫湜之流人物，對
於宋濂之文有極高期許。〔註25〕陳旅論文本於世道，主張文有教化之功，反
對務爲文辭或空談義理的流俗，致力於辭章、義理與政事的相互結合與實踐。
〔註26〕這與〈太乙玄徵記〉強調的爲文之道是極爲相似。

　　陳旅在至正元年（1341）任職國子監丞，卒於至正三年（1343），〔註27〕
爲宋濂撰序的時間是早於《潛溪前集》的編纂。〔註28〕據鄭渙《潛溪前集》刊
行識言加以推溯，爲陳旅所見而撰序的宋濂文集應是早年由鄭濤編纂之集，《潛
溪前集》是據此集加以擴充而付梓。〔註29〕雖言陳旅撰序之時，宋濂的文學理
念是否確立尙難得知，但以〈太乙玄徵記〉與陳旅的爲文理念所顯，兩人是同
持文本於經、文以載道的基調，強調爲文有致道、治世之功，反對世人沉溺文
辭、空講義理而不求經世的流俗。然而陳旅撰序之時宋濂年約三十二、三歲，
正逢爲學醒悟之期，是否陳旅撰序的多所勉勵，促使宋濂省覺？以陳旅的文壇
地位，宋濂確有可能受其影響，但也可能是當時文學主流的呈現，非陳、宋二
人所獨有。例如：劉基於至正十三年（1353）左右羈管紹興時初見宋濂文集，

〔註24〕歐陽玄，〈浦陽人物記序〉，《全集》卷首1：19a～b。

〔註25〕陳旅，〈宋景濂文集序〉，《全集》卷首1：3a。

〔註26〕陳旅〈王文忠公文集序〉：「後世以文辭名者，或不察乎理義；以政事顯者，
或不明乎學術；以窮經學古爲務，而文辭政事之無足觀者亦有之矣！凡若是
皆不足以語夫大道也。」見《安雅堂集》（四庫全書）卷6：2b。

〔註27〕《元史》卷190，頁4347，〈儒學二〉。

〔註28〕在陳旅所撰序文末署名爲：「文林郎國子監丞莆田陳旅衆仲謹序。」見《全集》
卷首1：3a。

〔註29〕鄭渙〈潛溪前集識〉（《全集》卷首1：4b～5a）：「潛溪集一編總六萬餘字，皆
金華宋先生所著之文也。先生自以爲辭章乃無用空言，凡所酬應鮮存其稿，
出於渙兄仲舒編者僅若是。仲父都事公取以梓，渙謹以先生近作益之，復用
故國子監丞陳公昔所爲序冠于篇端。」

〔註30〕言其「主聖經而奴百氏，故理明辭腴，道得於中，故氣充而出不竭」，也是稱揚宋濂為文一本於經的宗旨。〔註31〕由此猜測，以經為本的文論思想應是南人官員普遍重視與強調的為文本質，而宋濂於〈太乙玄徵記〉所彰示的為文精義，更是顯現為此思想所蘊育的學者應會認為正確的為文心態。

這些撰序學者稱頌宋濂為文合於大旨，不只擴展宋濂的士人聲名與交游，以文論思想而言，他們對於宋濂之文的重視與宋濂自言為文之志是相合一致，並未出現文名與為文心態的差距。但是，若著眼於宋濂不以文人自稱的心志，這些序文所重仍是其文而非其道，並未指出宋濂面對為文與治學態度間的關聯與轉變。對此，與宋濂相知甚深的鄭濤、王褘所撰序文、小傳，不特言宋濂的為文特質，而是對其儒學師承、求為致道的為學心志，深加著墨。言其以聖賢之學自任，深究道學之義，〔註32〕是「益求古人精神心術之所寓」的治學所向，〔註33〕強調宋濂是以治學為重，以求道致知為務，致力於理學思想的傳承。若配合宋濂於〈白牛生傳〉中「以聖賢之道為務，豈為文人」的申明，鄭、王所言較能近於宋濂自我的認知與定位，也符合《明史》所言「自命為儒」的心志取向。

二、學為孔子

《明史》編寫宋濂本傳的史源，應是採自鄭楷〈宋濂行狀〉。這篇行狀的重要性，不僅於鄭楷是宋濂學生，對其生平知之甚詳，且以記載宋濂元末學行最為詳盡，深具史料價值。鄭楷自言撰述〈行狀〉的主要材料是鄭濤、王褘為宋濂所作的小傳，以及方孝孺撰著的〈宋濂歷官記〉。〔註34〕鄭濤的〈潛溪先生小傳〉是撰於至正十三年（1353），〔註35〕王褘的〈宋太史傳〉也是寫

〔註30〕據王馨一編《劉伯溫年譜》（台北：商務印書館，1970年），劉基於至正十三年任浙東行省都事，因建議招補方國珍為上官駁斥，羈管於紹興，放浪山水以詩文自娛（頁35），直至至正十六年以行省都事啟用（頁43），十七年為行樞密院經歷與石抹宜孫同守處州（頁48）。而於其作序文中言為羈管於越而見文集應是於至正十三年左右，且於文末署名「文林郎江浙等處行樞密院都事青田劉基序」，判斷其撰序文時間應於至正十三年至十六年間。

〔註31〕見《全集》卷首1：13a～b。

〔註32〕王褘，〈宋太史傳〉，《全集》卷首2：3a。

〔註33〕鄭濤，〈潛溪先生小傳〉，《全集》卷首2：1b。

〔註34〕〈宋濂行狀〉，《全集》卷首2：6b。

〔註35〕〈潛溪先生小傳〉《全集》卷首2：2a）：「至正十三年秋八月乙未朔前經筵檢討權贊官鄭濤譔。」

於元末，〔註36〕兩人所記皆是宋濂生處於元的學行與心志。鄭濤與王褘皆爲宋濂至交，知之甚深，特重宋濂以文載道與興學爲重的治學所向，有意在小傳中彰顯宋濂的治道心志，與其以道爲宗的爲文心態，爲世人所知。因此，鄭楷引用兩人所撰小傳作爲宋濂早期學行的陳述，自是著重宋濂以道自任的心志描述。《明史》若以鄭楷所撰行狀爲其修傳史源，自然會視宋濂爲載道自任的習儒者，言其自命爲儒是相當合理。

關於宋濂爲學心志的描述，王褘〈宋太史傳〉有言：

> 初宋南渡後，新安朱文公，東萊呂公並時而作，皆以斯道爲己任。
> 婺實呂氏倡道之邦，而其學不大傳。朱氏一再傳爲何基氏、王柏氏、
> 又傳之金履祥氏、許謙氏，皆婺人，其傳遂爲朱學之世。適景濂既
> 間因許氏門人而究其說，獨念呂氏之傳且墜，奮然思繼其絕學。每
> 與人言而深慨之，識者又足以知其志之所存，蓋本於聖賢之學，其
> 自任者益重矣！〔註37〕

王褘指出金華理學的傳承，以宋濂師於許謙門人而爲朱學後傳。但是由此深入理學鑽研的宋濂，卻於其中發現呂學傳承的重要，有意彰揚呂學，志於承繼。呂學發跡於金華，南宋時曾與朱學並盛一時，然於朱學承傳不絕得爲宋濂所究之時，與朱學皆以斯道自任的呂學卻於金華中絕其傳，成爲朱學獨行的局面。然而呂祖謙（1137～1181）學本聖賢的精神，正是宋濂所重視且極欲效法的治學目標，加上呂學發跡金華卻不爲金華學人所傳，顯見以道自任的金華學術已爲金華學人所忽略，宋濂對此深爲感慨，欲藉以呂學承繼，發揚呂祖謙以道爲任的心志，重興金華學術的論學精神，喚起金華學人對於傳承斯道的重視。因此，宋濂屢言承繼呂學，不只意於彰顯呂學的學術意涵與傳繼價值，且是藉此強調其學爲聖賢之學，以道自任的自我心向。

王褘能知悉宋濂心向，指出其論學所宗與傳學之志，是因於王褘也是學以致道，志於興繼呂學，以道自任。宋濂於〈思媺人辭〉後序有言：「予既爲辭嘗錄一通記王子充，子充蓋有志同予學呂者，書以識之庸，俟異日各考其

〔註36〕王褘寫〈宋太史傳〉未言明何時所撰，文中所述宋濂記事皆於元代之事，並以元號紀年可知所撰之時是於元代，文中所記宋濂之事最末是於入龍門山撰成《凝道記》一事，加上未提及宋濂後來仕明之舉來看，判斷此文是完成於至正十七年之後，應不會晚於至正二十年。全文見《全集》卷首2：2a～3a；另見《王忠文公全集》卷17：17b～21b。

〔註37〕王褘，〈宋太史傳〉，《全集》卷首2：3a。

學之成也。」〔註38〕指出王禕也有繼學呂氏之意，故作此文以彰勉兩人同志
共行。之後王禕撰有〈思媺人辭後記〉說明兩人繼學緣由，是起於呂學以道
自任的興學本源，以及特重經史傳承，結合義理、事功的論學傾向，是儒學
所宗，習儒者不可不傳之學，且以呂學興於金華，與宋濂、王禕有著同鄉淵
源，自有不可不繼的使命。〔註39〕宋濂於〈思媺人辭〉有言：

> 吾鄉呂公實接中原文獻之傳，公歿始餘百年而其學殆絕，濂竊病之。
> 然公之所學弗畔於孔子之道也，欲學孔子當必自公始。此生乎公之
> 鄉者，所宜深省也。嗟夫！公骨雖朽，公所著之書猶存，古之君子
> 有曠百世而相感者，況與公相去又如此之甚乎！聞而知之，蓋必有
> 其人矣！〔註40〕

宋濂認為呂學雖是不傳，但其學承自中原文獻，以孔子之道為宗，欲學孔子
須以呂學為始。由此可知，宋濂繼學呂氏是看重其學所宗，是欲學孔子之道
而宗師呂氏。對照宋濂所著〈七儒解〉，更可顯見宋濂學為孔子的心志，是清
楚呈現於自命為儒的寄許上。〈七儒解〉有言：

> 儒者非一也，世之人不察也。有游俠之儒，有文史之儒，有曠達之
> 儒，有智數之儒，有章句之儒，有事功之儒，有道德之儒。儒者非
> 一也，世之人不察也，能察然後可入道也。〔註41〕

宋濂分別儒者的七種類型，認為世間的儒者是有著不同面目呈現於世，但為
世人誤認以為儒者皆是相同，皆可效而法之，作為入道之門。故而宋濂確切
說明古今儒者的特徵與價值以之區別，各指其無以法之入道、求理所在的因
由。〔註42〕宋濂認為，惟有道德之儒才是值得學習的致道之儒：

> 備陰陽之和而不知其純焉，涵鬼神之祕而不知其深焉，達萬物之理
> 而不知其遠焉。言足以為世法，行足以為世表，而人莫得而名焉，
> 夫是之謂道德之儒。
>
> 道德之儒，孔子是也，千萬世之所宗也，我所願學則學孔子。其道
> 則仁義理智信也，其倫則父子君臣夫婦長幼朋友也。其事易知且易

〔註38〕〈思媺人辭〉，《全集》，卷40：8a。
〔註39〕王禕，〈思媺人辭後記〉，《王忠文公集》卷5：11b～13b。
〔註40〕〈思媺人辭〉，《全集》，卷40：6b。
〔註41〕〈七儒解〉，《全集》卷36：4b。
〔註42〕〈七儒解〉，《全集》卷36：4b～5a。

行也，能行之則身可修也，家可齊也，國可治也，天下可平也。我
願則學孔子。〔註43〕

宋濂明言所謂眞儒，應是能備陰陽之和、涵鬼神之祕、達萬世之理，還須言
爲世法、行爲世表的道德之儒，才能具有入道條件，這是宋濂眞心欲學的儒
者典型。古今以來只有孔子配稱道德之儒，爲萬世之人所效法。宋濂以孔子
爲自身學儒的典範，「必學至孔子然後無媿於儒之名也」。〔註44〕雖言儒者有
位之不同，其道卻未有異也。孔子以儒而師，何異於以儒而皇、而帝、而王、
而臣的先王聖賢所行之道。然而，宋濂認爲道行於世以來是未有孔子之盛。
宋濂以載道爲任，故願學孔子顯盛斯道，以儒而師，傳承其道，志以言爲世
法，行爲世表，出則治家、齊國、平天下的濟世儒者。以此自許的宋濂，治
學目的便不難得知。其言「吾徒何事於斯，必也學爲聖賢有用之學，達則爲
公爲卿，使斯道行，不達則爲師爲友，使斯道明，如此而後庶幾也。」〔註45〕
由此可見，以聖王之道自任，仕則實現斯道，不仕則傳承斯道，是宋濂爲文
治學、以儒自居的宗旨所在。

　　此外王禕也撰有〈儒解〉，所言爲儒心志與宋濂相同。王禕認爲「有用之
謂儒」，以周公、孔子皆爲儒者，周公是以道用治天下，而孔子雖不得其位，
以傳周公之道爲後世所法，仍是道用天下。故言：周公、孔子之所爲儒，在
於斯道也。斯道即爲治化天下之理，是有其用，儒者學以斯道，而有治世之
用，不能彰道、顯道，法以周公、孔子道治天下，便不能稱爲儒。〔註46〕然
而後世之儒溺於辭章不以聖學爲任，已然忘卻爲儒的致用精神，故言：「吾所
謂聖賢之學者皆古之眞儒，而今世之稱記誦詞章者，其不爲孔子之所謂小人
儒，荀卿之所謂賤儒者幾希！」〔註47〕因此，王禕與宋濂志以學爲孔子，以
爲有用之儒，皆言學習孔子之道是成爲儒者的首要條件。所以兩人共勉於興
繼呂學之傳，是法其宗於孔子之道，爲習儒者入門。

　　至於爲儒目的，兩人皆以學而致用、行道天下作爲宗旨。例如：鄭濤任
職朝廷經筵時，王禕特撰〈原儒〉贈之，稱讚出仕用世的鄭濤是體現爲儒的

〔註43〕　〈七儒解〉，《全集》卷36：4b～5a。
〔註44〕　〈七儒解〉，《全集》卷36：5a。
〔註45〕　宋濂，〈送從弟景清還潛溪序〉，《全集》卷35：18b。
〔註46〕　王禕，〈儒解〉，《王忠文公集》卷14：37a～b。
〔註47〕　王禕，〈原儒〉，《王忠文公集》卷1：38a。

真義，發揮儒者彰道顯道之用。〔註48〕宋濂作〈七儒解〉也視出仕行道爲儒者實踐志業的必要途徑。由此可知，王褘與宋濂對於儒者出仕行志的重視，顯見兩人思想的經世取向。王褘對於「儒者之用」的強調是遠勝宋濂，反駁宋濂所言六經是聖人心學，〔註49〕認爲六經是聖人有用之學，徒言於心不及于用，是無以彰顯聖賢之學的本質。〔註50〕故而，皆以經世爲重的兩人，在儒者事功的強調與追求上，宋濂的表現是遠不及於力求體現思想實效的王褘。〔註51〕相同的是，兩人皆志於明道致用，學爲儒者，雖以文辭鳴世，卻不願以文章家自居。〔註52〕

因此宋濂對於世人以文人視之的態度多有駁斥，言以凝道爲務，豈能以文人稱之。若有拜之學文者，即言「其孝弟乎，文則吾不知也」〔註53〕，強調其學爲道非爲文。但宋濂愈是強調澄清自身定位，屢言余豈文人乎，愈能突顯文章撰作遠勝思想造就的事實。宋濂早年是沉迷撰文，頗爲自得，世人以文章家稱之是名副其實。爾後，宋濂改變治學方向，以聖賢之道自任，對其文人身份則多有釐清。嘗言：「吾心與天地同大，吾性與聖賢同貴」，是不能「隨之曲學局乎文藝」，「忘其眞實之歸」。轉而冀求自身「以致知爲進學之方，藉持敬爲涵養之地，續墜緒之茫茫，昭遺經之晰晰，雖任重道遠必篤行而深詣，庶幾七尺之軀不負兩間之愧爾！其勉旃以終厥志。」〔註54〕清楚指出學而任道的宗旨，不再沉迷文辭，以載道爲務，是以治學行道的儒者自居、自期，不願世人再以文人視之。

宋濂以學爲孔子，展現儒者定位與傳承儒業的心志。以宋濂學承與當時朱學爲重的學術主流視之，宋濂彰顯呂學爲入道之始，似不尋常。尤以呂學已中絕百年，宋濂彰揚呂祖謙的儒業貢獻，言其爲孔學正傳，學道須由此始，

〔註48〕〈原儒〉，《王忠文公集》卷1：38a。

〔註49〕宋濂〈六經論〉（《全集》卷36：1a～b）：「六經皆經學也，心中之理無不具，故六經之言無不該，六經所以筆吾心之理者也。……聖人之道唯在乎治心，心一正則眾事無不正。」

〔註50〕王褘〈六經論〉（《王忠文公集》卷1：3a～5b）：「六經聖人之用也。……吾即聖人之用以言之，則聖人之道爲易明，而聖人之心爲已見。本體之全，固是在矣。若夫徒言乎心，而不及于用者，有體無用之學，佛老氏之所爲道也，豈所以言聖人之經哉！」

〔註51〕陳寒鳴，〈論王褘的儒學思想〉，《孔子研究》1994年第3期，頁83。

〔註52〕〈論王褘的儒學思想〉，頁82。

〔註53〕〈白牛生傳〉，《全集》卷40：16a。

〔註54〕宋濂，〈自題畫像記〉，《全集》卷47：5a。

皆是有意提昇呂祖謙的理學地位。可深思的是，在宋濂以儒學傳承爲志的同時，點明呂學價值，言以呂學爲繼，是否有其深意？宋濂與王禕以呂祖謙於金華創學與經史並重的論學取向，認爲呂學的中原文獻之傳與載道經世之任，是金華學術的特質與貢獻所在，因此以載道、傳學爲任的金華學人，是不能忘卻呂祖謙創學金華的宗旨，而以承繼呂學爲志。然而呂學已中絕百年，宋、王二人是如何且爲何視其爲論學治道所不能不講之學，極力於承繼、發揚？或許可言，當金華學術發展至元末，可能發生某種學術遷變，出現新的學術課題，導致元末的金華學人必須改變論學重心，擇取合於學術現況的論學取向，重新建立金華學術的治學精神。而金華呂學，不論地緣與論學性質，皆能展現金華學術的特質，故爲有志興學的金華學人所重。

　　宋濂與王禕皆是兼學朱子理學與古文學，在文、道雙承下，彰揚呂祖謙創學金華的論學精神，願以呂學爲繼的舉動，是否意謂：金華學術發展至元末是已呈現文道合流的趨勢，部份師承多方的金華學人，有意整合分流殊途的思想型態，塑造金華學術的具體形象，特以呂學的彰揚，確立金華學術的儒學傳承地位，重現金華學人的治學引領與標竿？可深思的是，爲何是以承繼呂學作爲整合與發揚金華學術的開端？與呂氏論學性質是否相關？且由宋濂、王禕發起，與其學承淵源、從學心志、學界地位是否關連？必須從元代金華地區的學術發展談起。

第二節　金華學術

　　金華學術，顧名思義是金華士人發展而成的思想、文化內涵，泛指以金華爲中心的婺州地區之儒學與文學活動。金華成爲學術文化中心，衍生諸多思想學派的主因，在於宋室南渡後學術重心的南移，北方學人萃集此地講學論道，帶起蓬勃的思想氛圍與文化活動，故爲浙東地方的學術重鎮。尤以呂祖謙首開講學之風，創始金華學派盛極一時。至於金華學術之名，以金華是婺州路治，一般也稱婺學，也有以浙學、浙東學派稱之。〔註55〕基本上，金

〔註55〕何炳松認爲，我國文化史以浙東學派最爲光彩，同時又以浙東學派的源流最爲不明。至此未有人可將浙東學派的源流釐清，就連全祖望稱呼浙東學派時，有時稱爲婺學、浙學、永嘉之學，沒有一定的地點與名稱。見《浙東學派溯源》（原書由商務印書館於 1933 年初版，此書爲北京中華書局於 1989 年再版），頁 188。

華學派、婺學與浙東學派之名是各有所屬。浙東學派是泛指浙東地區的眾多學派，如：溫州的永嘉之學、婺州的金華之學與永康之學，金華學術是含於其中，並非等同。〔註56〕至於婺學，意指婺州地區之學，除了金華學派外，尚有各立的思想學說，如：唐仲友的說齋之學、陳亮的永康之學，較接近本文所謂金華學術之意。〔註57〕而金華學派則單指呂祖謙於金華講學的思想派別。不過，呂祖謙講學金華是浙東學術發展最盛之時，且以其學頗能呈現浙東學術特質，有時也以浙東學派稱之。簡言之，浙東學術思想是以經制事功與文史之學見長，呂祖謙雖是深究性命之學，但對各派學說皆能包容，故能造就兼重道學、經制與文史的金華學術，兼容並蓄浙東各派特質而爲一家之宗。〔註58〕

　　據何炳松《浙東學派溯源》所言，浙東學術的發展可分爲兩期，第一期是自南宋到明初，有永嘉（周行己、鄭伯雄）與金華（呂祖謙、陳亮）兩大學派，並由金華分支（呂祖儉）傳至四明，造就王應麟、胡三省等史家輩出。第二期是於明末由劉宗周中興於紹興，而分爲寧波（萬斯同、全祖望）與紹興（邵廷采、章學誠）兩派。〔註59〕第一期的發展以永嘉之學爲開始，何炳松認爲永嘉學派是繼承程頤理學的系統，當朱學漸成學術主流後，程學重心就轉移至浙東，由永嘉學人發揚光大。何柄松強調所謂南宋三家：朱學、陸學、浙東學，正是儒、釋、道三家的延伸，以朱學爲儒化的道家，陸學爲儒化的佛家，而以浙東學延續程學，才是儒學正統。何炳松視永嘉學派爲浙東學術的開端，且因程門弟子中有許多永嘉人，其中包含首將程學引入浙東的元祐六年（1091）進

〔註56〕章學誠於《文史通義》中有〈浙東學術〉一文，首創浙東學術之名。而全祖望於《宋元學案》以浙學、婺學、永嘉之學指稱浙東的學術思想，並不能涵蓋浙東諸多學派的豐富內容，何炳松認爲，以浙學稱之太泛，婺學或永嘉之學稱之則太偏，若以浙東學術總稱，適如其份。見《浙東學派溯源》，頁189。

〔註57〕孫克寬撰有《元代金華學述》（台中：東海大學出版，1976），詳述元代金華的理學、文學發展，對於元代金華學人有詳盡介紹。此書定義的金華學術即是婺學，意指以金華爲中心的婺州學術的發展，此爲本文金華學術的定義。

〔註58〕關於浙東學術史的研究，以何炳松《浙東學派溯源》考察浙東學術源起與思想特色最爲詳盡。近有管敏義編《浙東學術史》（上海：華東師範大學出版社，1993年），詳述浙東學術由漢至清的發展過程，是以地區爲劃分，著重浙東學術與學者的文化成就之記述，是地方文化史、學術史之著作，較無學術源起的考察。故而了解浙東學術的形成與演變，仍以何炳松《浙東學派溯源》最具參考價值。

〔註59〕《浙東學派溯源》，頁4～5；189。

士周行己，故而認爲永嘉之學是明顯承繼程學，爲儒學正宗之傳。〔註60〕

何炳松證明呂氏的金華學派也是源自程學系統，從金華學與永嘉學的相近程度，以及呂祖謙先世受學程頤的記錄，何炳松推斷金華學也本傳程學，而於南宋與朱學、陸學並立三家。至於浙東學術如何由程學轉變爲經制之學與史學，則待考證。不過，何炳松在程朱異同的考察上，發現程學強調的知行合一，重點在行，行處即是道，主張學貴有用，用須實行，是重視有用之學，以致用爲目的。加上程氏大膽提出義利無別的觀點，正是浙東學術重視經制治用與事功追求的起源，而爲講求究道致知的朱子斥爲功利之學，極力攻訐。因此何炳松認爲浙東學術特重用世、事功的思想展現，正是承繼程學的主要根據。〔註61〕

金華學術的發展以金華學派興起時最爲盛況，當陳傅良（1137～1203）、葉適（1150～1223）繼起永嘉學派的同時，婺州地區除有呂祖謙的金華學派外，尚有陳亮（1143～1194）的永嘉之學與唐仲友（1136～1188）的說齋之學三方並起，如楊維楨所言：

> 余聞婺學在宋有三氏，東萊以性學紹道統，說齋氏以經世立治術，龍川氏以皇帝王霸之略志事功。其炳然見於文者，各自造一家皆出於實踐，而取信於後之人而無疑者也。〔註62〕

此三家除了唐仲友外皆互有來往，並與永嘉之學思想相通，互相討論下漸趨契合，於南宋孝宗年間（1163～1189）極盛一時，《宋元學案》對此有言：

> 乾（道）、淳（熙）之際，婺學最盛。東萊兄弟以性命之學起，同甫以事功之學起，而說齋則爲經制之學。考當時之爲經制者，無若永嘉諸子，其于東萊、同甫，皆互相討論，臭味契合。東萊尤能包容一切，而說齋獨不與諸子接，孤行其教。〔註63〕

因於婺學之盛且與永嘉之學極爲相近，朱子隱然以呂祖謙爲當時浙東學術之集大成者。〔註64〕加上呂氏論學兼容並蓄，與浙東各學派間互能契合，確於

〔註60〕《浙東學派溯源》，頁169～205。

〔註61〕《浙東學派溯源》，頁77～97；85～88。

〔註62〕楊維楨，〈潛溪新集序〉，《全集》卷首1：1a。

〔註63〕《宋元學案》卷60，頁1954，〈說齋學案〉。

〔註64〕朱子嘗言：「（伯恭）其學合陳君舉（傅良）、陳同甫（亮）二人之學問而一之。永嘉之學，理會制度，偏考究其小小者，惟君舉爲有所長，若正則渙無統紀，同甫則談論古今，說王說霸，伯恭則兼君舉、同甫之所長。」見《宋元學案》卷51，頁1676，〈東萊學案〉。

學界有著不容忽視的地位。然而在呂氏逝後，學界缺乏思想統合人物引導學派交流、並立發展，同時朱學在朱子極力傳道下大爲擴張。〔註65〕在朱學成爲學術主流後，浙東學術包括婺學與各家學派皆於朱學排擠下漸爲不傳。因此金華學術發展至元是以朱學爲主，以至於宋濂、王禕等金華後學者，對於倡道金華的呂學卻於金華中絕其傳，有著無限感慨。至於金華學術如何發展至此，元代金華學術又是如何演變，須從金華理學的變遷加以探尋。〔註66〕

一、元代金華學術

元代金華學術的發展，以理學爲盛，因承朱子嫡傳，儼然成爲朱學中心。關於元代金華理學的傳承，王禕有言：

> 當呂氏、唐氏、陳氏之並起也，新安朱子方集聖賢之大成，爲道學
> 之宗師，於三氏之學極有同異。其高第弟子曰勉齋黃氏，實以其學
> 傳之北山何氏，而魯齋王氏、仁山金氏、白雲許氏以次相傳。自何
> 氏而下皆吾婺人。〔註67〕

金華學術雖有呂祖謙、唐仲友、陳亮三家並立，但在宋末之後皆爲不傳，而朱子門人黃榦（勉齋，1152～1221）傳學金華何基（北山，1188～1268）後，金華遂爲朱學天下。黃榦是朱熹嫡傳，〔註68〕何基師其門後，回到金華廣爲

〔註65〕 祖望謹案：「朱、張、呂三賢，同德同業，未易軒輊。張呂早卒，未見其止，故集大成者歸朱耳。」《宋元學案》卷51，頁1678，〈東萊學案〉。。

〔註66〕 關於理學、道學、新儒學、宋學等名詞的界定，田浩（Hoyt Cleveland Tillman）於《朱熹的思維世界》（台北：允晨文化出版公司，1996年）的緒論中略有說明。田浩認爲，使用這些名詞必須留意宋代學術的發展歷程，不是用某個名詞如理學、道學，就能概稱宋代儒學的整體內涵。基本上，田浩同意馮友蘭所言，當討論宋代儒學時，不應以理學稱之，因爲理學狹義指稱朱子之學，並不能代表宋代儒學豐富、蓬勃的學術內涵。因此田浩採以此期學人究道的學術表現，以道學之名稱呼十一世紀末至南宋晚期之學術群體的發展內容，以及獻身道學思想的特殊學術團體與文化傳統，它的範圍比程朱理學更廣泛，也與傳統儒學較重文學、經學、制度有所分別。田浩認爲宋學是宋代儒學復興運動的統稱，而道學是宋學的分支，朱子是道學群體中的一員，其思想最後成爲主流與正統地位，但不能含概道學活動的全部內涵。（見頁15～28）若以此言，金華是南宋道學活動的重鎮，包括呂祖謙、陳亮等人都是當時重要的道學思想家，思考道學到理學的轉變過程，金華由南宋至明的學術遷變應可爲探視取徑。

〔註67〕 王禕，〈宋景濂文集序〉，《王忠文公集》卷2：1a。

〔註68〕 關於黃榦生平與治學，見王德毅，〈黃榦的學術與政事〉，《漢學研究》第9卷2期，1991年2月，頁105～121。

授學，傳予王柏（魯齋，1197～1274），再傳金履祥（仁山，1232～1303）、許謙（白雲，1270～1337）。四人皆居金華，合稱金華四先生。因廣推朱學有功，後世視爲理學正宗。《宋元學案》立爲〈北山四先生學案〉專述其學。

孫克寬於《元代金華學述》將元代江南學術分爲三種型態：一、博洽的文儒：以浙東四明、天台爲中心，傳承南宋百多年的文獻世業，以著史爲重，代表人物有王應麟（1223～1296）、胡三省（1230～1287）。二、理學正宗的名儒：以浙東金華爲中心，承紹朱子正傳，代表人物爲金履祥、許謙。三、登朝行道的鉅儒：以江西廬陵吉安爲中心，吳澄（1249～1333）爲其首。孫克寬以此分類，具體指出元代南學的傳承趨勢，而以金華學術於元代傳延朱學，最值得關切。學者田浩（Hoyt Cleveland Tillman）也認爲將朱學由宋末延續至元代，是以金華四先生的貢獻最大，〔註 69〕由此可見金華理學於朱學傳承的重要地位。《宋元學案》有言：

> 勉齋之學，既傳北山，而廣信饒雙峰亦高弟也。雙峰之後，有吳中行、朱公遷亦錚錚一時，然再傳即不振。而北山一派，魯齋、仁山、白雲既純然得朱子之學髓，而柳道傳、吳正傳以逮戴叔能、宋潛溪一輩，又得朱子之文瀾，蔚乎盛哉！是數紫陽之嫡子，端在金華。
> 〔註 70〕

元代朱學盛於金華應是事實，不過文中所言的金華理學是以道、文兩種脈絡進行承傳，視北山四先生爲道學之傳，柳貫、吳師道與宋濂、戴良爲文學之傳。據黃百家所言：「金華之學，自白雲一輩而下，多流爲文人。夫文與道不相離，文顯而道薄耳。雖然，道之不亡，猶幸有斯。」〔註 71〕正是指出金華理學發展至元已有重文輕道的傾向。因此，孫克寬在《元代金華學述》中將金華學術分爲道學與文學，各別探討其傳承與演變，可見金華學術中文學發展的重要性是不下於理學。〔註 72〕雖言金華學術的三大學派於宋末時，已爲

〔註 69〕《朱熹的思惟世界》，頁 356～8。
〔註 70〕《宋元學案》卷 82，頁 2727，〈北山四先生學案〉。
〔註 71〕《宋元學案》卷 82，頁 2801，〈北山四先生學案〉。
〔註 72〕何炳松指出在浙東學術發展的第一期，金華學術的本支（於金華本地），已經由史入文，呈現中衰之象，至明初宋濂、王禕、方孝孺諸人出才復振。因此何炳松認爲，浙學之初興，是由經入史，及其衰也，往往是由史入文，故言浙東史學自南宋以至明初，即因經史文的轉變而日漸衰弱。（見《浙東學派溯源》，頁 4～5。）何炳松所言，也是指出金華學術的重文發展，這個發展，很可能是於元代形成，何炳松並未提及金華朱學的情況，很明顯的，這個由史

朱子理學所收編，而在金華成爲朱學重鎮後，承繼者更是不斷突出黃榦於朱
學的嫡傳地位，以確立金華理學於朱學承傳的正統性。〔註73〕然而，以朱學
爲元代金華學術的代表思想，論其於金華的遷變過程，不能忽視的是，金華
原有的思想特質是否對於朱學的傳入與承繼產生交互融合的影響，導致金華
理學發展出偏離道學的系統，甚至衍爲重文輕道的傾向？

　　金華四先生以金履祥、許謙生處於元，爲元代金華理學的代表者，何基、
王柏雖逝於宋，對於金華理學的入元開展也有深切影響。何基從學黃榦，與
朱學的淵源最爲直接，其將朱學傳入金華，開創金華理學的盛況。何基的特
色是確守師訓，〔註74〕所傳無不以朱子之言爲依歸，確切遵行黃榦對於朱子
思想的捍衛，達到傳播朱學的成效。〔註75〕相較之下，何基的承繼者王柏顯
得相當特殊。王柏生處宋元之際，對於當時政治、社會問題極爲關切，活躍
於學術活動與救世理念的傳散，影響不少入元的金華後學。然而王柏不同於
何基固守朱子學說，是極富創見與批判精神，重視經制與治世思想的學習，
對於實際事務的關心遠超過何基。其入世心態也爲金履祥所承，對於金華學
術的後來發展是有重大影響。〔註76〕田浩認爲，王柏的經世取向固然是回應
當時社會、政治的現實需求，與其家族所承的婺學傳統也有相當關連。王柏
的祖父與張栻（1133～1180）、呂祖謙、楊簡（1141～1226）、朱熹（1130～1200）
等人皆有往來，父親則爲呂祖謙、朱熹門人。可見王柏的婺學家傳，是其經
世取向的根源。因此王柏承繼金華理學，顯然是將朱子學說的傳承根植於婺
學的思想淵源之上，兼重當地的思想傳統與朱學權威地位的確立。金履祥與
許謙也爲傳授呂學的麗澤學院所影響。由此而言，朱子理學於金華的傳承，
並未與固有婺學產生太大衝突。〔註77〕

　　金華理學以朱子嫡傳自許，思想特色是固守朱子學說，除王柏、金履祥
頗能疑經略有創見外，其他繼學者是守注背經，少有言異。黃百家認爲，王
柏、金履祥得爲朱學重要傳人，不只於其宗信之篤，而是敢以質疑問難，使

入文的演變，應是浙東學術在朱學發展下所形成的學術型態。故而，以金華
　　　理學爲朱學承傳，以金華文學爲浙學承傳是可能成立。
〔註73〕《朱熹的思惟世界》，頁356～7。
〔註74〕黃宗羲言：「北山之宗旨，熟讀四書而已。……、北山確守師說，可謂有漢儒
　　　之風。」見《宋元學案》卷82，頁2727，〈北山四先生學案〉。
〔註75〕《宋明理學史》，頁645～7。
〔註76〕管敏義，《浙東學術史》，頁156～164。
〔註77〕《朱熹的思惟世界》，頁358。

得朱學研究不至止於朱子之言，而有沿續發展的動力。〔註 78〕相較之下，許謙是疑問稍減、固守陳說，少有深造自得之言，理學思想是趨於保守無有進展，這是金華理學停滯不前的主因。〔註 79〕發展至此，金華學術的理學造就是趨於衰微，而金華固有的思想特質，包括重經制與治用之說、文史思想，卻能於繼學者的有意彰揚下，漸與朱學並重，兼而融之，成爲元中後期金華學術的發展取向。

值得注意的是，造就婺學思想的學派雖已不傳，但於道學傳承外，其思想特質仍可透過其它思想活動的運作而爲金華學者所吸收。基本上，不論是王柏、金履祥與許謙皆以博學見稱，尤長於文史、經制思想，有豐富的經史著作。雖然三人皆務於講學未有功名，但據傳記所載：王柏是少有大志，深慕諸葛亮功業，頗有濟世之心；〔註 80〕而金履祥素有經世之意，以其經歷亡國巨變，自許身負經國之略，不能忘於斯世。〔註 81〕顯見，金華的朱學傳人，除於道學思想一本朱學外，並未揚棄婺學固有之經史並重與經世治用的論學特質。且以朱學傳承未與婺學產生太大衝突，在傳學間相互涵化而共存並無不可。雖言在金華的道學體系是由朱學獨行，婺學思想無法藉由道學承續，卻可經由非道學的傳承方式繼續於金華學界綿延。這個本出金華且能接續婺學的傳承系統，應是以方鳳（1240～1321）爲始的浦江文脈。

此外，被黃百家視爲流於章句之學的許謙，因從學者眾，遠勝於何、王、金三家，對於元代朱學的傳承是比金履祥更具影響力。正因如此，當許謙在理學思想上已無創見，卻又博學好文時，承學門人是各由所長發展，形成金華理學重文輕道的局面。常與許謙往來或受其影響之人，多是以文享名的金華學者，如：柳貫、黃溍、吳萊，後學者有宋濂、戴良、胡翰、王褘等人。柳貫是金履祥門人，與許謙往來密切；〔註 82〕黃溍曾爲許謙撰銘，彰揚其道學思想與學統；〔註 83〕吳萊則受知於許謙，待爲深厚，對其學行、人品是深心仰慕。〔註 84〕而

〔註 78〕《宋元學案》卷 82，頁 2733，〈北山四先生學案〉。
〔註 79〕《宋明理學史》，頁 675。
〔註 80〕葉由庚，〈壙志〉，收於王柏《魯齋集》（金華叢書）卷 10：1a～14b，〈附錄〉。
〔註 81〕柳貫，〈仁山先生金公行狀〉，《柳待制文集》卷 20：1a～13a。
〔註 82〕〈仁山先生金公行狀〉，《柳待制文集》卷 20：12b～13a。
〔註 83〕黃溍，〈白雲許先生墓銘〉，《金華黃先生文集》卷 32：8a～13a。
〔註 84〕吳萊〈白雲先生許君哀頌〉（《淵穎吳先生文集》卷 7：24a）：「予適以事不及哭，而君平日遇予極厚，於是特疏哀頌一篇以洩予情，此予所以深痛，夫人師之難遇而經師之尤不易得也。」有趣的是，留下許謙的學行與道學思想的

爲三人後學的胡翰曾從學許謙，究其道說；[註85] 宋濂則問學於許氏門人，[註86] 並於許氏講友的張樞、吳師道門下學經，宋、胡二人皆以許門弟子自稱，相與問學。[註87] 這些活躍於元代中末期的金華學者，除了具有理學傳承外，主要的學術淵源是來自古文學的承繼。他們不是師承方鳳，就是曾受方鳳影響的後學者。可見元末的金華學人相當勤於往來問學，不太具有學派之別，且有師承多方的傾向。[註88] 因此孫克寬曾據學術性質爲其分類爲：道學人物——金履祥、張須（導江）、許謙、張樞；道學兼文學人物——吳師道、柳貫、黃溍；純文學人物——方鳳、吳萊。而以道學兼文學人物皆有功名，除黃溍外，柳貫與許謙同門，吳師道是許謙講友，皆有道學素養而以文詞鳴世。顯見金華學者是以文士居多，孫克寬對此解釋是：元廷用儒以文詞爲重，爲求仕進，儒者須藉文詞以作進身之階，即是宋濂爲明太祖重用，又何嘗不以文詞見知。[註89] 可見金華學人的文學成就甚高，在元明之際佔有重要地位。

關於金華理學由道入文的變遷，全祖望於〈宋文憲公畫像記〉有言：

> 婺中之學，至白雲而所求于道者，疑若稍淺，漸流于章句訓詁，未有深造自得之語，視仁山遠遜之，婺中學統之一變也。義烏諸公師之，遂成文章之士，則再變也。至公（宋濂）而漸流于佞佛者流，則三變也。[註90] 猶幸方文正公爲公之高弟，一振而有光于西河，幾幾乎可以復振徽公之緒，惜其以凶終，未見其止，而并不得其傳。[註91]

黃百家以金華四先生得朱子學髓，柳貫、宋濂、戴良續朱子文瀾，故言金華學

文字，是出於非道學人物的黃溍、吳萊之手，對其思想貢獻、成就大爲彰揚，顯見元末金華學界文顯道輕的實況，且以非道學人物彰揚道學思想，金華道學與文學的交流情形已十分明顯。

[註85] 吳沉，〈長山先生胡公墓銘〉，《皇明文衡》卷84：11b。

[註86] 宋濂〈贈會稽韓伯時序〉（《全集》卷2：7a）：「余生於婺，與許公同鄉里，雖獲一拜床下而未及與聞道德性命之言，而許公棄捐館舍，遂從其徒而私淑之。」另見〈蔣季高哀辭〉（《全集》卷40：12b）：「初濂年二十餘，頗嗜學，聞文懿許公弟子三衢方先生，以性理學講授東陽之南溪，徒步往從之游。」

[註87] 胡翰〈與許門諸友論宗法〉，《胡仲子集》（金華叢書）卷3：20b。

[註88] 若以黃溍、柳貫、吳萊爲許謙同代人物，仍可見及金華道學、文學的並立情況，但是以四人交情深切，互有往來，文道之間已有交融，互爲影響，導致理學重文輕道的演變。傳至胡翰、王褘、宋濂等人，皆是兼有文、道師承，合流情況是十分明顯。

[註89] 《元代金華學述》，頁22～23。

[註90] 《宋元學案》卷82，頁2801，〈北山四先生學案〉。

[註91] 《宋元學案》卷82，頁2801，〈北山四先生學案〉。

者盡得朱學之傳。這是將金華學術分爲文、道各別承傳，以宋濂爲傳文而非傳道之人。然而，全祖望是以宋濂爲元代金華理學的終成者，突出宋濂爲朱學嫡傳的身份。〔註92〕全祖望認爲金華理學發展至元末已經發生質變，逐漸偏離朱子道學的內涵。先是許謙無深究之言，明顯重文輕道，爲學統之一變；從學之人多爲文章之士，是爲再變；傳至宋濂則不只文章取勝，且流於崇佛，是爲三變。發展至此，全祖望認爲金華朱學是積弊難返，不可回復往日盛況。

　　《宋元學案》提出金華理學流之於文的觀察，意指朱子道學的衰微，若以學術史角度思考，如此重文輕道的學術型態，正好顯示原爲各自承傳的金華文學、道學體系，發展至元末是漸爲交融的呈現。孫克寬於《元代金華學述》指出，四先生傳承道學是唯重究理，不及事功經濟，而亡宋遺民則以詩文抒發哀思，頗重經世思想的發揚，兩種所重不同的思想特質，卻能於元末金華學人的兼承下呈現會融的局面。〔註93〕例如宋濂，雖學承許謙而爲金華理學繼成者，但其早年從學且深受影響的師者，吳萊、黃溍、柳貫皆爲方鳳門人。〔註94〕宋濂若爲金華學術於元之終繼者與明之發揚者，意謂金華學術傳至元明之際，已明顯連結文學與道學的兩條傳承路線，而於宋濂集之大成。除了宋濂之外，王禕、胡翰等人也爲元末金華學術的代表人物，不僅師學多方，且以身兼文道學承自許，顯示兼容文、道學統的思想取向，是元末金華學術的發展趨勢。

二、浦江之文的開啓

　　方鳳（1240～1321）字韶卿，婺州浦江人，出身仕宦家族。自幼承繼家學，有經世之志，選入太學，因屢試不第，以授徒爲業。曾於南宋危亡之際，屢次上書獻策，未及重用而國亡。悲痛之餘回到故里，任教於浦江（吳溪）吳氏家塾。〔註95〕平日以詩文抒發哀思，感懷國事。嘗以宋亡爲誡，屢言治

〔註92〕全祖望〈宋文憲公畫像記〉：「文憲之學，受之其鄉黃文獻公、柳文肅公、淵穎先生吳萊、凝熙先生、聞人夢吉四家之學，並出於北山、魯齋、仁山、白雲之遞傳，上溯勉齋，以爲徽公世嫡。」見《宋元學案》卷82，頁2801，〈北山四先生學案〉。

〔註93〕《元代金華學述》，頁15～16。

〔註94〕宋濂，〈黃溍行狀〉（《全集》41：11a）；〈柳貫行狀〉（41：9a）；〈淵穎先生碑〉（41：1a～b）。

〔註95〕方鳳〈祭溫州路教授吳君〉：「昔年丙子，始識君家，而父伯叔，三荊正花。當兵革除，同館穀我，二兒來趨，旁列左右。」《方鳳集》（杭州：浙江古籍出版社，1993），頁78。謝翱、吳思齊也聚於吳氏家塾，由吳渭延攬共組月泉吟舍，幾爲亡宋遺民的集中地。見胡翰〈謝翱傳〉，《胡仲子集》卷9：1a～2b。

國之道，因授徒者眾而影響深遠。〔註96〕孫克寬研究金華學術，視其為元代金華文學之開山祖。事實上，方鳳是以遺民身份為後人所重，其文學成就與文學史上的地位並不顯著。若以聲名與影響力而論，黃溍、柳貫、吳師道、吳萊等人才是元代金華文學之承先啓後者。前三人皆為元臣，以文知名，於中央、地方皆具聲望，而吳萊未有功名，在金華地區廣為授徒，不少入明學人出之其門，成為引領金華學術由元末過渡入明的關鍵人物。〔註97〕其中，黃溍、柳貫、吳萊皆為方鳳弟子，吳師道則與三人詩文唱和，交從甚密。〔註98〕由此而言，不論方鳳的詩文成就有無留名價值，以其後學的文學聲名與承傳地位，論及金華學術的遷變，也應從方鳳談起。

宋濂學承吳萊、柳貫、黃溍，祖於方鳳。每論浦江文學必及方鳳，言其影響金華學人不止詩文指導，尤以遺民形象展現的忠義氣節與經世之志特為世人所重。〔註99〕雖言金華學術本主經制、事功，特重文史之學，朱學成為思想主流後，當地學說漸為不傳，然於道學傳承外，其學術特質仍可藉由其他管道繼續傳續，以文傳承也是一種方式。宋濂編寫《浦陽人物記》，載記浦江人物事蹟，分列忠義、孝友、政事、文學、貞節五門專述，特將學術人物專置於〈文學篇〉。特別的是，宋濂不列道學或儒學篇，而以文學篇載述浦江學術與士行，是否意謂宋濂所承學的浦江學術並無道學傳承，須以文學為重、以文為傳？然而，據宋濂於〈雜傳九首〉透露計劃撰寫之《婺州先民傳》的篇節安排，〔註100〕所列：道學、忠義、孝友、政事、文學、卓行、隱逸、貞節八門，較《浦陽人物記》多出三類，且以〈道學篇〉列首。〔註101〕南宋婺州確實出現不少重要的究道學人，道學活動蓬勃發展，列有〈道學篇〉是符合其實，顯見宋濂是以當地學術特質為取類標準。對照《浦陽人物記》以文學專置學術不列道學之因，應是宋濂認為浦江學人是據經為本，以文知名，因文顯道、傳道，並非專注究道的道

〔註96〕方鳳事蹟見柳貫，〈方先生墓誌銘〉，《柳待制文集》卷10，頁 8b～10b；宋濂，《浦陽人物記》，《全集》卷14a～b。

〔註97〕檀上寬，〈義門鄭氏與元末社會〉上，頁 62。

〔註98〕黃溍，〈吳正傳文集序〉，《金華黃先生文集》卷 18：9a～10b。

〔註99〕《浦陽人物記》，《全集》卷 53：14a～b。

〔註100〕宋濂認為婺州為浙東大郡，文物薈集，人物特多，卻常為史載所略，因此有意撰寫先民傳以示後學，見〈雜傳九首序〉，《全集》卷 48：3b。不過宋濂未能成書，而後其弟子鄭柏編撰《金華賢達傳》，記載婺州一地之人物學術，可謂一遂其志。

〔註101〕宋濂，〈雜傳九首序〉，《全集》卷 48：3b～4a。

學傳人，故以文學列之，是具體呈現浦江學人講求文傳的學術特質。

　　宋濂有意彰顯浦江學人以文傳學的特有成就與承繼，擔任《元史》總裁時，特將柳貫、吳萊附於黃溍傳中，與享有極高文名的元明善、虞集、揭傒斯並列。〔註102〕此舉不只肯定柳、吳二人的文學成就，更是藉由黃、柳、吳三人身出同鄉、文出同門的關係，突顯浦江之文於元代文壇的發展盛況。〔註103〕浦江之文是否自成傳承體系仍待深究，但以宋濂有開明文宗之譽，學承黃、柳、吳三人，與浦江之文有一脈相傳的關連，可言浦江的文學發展與學術特質，在元末明初的金華學術界應有不能輕忽的地位。因此論及元代金華學術的內涵，除以道學傳承爲其標榜外，影響金華學人流於文學之士的浦江之文，是有深究的必要。這應是孫克寬論述金華學術，須將道學、文學並列分述其承的緣由。〔註104〕

　　關於浦江文學的特色，宋濂於《浦陽人物記、文學篇》前序有言：

> 文之所存，道之所存也。文不繫，道不作焉。苟繫於道，則萬世在前不謂其久，吾不言焉，言則與之合也。萬世在後不謂其遠，吾不言焉，言則與之合也。是故無小、無大、無外、無內、無古、無今，非文不足以宣，非文不足以行，非文不足以傳，其可以無本而致哉！
> 浦陽雖小邑，自宋以來知名者甚眾，大抵據經爲本有足貴者，故濂悉傳其人而僭誦所聞於其首。〔註105〕

宋濂論文一本於經，屢言以道爲宗，道明而氣充，氣充而文雄的爲文觀念，認爲文以傳道，文存則道存，是士人爲文的載道重任。這種據經爲文、文以傳道的態度，正是宋濂認爲浦江學人的治學特色，有傳示後學的必要。而於宋濂載述的十人中，從方鳳後依次爲黃景昌（1261～1336）、柳貫、吳萊，皆爲方鳳門人，顯見浦江之文在元代自成一傳的傾向。加上方鳳飽嘗亡國之痛，以遺民之身顯現不同於前浦江學人的特殊處境，更能深刻省思士人爲文的態度與目的，提出明確的學文指引。據宋濂所記，方鳳常以宋末文風衰弊爲誡，

〔註102〕《元史》卷181，頁4171～4191。值得注意的是，系出同門、同鄉的宋濂、王禕是《元史》總裁官，爲明初重要的開國文臣，突顯黃溍、柳貫、吳萊的學術地位，不僅爲兩人彰顯師門之意，也可能是當時浦江文人輩出，文學盛況的反映。

〔註103〕徐秉愉，〈以文自立——元代金華文士吳萊〉，頁141。

〔註104〕《元代金華學述》，頁22～3。

〔註105〕《全集》卷53：10a～b。

每言：「文章必眞實中正，方可傳，他則腐爛漫漶當與東華塵土俱盡。」〔註106〕意指文學傳承自有超越政治興衰的獨立價值，士人爲文務求以質爲本，才能傳延學術於國家興亡之外。

在文人盛出之下，元代浦江並未形成獨具一格的學術派別，即是方鳳也未有思想與事功上的特殊成就。宋濂點出方鳳地位與浦江之文的承傳，意在強調自身學承是來自據經爲文的正文之傳。浦江與方鳳的重要性是在於習文據點與爲文觀念的開啓：這個據點不但培育多位馳名元、明文壇的金華學人，言文本於經的正文理念也藉由這些學人的傳揚而落實。因此，黃百家在《宋元學案》雖視金華學術已流於文，卻也承認其文本出於經，仍有傳道之功，故言：「吾讀文獻、文肅、淵穎及公（文憲）之文，愛其雅馴不佻，粹然有儒者氣象，此則究其所得于經苑之墜言，不可誣也。詞章雖君子餘事，然而心氣由之以傳，雖欲粉飾而卒不可得。」是據其因道爲文的治學宗旨，而將馳騁文壇的方鳳後學視爲儒學傳人。〔註107〕以學術性質而論，浦江之文是獨行於元代理學之外，與朱學傳承無涉。宋濂以師承多方兼具其傳，但以方鳳、吳萊學承而言，浦江學術不只遠離於朱學傳統，且是深含浙東學術的原有特質，呈現經世爲重的治學取向。

《宋元學案》將方鳳與吳萊列於〈龍川學案〉，宗於陳亮事功之學。方鳳列名〈龍川學案〉並非師承，因與陳亮後傳的吳思齊（1238～1301）交從甚密，思想相近，而以〈全歸講友〉置之。〔註108〕吳思齊爲陳亮外曾孫，承襲家學，有經世之志，因宋亡無以用之，與方鳳、謝翱共組月泉吟社，徜徉山水間，輯有葉適與陳亮文集。〔註109〕陳亮之學專言事功，特重政治參與，方鳳等人志於救國，遭逢國變是深受打擊，爾後三人聚集以亡宋遺民自居，言及國事則哀慟不已。〔註110〕可知方鳳等人對浦江學術與學人的影響不止於文學展現，尤以遺民心態呈現的愛國氣節與經世取向所反映的政治關懷，有別於專講道傳不務經世的朱子理學，對於日後金華學人在政治實踐上展現的積極態度，應有牽引之功。學者藍德彰認爲，透過方鳳等人以遺民姿態所標示的忠義典型，強調士人面對政權服務應具忠誠與積極參與的心態，這對金華學人於政治實踐的態度取

〔註106〕《浦陽人物記》，《全集》卷53：14b。
〔註107〕《宋元學案》卷82，頁2801，〈北山四先生學案〉。
〔註108〕《宋元學案》卷56，頁1857。
〔註109〕宋濂，〈吳思齊傳〉，《全集》卷48：11b～12a。
〔註110〕《浦陽人物記》，《全集》卷53：14a～b，〈文學篇〉。

抉，給與充份的活力與指標。〔註111〕關於這點，在吳萊身上已有明顯呈現。

　　在吳氏家塾中懷志不遇的方鳳等人，賦詩之餘則感慨國事，談論古今成敗治亂之理，以為治國鑑誡。萊父吳直方少以自學，長居族人宗敏家，久聽方鳳等人言論，深受其教。〔註112〕吳萊隨父從學，早露夙慧，方鳳見而奇之，以孫女婚配，盡傳其學，期望深切。〔註113〕爾後，吳萊積極於政事參與，未冠即上書朝廷，論治時事，參加科舉等等，充份表現入仕為用的決心。〔註114〕這與方鳳的宋末行事極為相似，吳萊的用世心志應是來自方鳳的影響。吳萊幾經波折，終究未能入仕實踐心志，落魄回鄉以授徒為業，反而成為承先啟後的傳承者，接繼金華學術由元入明的傳續。〔註115〕雖然終生未仕的吳萊未能實踐承自方鳳的經世理念，但在傳學之餘不斷彰揚學為用世的觀念，卻能深切影響從學者的治學方向與仕進態度，而具體實現於元明之際的政治參與。每當門人有登仕之舉，吳萊皆是賦詩送行，予以深切期待，有言：「世途人事豈可測，儒術政理須攀援，嗟予昔者忝俊造，翹足到今勞夢魂，乘時一去欲迅奮，抱病日劇徒丘園。」〔註116〕吳萊感於自身遭遇，認為世事變化難以盡如人意，但仍深信儒家的政理、思想須以政治實踐為依歸，士人入仕是無以規避的使命。吳萊的終生遺憾，便是志於用世卻無力登仕，有愧為世儒之歎。〔註117〕因此，吳萊十分鼓勵學子爭取仕名以實踐所學。門人中鄭鉉、鄭濤、鄭深、宣彥昭、樓彥珍、胡翰曾北游尋仕，吳萊贈詩送行，皆是勉勵與寄許。〔註118〕

　　從吳萊對於爭取仕名、功業的重視，顯見以文知名的士人對於個人聲名

〔註111〕 John D. Langlois, Jr., "Political Thought in Chin-hua under Mongol Rule", p160.

〔註112〕 宋濂，〈故集賢大學士榮祿大夫致仕吳公行狀〉，《全集》卷41：5a。

〔註113〕 《浦陽人物記》，《全集》卷53：16a，〈文學篇〉。

〔註114〕 宋濂，〈淵穎先生碑〉，《全集》卷41：1a～2a。

〔註115〕 〈淵穎先生碑〉，《全集》卷41：1a～2a。至於吳萊的傳承地位，宋濂有言：「浦陽之文自先生始大盛」，視其為擴展浦江之文（正文）的重要發揚者，見宋濂〈吳公私諡貞文議〉，《全集》卷30：11a。

〔註116〕 吳萊，〈送鄭彥貞、仲舒叔姪北游京師〉，《淵穎集》卷2：6b。

〔註117〕 吳萊〈讀書〉（《淵穎吳先生集》卷2：18b）：「我病不久出，滿床攤我書……、誰歟志氣銳，或者事功趨。數行史家紙，隨作黃土壚。吾誠不以此，矯首歎以歔。撥書實床上，所愧為世儒。」另見，徐秉愉，〈以文自立──元代金華文士吳萊〉，頁133。

〔註118〕 吳萊，〈送鄭浚常北游京師〉，《淵穎集》卷2：26a～b；〈送宣彥昭北赴京師〉，《淵穎集》卷3：7b～8a；〈樓彥珍北游京師予病不及往餞歲晚有懷並寄彥昭浚常〉，《淵穎集》卷3：17a～20a。

營建的深刻自覺。吳萊強調士人學文有其以文傳學的使命，高揚學術承傳是
有超越政治、時空的不朽價值，卻於仕進態度上保有高度期待，深懷澤物之
思，不以文士自名的心志。〔註119〕這是反映吳萊對於文士命運的戒慎恐懼。
吳萊認爲，士人以撰著立言建立不朽聲名，是未有功業下不得已的選擇，然
而不以功業彰顯思想，即是有著述傳世，也難爲世人所知。〔註120〕宋濂對此
也有深切體會。〔註121〕所謂「事功之實行難亡，語言之空文易泯」，〔註122〕
正是許多文士無以登錄史籍之因，吳萊、宋濂承自以文傳學的傳統，更是深
懼人亡文泯，學而中絕。這種學而不見世知、世用的憂懼，結合以浙東士人
重視事功的思想傳統，在金華知名士人的文集中普遍出現，不只於行文中展
露身顯道行的期盼，從其北上尋仕、參試科舉與自薦行爲，皆能顯見金華士
人高度的從政響望與踐學決心。如此行志求用、憂懼不名的心態呈現，投射
於吳萊、宋濂等人對於個人功名與傳學事業的殷殷期待上，以文知名的金華
學人堅持不以文士爲稱的理由也就清楚可知。〔註123〕

　　可探究的是，吳萊是受方鳳熏陶而有經世之志，但是方鳳等人以遺民情
節展現的忠義思想，對於生處元代的浦江學人是否造成不願仕元的影響？然
而吳萊是以高度的從政興趣，積極爭取服務元廷的機會，顯現其對元政權的
認同，已然違背方鳳的遺民心志。藍德彰認爲，這並非吳萊背棄忠義思想的

〔註119〕〈淵穎先生碑〉（《全集》卷41：2a）：「先生少有大志，專思澤物，不欲以文
　　　　士名。」
〔註120〕吳萊〈石陵先生倪氏雜著序〉：「嗚乎！士無當世功業，而徒務於有言，不至
　　　　于此不極也。是又古今文士著藝文者之一歎也！悲乎！」見《淵穎吳先生文
　　　　集》卷10：15a。
〔註121〕宋濂〈郭考功文集序〉（《全集》卷21：16b）：「嗚呼！古今辭章之士未嘗乏人第，
　　　　患知之者鮮爾！」；〈惜陰軒記〉（《全集》卷32：1a）：「夫人常患無志。有志矣！
　　　　患不學而妄行。學矣！患無位而不得見於世。得位矣！患非其職而不獲。」；〈景
　　　　定諫疏序〉（《全集》卷32：1a）：「余少時好觀宋史，凡吾郡聞人事有可稱者輒
　　　　識之，既而復歎士之幸獲見於史者如此，不幸遺軼不傳者，蓋多有矣！」
〔註122〕《浦陽人物記》，《全集》卷53：15a。
〔註123〕桂彥良〈九靈山房集序〉（《九靈山房集》卷末後序）：「士未嘗以文名世也，
　　　　以文名世者，士之不幸也。有可用之材，當可爲之時，……盡其心力於職業
　　　　之中，固不暇爲文，然其名亦不待文而後傳也。至於畸窮不偶路，略無見於
　　　　世，頗自意世之人既不我知，則奮其志慮於文字之間，上以私託於古之賢人，
　　　　下以待來世之君子，烏乎！是豈得已哉！」桂彥良爲宋濂同僚，其爲戴良撰
　　　　序之言，是於見戴良後有感文士命運而發，與宋濂、戴良文集之言多有相合，
　　　　可謂知之甚深。

展現，而是元代金華學人對於忠義觀念的認知，是將士人於服務政權的效忠，
視爲個人的道德行爲而無關政權本身的性質。即是異族統治的元政權，仍以
正統政權視之，接受統治且提供服務。甚至爲能因應元廷統治的需求，著重
於法制事務的學習與熟練，強調士人從政不能輕忽吏務，培養出不少長於法
制的學者官員。因此，以經世爲重的金華學人面對國家統治的需求，在儒業
培育上出現由文入法的轉變。這種強烈入世的自覺與應變，從吳萊、黃溍、
柳貫等人對經制之學的重視上皆有所見。〔註124〕宋濂從學吳萊多年，鄭濤嘗
言：「吳公所受於前人者，景濂莫不悉聞」，是盡傳吳萊所學。〔註125〕傳承內
容除有浦江之文外，還有吳萊承自方鳳的治國理念與從政心態，這對日後宋
濂的仕隱呈現與仕途抉擇皆有深切影響。此外，吳萊等人對於經制法理的重
視與有意培育，使得宋濂熟悉於古今禮制的內涵與制定，〔註126〕以及爲文者
所應具備立典建制的才能。〔註127〕因此在朝代更替間，這些專長不只助於宋
濂取得仕位，更是博得立國典制的一世功名。〔註128〕宋濂承自吳萊等人的浦
江之文，不只於爲文、治學理念的傳承，包括學而用世的踐學宗旨，與合於
治國所需的建制才能，皆是宋濂創建開國功名的根本條件。

　　如此兼具學術承繼與政治參與的爲學態度，是充份反映於宋濂的論文思
想，強調學以達用、行道四方的爲文觀念。〔註129〕宋濂嘗言：「世之治也，正
文行乎，上則治道修而政教行；世之亂也，正文鬱乎，下則學術顯而經義章！」
〔註130〕意指正文之作是以行道治政爲目的，雖言道行與否取決於士人的當世遭
逢，而正文之傳卻不受此限，身顯行道，身晦則傳道，載道爲任的學術承傳是
可獨立於個人窮達外而延繼。因此宋濂認爲終身不仕的吳萊在無以爲用下，是
以授學著文延續學理與治政之道的傳承，故將其定位爲正文之傳，私諡貞文，
這是對於毫無功業的吳萊所能賦與的最高敬意。〔註131〕對於吳萊未能行志的處

〔註124〕"Political Thought in Chin-hua under Mongol Rule"，pp.164～185.
〔註125〕〈潛溪先生小傳〉，《全集》卷首2：1b。
〔註126〕〈宋公行狀〉，《全集》卷首2：1b。
〔註127〕〈華川書舍記〉，《全集》卷35：3b。
〔註128〕〈宋公行狀〉，《全集》卷首2：4a。
〔註129〕宋濂〈文說贈王生黼〉（《全集》卷29：11b～12a）：「明道之謂文，立教之謂
　　　　文，可以輔俗化民之謂文。斯文也，果誰之文也，聖賢之文也。」
〔註130〕〈吳公私諡貞文議〉，《全集》卷30：11a。
〔註131〕〈吳公私諡貞文議〉，《全集》卷30：11a。元末宋濂與門友是私諡吳萊爲淵
　　　　穎，僉曰：「經義玄深非淵而何，文辭貞敏非穎而何，於是私諡曰：淵穎先生

境，宋濂又言：「正文之不遇，可爲當時惜也」，顯見士人不爲世用的憂懼與遺憾，可知宋濂同於吳萊，是以行道當世視爲士人踐學的最高表現。〔註132〕

浦江之文強調行世治用的論學思想，歷經方鳳、吳萊的傳揚已爲宋濂等元末金華學人所繼承。然而處於不以儒學爲重的統治型態，士人遭逢難以自主，講求入仕爲用的金華學人同時發展出以文傳道的獨立思想，藉由學術的永恆傳承，彰顯不爲仕途窮達所制的士人價值。因此以行道、傳學爲志的宋濂，所呈現的治學與爲文心態，可歸納爲以文傳道的正文承繼，與學以用世的行道目標，並於仕隱抉擇中選擇性地付諸實踐，這在宋濂文集中皆有清楚呈現。

表3－1　宋濂師承簡圖

金華理學：　何基
　　　　　　（1188～1269）

王柏
（1197～1274）

金履祥
（1232～1303）

許謙

吳師道
張樞

胡翰（隱）

浦江之文：　方鳳
　　　　　　（1240～1321）

柳貫

吳萊

黃溍

戴良（遺民）

〔註133〕
宋濂（仕）

王禕（仕）

圖示：
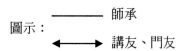
──────　師承
◄────►　講友、門友

云。」（見〈淵穎先生私諡議〉，《全集》卷41：15a）。宋濂致仕後，認爲私諡淵穎不稱，更諡貞文。猜想，改諡貞文是要突出正文之傳，強調以文傳道，因經作文的正文本質，宋濂此舉，可能意於改變當時的文學風氣，大力宣揚浦江之文的正文理念爲學子所知、所法，宋濂作〈文原〉（《全集》卷26：11a），彰揚以道爲文之理，應也是同樣目的。

〔註132〕〈吳公私諡貞文議〉，《全集》卷30：11a。

〔註133〕宋濂受學於許謙門人，自許爲許氏門人，但未得許謙親炙。

表 3-2　學案表

學　案	列　門	系　傳	門　友
北山四先生學案 卷八十二 （朱子之學）	凝熙門人 （聞人夢吉）	何基——王柏——聞人詵——聞人夢吉——宋濂	吳履、唐以仁
	靜儉門人 （柳貫）	何基——王柏——金履祥——柳貫——宋濂	戴良、鄭濤
東萊學案 卷五十一 （呂祖謙之學）	呂學續傳		王禕
龍川學案 卷五十六 （陳亮之學）	吳氏門人 （吳萊）	陳亮——吳深——吳遘——吳思齊——（講友）方鳳——吳萊（並見黃溍、柳貫）——宋濂	胡翰 （亦見北山四先生學案之白雲門人）
滄州諸儒學案 卷七十 （朱子之學）	文貞門人 （黃溍）	朱熹——徐僑——王世傑——石一鼇——黃溍——宋濂	王禕、戴良

第三節　承傳與實踐

　　宋濂兼具金華道學與浦江文脈的承傳，據以金華學術的經世與理學傳統，建立個人聲名與實踐心志的學識根基，並闡揚浦江文脈文以傳道的爲文理念，將治世爲用與彰顯經義的儒者使命，充份反映於正文思想的宣導。這樣的學術淵承，使我們更能理解，爲何傳承文脈的宋濂不願以文人自稱，而是以儒自命的根本原因。〔註134〕然而生處於理學興盛所造成文道分殊的思想潮流，身兼經文之傳的宋濂，致力於文道並具的正文提倡，似有統整儒學思想內涵的意圖。

　　宋濂論學以道爲宗，強調治學之本在於明道，而以「道無往而不在，豈亦明哉」的前提，指出追求明道的途逕不只爲一，故言：「造文故所以明道，傳經亦將以明道，何可以歧而二之哉」，〔註135〕解決傳經家與造文家相互對峙

〔註134〕宋濂〈文原〉（《全集》卷 26：10b）：「余諱人以文生相命，丈夫七尺之軀，其所學者獨文乎哉！雖然，余之所謂文者乃堯、舜、文王、孔子之文，非流俗之文也，學之固宜。」指出宋濂之文是儒者之文，反映儒學思想、理念之文，是以學習儒者之文，寫出儒者之文、實踐儒者之文的儒者自命，而非作文之人，故反對世人以文生稱之。

〔註135〕《龍門子凝道記》中，《全集》卷 51：13a～b，〈樂書樞〉。

且各承其傳的學術問題。但是，宋濂展現的統合意圖不止於經、文思想的調和，對於世人評論金華之學「以優於史而不察於經」，呈現出經史分歧的觀念，則回應以「古之人曷嘗有經史之異哉！凡理足以牖民，事足以弼化，皆取之以爲訓耳！未可以歧而二之」，闡明經史皆以治理爲歸，本無歧異的治學之理。〔註136〕反映於作文之法的學習，則引用黃溍所言：「作文之法以群經爲本根，遷固二史爲波瀾。本根不蕃，則無以造道之原；波瀾不廣，則無以盡事之變。舍此二者而爲文，則槁木死灰而已。」〔註137〕強調爲文之本在於經，爲文之顯在於史，明顯融合經、史、文爲一，呈現以道貫之，以文彰之，以史顯之的治學取向。

　　宋濂藉以學以明道、學以治用的理念宣示，指出士人爲學的目的，與學術不應分歧之理，而將日漸歧異的儒學內涵與實踐理念進行以道爲本的統整。配合金華的學術背景與發展趨勢而言，如此統整行爲的出現，應是師出多門的宋濂在身兼數傳之餘，有意解決學術史區別文、道或文、經或文、史傳承，所造成儒學思想的分立問題，藉以學術不應分歧而立的強調，重新彰揚與整合符於儒學本質的學術傳統，以爲兼具多元思想特質的金華士人於治學與行道的正確指標。因此，宋濂於元末寫給王褘的〈華川書舍記〉中，對於當世學術重文輕道的遷變，提出如此反思：

> 文日以多，道日以敗，世變日以下，其故何哉？蓋日以私說臆見譁
> 世惑眾，而不知會通之歸，所以不能參天地而爲文。〔註138〕

宋濂認爲士人之學以道爲歸，爲文所重當於載道之任，所謂道隨文傳，道喪文敗，爲文之人若不能會通文道，參道爲文，將無以體現儒學之道以文爲傳的不朽價值。宋濂一本文以載道的傳統理念，極言「文者，道之所寓也」，深切結合形爲殊途實應同歸的文道思想，呈現道之無形以文爲明的文道關連。〔註139〕宋濂認爲「聖賢既歿，道在六經」，〔註140〕蘊含天地之道、治國之理的六經之文正是「文」的至高展現，〔註141〕指出「學文以六經爲根本，遷固二史

〔註136〕《龍門子凝道記》下，《全集》，卷52：9a，〈大學微〉。
〔註137〕宋濂，〈葉夷仲文集序〉，《全集》卷16：17a。
〔註138〕宋濂，〈華川書舍記〉，《全集》卷35：4b。
〔註139〕宋濂，〈徐教授文集序〉，《全集》卷26：6a。
〔註140〕〈徐教授文集序〉（《全集》卷26：6a）：「天地未判，道在天地；天地既分，道在聖賢；聖賢既歿，道在六經。」
〔註141〕〈徐教授文集序〉（《全集》卷26：6a）：「文至於六經至矣！盡矣！其始無愧於文矣乎！」

爲波瀾」的學文途徑，〔註142〕而以「立言者必期無背於經，始可以言文」，〔註143〕視爲士人爲文的根本之理。因此宋濂無視文道殊途下各立其傳的學術遷變，以文出於經、文與道一的觀念展現文經並傳的思想，並以周敦頤所言：「文則非道不立，非道不充、非道不行」，強化文爲載道的思想淵承，〔註144〕將理學道統中以經義爲明的周敦頤、程子、朱子等人視爲「完經翼傳而文益明」的代表人物，作爲據經爲本、因道作文的治學典範。〔註145〕

　　如此舉動反映出以文爲名的宋濂，本質是以理學思維的道統信念從事儒家學理的闡揚。落實於文論思想的宣導，則宗法周敦頤經文並傳的研學理念，顯現文爲道用，文爲道行的思維型態。然而，文行道用的體現爲何？宋濂有言：

> 傳有之：言以足志，文以足言，言之無文，行之不遠。此則文之至者！文外無道，道外無文，粲然載於道德仁義之言者即道也，秩然見諸禮樂刑政之具者即文也。〔註146〕

以道爲義理之載，以文爲禮制之具，顯見宋濂視道爲蘊、視文爲用的思想根基。因此宋濂一再申明文爲用者的理論，並於自身爲學的取向落實，呈現出學以經世、文以用世的理念追求。反映於儒學內涵的理解，則有言：

> 三代聖人之所學者，大參乎天地，而小不遺乎事物。妙可以贊化機而近不離乎！云爲其本仁義，其具禮樂政教，其說存乎經，而學之存乎人。人皆知學之，而不能行之者，惑於後世之學。〔註147〕

宋濂認爲聖人之學本於仁義而具於禮樂政教，存於經書之言而爲後世所學，但是後學者徒知於學卻不知於行，是無法具現聖人之道的眞正價值於儒學內涵的實踐。因此，宋濂將學之於行的儒學理念，體現在對於學文之人的寄許，認爲「昔之聖賢初不暇於學文，措之身心，見之於事業，秩然而不紊，粲然而可觀者，即所謂文也」，正是爲文者所應效法之「文」。〔註148〕故而，宋濂嘗言：「立言不能正民極、經國制、樹彝倫、建大義者，皆不足謂之文也」，以之作爲同是黃溍門人的王禕共同勉勵的目標。〔註149〕

〔註142〕〈葉夷仲文集序〉，《全集》卷16：17a；亦見〈白雲稿序〉，《全集》卷2：8a。
〔註143〕〈徐教授文集序〉，《全集》卷26：6a。
〔註144〕〈白雲稿序〉，《全集》卷2：8a。
〔註145〕〈華川書舍記〉，《全集》卷35：4b。
〔註146〕宋濂，〈徐教授文集序〉，《全集》卷26：6a。
〔註147〕宋濂，〈傅幼學字說〉，《全集》卷33：3a。
〔註148〕〈贈梁建中序〉，《全集》卷2：8b。
〔註149〕〈華川書舍記〉，《全集》卷35：3b。

宋濂於習文過程發生思想轉折，由古文學習轉向以結合辭章、義理、事功的治用之學，呈現於從學心志的改變。而以〈太乙玄徵記〉宣示正確爲文的心態，表現個人習文理念的擴展過程，且能透過學以治用的思想淵承，建立日後治學爲文的理念、目標，因而改變原好古文的習文途徑，轉爲以經爲宗、以文載道的治學之旨，確立以「鑽研六經學，誓以託不朽」的心志取向。〔註150〕這正是宋濂由辭章之士轉向自命爲儒的關鍵。事實上，〈太乙玄徵記〉所揭示的爲文心志與宋濂強調以文爲用的思想呈現，皆以治國經世作爲習文者的終極目標，顯見宋濂有強烈的用世意圖。然而，從文集史料可知，宋濂對於仕進機會的爭取，並未展現合其思想淵承所應有的積極態度。且以吳萊門人多有北上尋仕，卻無宋濂跟進的記錄。對照宋濂在多次落第後的罷舉行爲，可言宋濂面對仕進的消極態度，正是顯現以究理實踐心志的仕隱選擇。但是，如此展現是有違於宋濂承學的經世理念，也不合於治學爲用的心志。可能的情形是，宋濂正面臨多元思想的調合問題，對其承學的思維內涵進行統整，以尋日後踐學處世的指引，所謂學而優則仕，宋濂因應於試舉失利的當下遭逢，視學之未成正欲隱居究理，是無心於仕，故能在用世與傳學間從容抉擇，呈現出不嗜仕進的出處態度。

宋濂於〈白牛生傳〉反對世人以文人視之，言其好著文但不以文人自名，是自期於窮天地之理與凝聖賢之道。〔註151〕這顯示宋濂深懷以道自任的儒者心志外，也指出宋濂考量仕隱的因素，是有探究天人義理的求道目的。據劉基與戴良所記，宋濂拒絕元廷徵召後曾入仙華山求道。〔註152〕戴良知訊後趕赴勸退，最後了解宋濂所謂求道爲壽，即是究存聖人之道之意，故而撰文彰其心志，助其行之。文中有言：

> 夫君子之出以行道也，其處以存道也。而其所以爲道者，蓋或施之於功業，或見之於文章，雖歷千百載而不朽，垂數十世而彌存。若是而爲壽可也，苟不其然，顧欲潔身隱退進棄人間而苟焉？以圖壽爲道，是固老子之所謂道，而非吾之道也。吾之所謂道者，乃堯舜周孔之道也。然堯舜周孔得聖人之用也，老子得聖人之晦者也。於

〔註150〕宋濂〈予奉詔總裁元史故人操公琬實與纂修尋以病歸以作詩敘舊〉，《宋學士全集》補遺卷1：94b～95a。
〔註151〕〈白牛生傳〉，《全集》卷40：16a～b。
〔註152〕劉基，〈送龍門子入仙華山辭序〉，《誠意伯文集》卷9：16b；戴良，〈送宋景濂入仙華山爲道士序〉，《九靈山房集》卷6：1a～2b。

出也，則吾用，於處也，則吾晦，而道之變化詎有異耶！故生以春陽，殺以秋陰，先生功也；舒爲雲霞，察爲日星，先生文也；功而不宰，文而化成，先生道也。道在則壽在是矣！夫豈苟焉而已哉！〔註153〕

宋濂向戴良解釋不仕之因，列出性喜疏懶等四個理由，強調自身不合於仕，不如入山尋道，追求久壽之法。〔註154〕如此舉動明顯違背士人的治世使命，可能引起部份士人非議，故請摯友戴良爲其彰明心志，以止世人之嘲。〔註155〕戴良於文中所強調士人出以行道、處以存道的載道理念，與宋濂同出一轍，是重視道之於行所顯現的事功與文章價值。對於宋濂求壽之舉則解釋以道在則壽在，點出宋濂求壽是爲求道之意，所求之道正是日月得之運行、萬物生而不息的天地之道，並且強調士人不得其時而無聖人之用，以求道之舉彰顯聖人之晦，又何嘗不是行道的方式。此外，宋濂常以服氣法養生，對於世人之譏，則斥以「盜蹠甚夭，顏子甚壽」，意謂道之所存，壽之所在，壽存則道行，故其求壽之舉並非單純追求生命之延長，而是包含對於天人之理的探究與承傳的重視之意。〔註156〕

　　由此可見，宋濂的思想內涵存有互爲相對（出世、隱世）的思維型態，因應於個人遭逢與環境變遷，擇一反映在仕隱抉擇的心態呈現上。雖然宋濂向以「達而用世，不達而傳學」的態度予以化解，但在追求世用之餘，對於天人至理的嚮往仍是相當強烈。例如：宋濂於〈調息解〉記有學習玄學的過程與所得，且與名爲玄素的道人，對於調息之理的內容進行爭辯。宋濂認爲士人應當懷德進用，藉由政機使天道運行，則所調之息不止於一人之私，更是有功於天下。反映宋濂對於玄學修行的根本追求，仍懷有用世致功的理念，

〔註153〕〈送宋景濂入仙華山爲道士序〉，《九靈山房集》卷6：1a～2a。

〔註154〕〈送宋景濂入仙華山爲道士序〉（《九靈山房集》卷6：1a）：「良從而訊之，乃曰：昔人有以紳笏爲柴柵，聲名爲韁鎖者，余豈爲是迂激哉！顧將順性而動，各趨所安耳。余之所安，乃在於山林，而不在於朝市，使其以此而易彼，有大不可者一，決不能者四。」

〔註155〕〈送宋景濂入仙華山爲道士序〉（《九靈山房集》卷6：1a）：「雖然，世之賢大夫聞余之有是行也，必並起而嘲之，子知我者，何不贈之言，使有以解彼之嘲，而且以卒余之志也。」

〔註156〕〈白牛生傳〉（《全集》卷40：16a～b）：「生幼多疾，常行服氣法，或誚其欲久生，生曰：盜蹠甚夭，顏子甚壽，子知之乎？或人多不答。生曰：竊陰陽之和以私一己，服氣矣！運量元化，節宣四時，服氣乎？」可見宋濂所求爲天人之道，而非一人之壽。

因此玄素道人笑言其不至於靈，仍止於物也，根本未達修行玄學的境界。〔註
157〕宋濂所學是兼於文道而擴及三教，對道的探究是不主張有儒釋道的差別，
認為三教是入門殊途，其道則歸一，不應異說互見。〔註158〕全祖望論及宋濂
於金華理學的傳承地位，則有「至公而漸流于佞佛者流」之言。〔註159〕從宋
濂的從學經歷而言，其所呈現對於性理探究的強烈興趣，應是來自理學的啟
發。而在深入研習後，兼容見長的宋濂是秉持「入門雖殊其道歸一」之理，
採以「惟重於道不重其途」的究學方式，因而呈現博雜多元的治學傾向。總
之，宋濂是以「文」展現出學以治世、文當於用的經世理念，以「道」展現
出天道人性的深蘊之理，明顯兼具金華理學與文學的思維型態。

　　至於文道分立的金華學術，為何在元末之際發展出漸於融合的趨勢？元
代金華雖有文人輩出的事實，但是導致金華理學流之於文的主要原因，仍須
細密考察才能得知。在吳萊之後的金華學人已有師承多方的傾向，習文、習
經、也鑽研義理之學，呈現以辭章、義理、事功相為結合的學術特質。宋濂
雖是承襲吳萊以文傳學的理念，但以自許究道的心志可知，其所展現的理學
思維是比吳萊更為強烈。反映在學術承傳的認知上，宋濂不只因襲吳萊對於
治世之道的重視，並以理學所蘊天人之道的探究與闡示，視為個人治學、傳
學的重要內涵。因此，宋濂於元末的仕隱表現，一方面仍是追隨吳萊積極用
世的態度，作好出仕輔政的各種準備；另一方面則是專注於理學思想的探究，
在青蘿山中閉戶讀書以研究天人之理為樂。〔註160〕

　　由此探視宋濂彰揚呂祖謙的學術貢獻，並以繼學呂氏為志的緣由，應可
解釋為身兼道學與治學傳承的宋濂，在面臨政治與學術實踐的選擇之時，藉
以回溯並重事功、義理與學術傳承的呂學思想，尋求學術傳延與政治出處間
的抉擇方式與原則的建立。基本上，呂學源出金華與包容並兼的學術特質，
相當契合於元末金華士人師承多方的從學傾向。因此，在金華學術漸於融合
之際所發起彰顯呂氏思想的舉動，可視為身兼數傳的宋濂想藉由講求兼容多

〔註157〕宋濂，〈調息解〉，《全集》卷36：5a～6a。

〔註158〕宋濂〈夾註輔教編序〉（《全集》卷13：3a～b）：「天生聖人化導烝民，雖設
　　　　教不同，其使人趨於善道則一而已。儒者曰：我存心養性也；釋者曰：我明
　　　　心見性也。究其實雖若稍殊，其理有出於一心之外者哉！」

〔註159〕《宋元學案》卷82，頁2801，〈北山四先生學案〉。

〔註160〕宋濂〈蘿山雜言〉（《全集》卷38：5b）：「濂自居青蘿山，山深無來者，輒日
　　　　玩天人之理。」

元思想的呂學傳統，重塑金華學術的治學特色與學術地位，以爲兼具事功與學術使命的金華學人，在傳學行道上可供憑藉的理論根基。

至於金華之學的學術地位與貢獻爲何？宋濂有言：

> 中原文獻之傳，幸賴此不絕耳！蓋粹然一出於正，稽經以該物理，訂史以參事情，古之善學者亦如是爾！其所以尊古傳，而不敢輕於變易，亦有一定之見，未易輕訾也！當是時得濂洛之正學者，鼎立而爲三，金華也，廣漢也，武夷也。雖其所見時有不同，其道則一而已。蓋武夷主於知行並進，廣漢則欲嚴於義利之辨，金華則欲下學上達。雖教人入道之門或殊，而三者不可廢一也。〔註161〕

宋濂論及金華之學首重中原文獻的傳承貢獻，並以「稽經以該物理，訂史以參事情」之語，清楚點出兼具義理、事功的呂學特質。宋濂不只以中原文獻之傳定位呂學的學術地位，並且藉由源出於濂洛之學的強調，進而確立呂學於理學思想的正統性。由此可知，宋濂對於學術傳承的認知，不只包含聖賢治政之道的彰明與傳佈，還有理學思想中對於性理、天人之道的探究，宋濂所欲傳承與彰明的「學」，在內涵上應是超越方鳳、吳萊以文載道的正文之「學」。宋濂對於傳學的重視，在理學思維以究道與彰道爲任的前提下，會比講求以文自立的吳萊更爲確切。因此，宋濂於元末之所選擇放棄仕途採以隱居讀書的究道生涯，可解釋爲這是以道自任的宋濂自覺最能合於當世，最不爲遭逢所困，而與出仕行道同等重要的踐學方式。

然而宋濂曾受吳萊長期影響，且以用世爲志，在元末動亂之際雖是自樂於讀書究學的隱居生涯，然其決定仕隱的理論基礎，與當時部份理學家全然放棄政治期待，追求以學自立的思維型態相較，仍是差異甚遠。〔註162〕宋濂言明金華之學是以下學而上達的治學宗旨，其實也指出宋濂究道研學的根本追求，是遵循孔子所教下學人事而上達天理的治學理念。〔註163〕所謂學人事

〔註161〕《龍門子凝道記》下，《全集》卷52：1b，〈段干微〉。

〔註162〕劉祥光研究元代徽州士人，認爲元代發展出以道自任的退隱觀，學者致力於道統傳承，學而優不必於仕，仍可實踐士人的爲學使命。這樣的趨勢從吳澄、劉因就已呈現，發展至元末，以徽州士人鄭玉、趙汸、汪克寬最爲鮮明。（見〈從徽州士人的隱與仕看元末明初的忠節與隱逸〉，頁37～43。）鄭玉最後殉節而死，可言是殉道而非殉國，顯現徽州士人面對政治參與的漠然，這與宋濂講求治用、學而用世的態度是大爲迥異。

〔註163〕《論語集注》卷七〈憲問十四〉：「子曰：莫我知也夫！子貢曰：何爲其莫知子也？子曰：不怨天，不尤人，下學而上達，知我者，其天乎！」朱子注：「不

而知天命，是在人事的實踐中體會道的眞義，了解天理運行的法則，而知天命所歸，對於時之泰否能持以坦然態度，用有行藏。因此宋濂是本持學而行之的實學態度，根本上仍著眼於行道天下、學以達世的用世目的。嘗言：「吾徒何事於斯，必也學為聖賢有用之學，達則為公為卿使斯道行；不達則為師為友使斯道明，如此而後庶幾也」，〔註164〕更明白揭示士人應以用世達學作為治學的終極體現。所謂士人為學，必須學以可以達世的聖賢之學，充份作好行道天下的準備，即使無以達世，也必須作好明道後世的傳承工作，這是宋濂所認為兼負政治與學術實踐使命的士人，在仕隱抉擇上可以採取的進退合宜之處世方式。因此，宋濂日後所作的仕隱選擇雖有時勢環境的考量，基本上仍是堅持有道則見無道則隱的傳統思維，以此作為易代動亂間實踐士人使命與成就個人價值的體現方式。〔註165〕

得於天而不怨天，不合於人而不尤人，但知下學而自然上達，此但自言其反己自修，循序漸進耳，無以甚異於人而致其知也。」程子曰：「不怨人，不尤人，在理當如此。又曰，下學上達，意在言表。又曰，學者須守下學上達之語，乃學之要。蓋凡下學人事，便是上達天理，然習而不察，則亦不能以上達矣！」見朱子注《四書章句集注》（上海：上海書店，1997年），頁108～9。

〔註164〕宋濂，〈送從弟景清還潛溪序〉，《全集》卷35：18b。

〔註165〕《論語集注》卷四〈泰伯第八〉：「子曰：篤信好學，守死善道，危邦不入，亂邦不居，天下有道則見，無道則隱。」朱子注：「君子見危受命，則仕危邦者，無可去之義，在外則不入可也。亂邦未危，而刑政紀綱紊矣！故潔其身而去之。天下，舉一世而言，無道則隱其身而不見也，此惟篤信好學，守死善道者能之。」另在卷八〈衛靈公第十五〉：「子曰：直哉史魚，邦有道如矢，邦無道如矢。君子哉蘧伯玉，邦有道則仕，邦無道則可卷而懷之。」朱子注：「伯玉出處合於聖人之道，故曰君子。卷，收也。懷，藏也。」見《四書章句集注》，頁57：114～5。

第四章　仕隱之間

　　宋濂的元末出處，《明史》記以「元至正中，薦授翰林編修，以親老辭不行，入龍門山著書」，〔註 1〕在其仕明抉擇前，已有仕元抉擇的歷程。從志於仕進，以學術爲務，到固辭不仕，入山爲隱，顯現宋濂仕隱心態的變化，而以政治環境的遷變，適仕條件的有無，個人心志的實現，是宋濂考量仕隱的主因。因此探討宋濂由元入明的仕隱型態，可採取的兩個方向是：一、宋濂面臨仕隱抉擇處境時，個人與時勢條件爲何？對其仕隱心態有何影響？二、如此心態落實於仕隱行爲的呈現，是個人意願的決定，或政治環境的考量？

　　關於仕隱意識的探討，首在於士人面對仕隱抉擇的處境形成。意指士人對其仕隱目標與仕隱可能皆有考量下，面臨出仕機會時，所呈現必須擇一的處境，而以仕隱行爲的展現確切實踐個人價值與學理目標的彰顯。專注於仕或無心於仕，皆未形成仕隱抉擇的處境條件，與仕隱思想的體現過程。而仕隱問題的提出，不論是個人意願或環境使然，皆應於有出仕可能與被期待出仕的前提下，才有探討仕隱抉擇與思想的空間。倘若宋濂的出身不被預期有仕途遭逢，也無仕進機會與任仕條件的具備，宋濂是無出仕從政的可能，自然也無仕隱抉擇的問題。仕隱思想的呈現不只於個人學理的彰顯，也是士人決定出處的憑藉原則，其內涵不能止於理論的空談，必須藉由士人的行爲實踐予以體現。因此，仕隱思想的提出是以確切的行爲實踐爲前提，配合處境變化而有逐步成型、展現的過程，其中包含個人思想的遷變、時勢條件的因應，與不可預測的出處際遇，士人必須對於當下情勢與個人心志進行愼密的

〔註 1〕　《明史》卷 128，頁 3784，〈宋濂傳〉。

考量，選擇合於學理目標的取抉標準，而將仕隱背後的終極關懷，藉由行爲展現落實於世。〔註2〕

　　由此探視宋濂出處的遭逢與行爲抉擇，可從宋濂在元末政治遷變下所呈現的從政心態與仕隱行爲，分別探究宋濂處於不同的時勢環境，所面臨的仕隱遭逢與抉擇考量。且由宋濂仕隱思想與仕隱標準的考察，對其元末出處與仕明抉擇的過程，提出符合歷史背景與個人思想特質的解釋。

第一節　元末出處

　　宋濂於浦江任教後，獲得鄭氏資助得以延續讀書生涯，並於士人交游中擴展聲名。約於三十歲後，宋濂將家事交付子弟，全心投注於學術鑽研，且於治學目標的檢視，覺察所學已偏，進而調整其作文心態與爲學方向，確立以儒自命的心志取向。〔註3〕如此覺察不只促使宋濂致力於學，對其日後的仕隱行爲也有極大影響。宋濂的學術本質是根基於學以致用的經世理念，求以世用的態度相當明確。但於屢試不第下，宋濂藉由爲學心態的覺察，尋求在仕進之外個人價值與士人使命的實踐，轉而棄舉從學，致力於學術研習與傳承，以爲個人心志之託付。對於學以用世的期待，宋濂是未曾放棄。在至正初年，宋濂是以學術研習爲重，且無符合期待的仕進機會，宋濂相當安於讀書與授徒的生活，並無仕進事蹟與尋仕行爲的記載。相較於宋濂門友陸續北上的求仕舉動，〔註4〕

〔註2〕例如，從仕隱行爲中所呈現之道行與道尊的思維型態，皆是以儒學思想的實踐爲終極目標，而於出處抉擇中出現相異的仕隱標準，端看士人如何於道行與道尊中取抉合於心志與情勢的踐學理念，透過仕隱行爲的實踐而予以呈現。關於道行與道尊的典故，出於陶宗儀所記：「許先生衡，中統元年應召赴都日，道謁文靖公靜修劉先生因。謂曰：公一聘而起，毋乃太速乎？答曰：不如此則道不行。至元二十年，徵劉先生至，以爲贊善大夫。未幾，辭去。又召爲集賢學士，復以疾辭。或問之，乃曰：不如此，則道不尊。」見《南村輟耕錄》（北京：中華書局斷句本，1959 年）卷2，頁21，〈徵聘〉。

〔註3〕鄭濤〈潛溪先生小傳〉（《全集》卷首2：1b）：「年三十即以家事授子性，朝夕惟從事書冊間。」

〔註4〕關於宋濂門友的仕宦遭逢見，宋濂，〈宣君墓誌銘〉，《全集》卷30：15a。宋濂從學吳萊期間的門友，多有北游記錄，且不只一次，部份門人有得吳萊的贈詩。因爲吳萊逝於至元六年（1340），所以這些門人的北游是在至元六年之前，從贈詩中判斷吳萊當時已臥病，北游時間相當近於吳萊逝世之時。此時宋濂約 25～30 歲，其門友年齡也相去不遠，應是學成不久即赴北游。至於宋濂爲何沒有北游，未有明確史料可供判斷。

宋濂不但沒有北游記錄，也無出仕想望，是全心投注於治學與傳學。

宋濂不是沒有出仕的可能，以其曾入路學研習是官方培育的儒學生，根據元代選舉法，經由薦舉且通過考核後，可獲得補吏與擔任教官的機會，〔註5〕也可透過歲貢儒人的途徑入仕。〔註6〕當時許多儒學生是以吏職取得爲習學目的，由此入仕的例子也不少。〔註7〕曾爲路學儒生的宋濂是不乏出仕機會，端視其出仕意願與仕職性質是否合其所望。

一、薦爲校官

宋濂經由薦舉而得的入仕機會，除了至正九年（1349）薦授爲翰林編修外，還曾於至正四年（1344）左右被薦舉爲校官。宋濂於〈哭王架閣辭〉有言：

> 有自浙水西至者，出君手書相勞苦，且曰：「吾薦子於方嶽大臣，行授子校官矣！子能爲我一出乎！」余以書謝復固辭。居亡何聞君死矣！余之辭君者非托此以爲名高，竊自念貧賤士何往而不自得。君固不忘故人，余足一動，人必病余以爲挾且私，是以弗能往視君。
>
> 〔註8〕

薦舉宋濂入職的王檉（1298～1344），與宋濂同學於聞人夢吉，兩人在求學期間交情深厚。王檉是有志功名而學經，因屢試不第改學法家書，補爲書吏。此後任職浙西道肅政廉訪司照磨兼承發架閣，是於任內薦舉宋濂。〔註9〕但是宋濂並未接受此職，也提出明確理由。宋濂自言安於貧賤，不須藉辭求名，而是顧及王檉爲昔日好友，應薦恐有挾私之嫌，故回書以辭。爾後王檉言忤御史而自裁，宋濂感懷其逝之遽，有未及往見的遺憾，而有此文之作。可知王檉薦舉宋濂的時間是在王檉逝世前不久，應於至正四年左右。〔註10〕

〔註5〕 《元史》（卷81，頁2033，〈選舉志一〉）：「自京學及州縣學以及書院，凡生徒之肄業於是者，守令薦舉之，臺憲考覈之，或用爲教官，或取爲吏屬，往往人才輩出矣。」

〔註6〕 關於元代歲貢儒吏的探討，以及儒生以歲貢入仕與補吏的方式，參見蕭師啟慶，〈元代的儒戶：儒士地位演進史上的一章〉，收入《元代史新探》（台北：新文豐出版公司，1983年），頁27～30。

〔註7〕 參考，許凡，《元代吏治研究》（北京：勞動人民出版社，1987年），頁88～89。

〔註8〕 宋濂，〈哭王架閣辭〉，《全集》卷48：2b。

〔註9〕 〈哭王架閣辭〉，《全集》卷48：2a～b。

〔註10〕 〈哭王架閣辭〉，（《全集》卷48：2a～b）：「嗚呼！孰知君之遽去余而死矣乎！

　　至正四年（1344），宋濂於東明山任教，授徒之餘是勤讀書卷，生活十分平靜。〔註11〕且於同年，宋濂的次子宋璲出世，想必是忙於家事而無心遠遊。〔註12〕此時的宋濂是不具有改變現狀的想望和需求，面對突如其來的任職機會，思及對其原有生活可能造成的轉變，宋濂是多有遲疑，不會遽然接受。此外，宋濂眞正不受的原因，可能來自薦職本身的性質。校官一職並非正式的官職名稱，〔註13〕應是類似儒學教授、教諭的學官，從事地方儒學的教導工作。這樣的職位事務繁忙，且是地位低下等同於吏，對於自許甚高的宋濂而言是難以接受。如此不甘爲吏的士人心態，余闕於〈楊君顯民詩集序〉有言：

> 我國初有金宋，天下之人，惟才是用之，無所專主，然用儒者爲屬多也。自至元以下始浸用吏，雖執政大臣亦以吏爲之。由是中州小民粗識字能治文書者，得入臺閣共筆箚，累日積月皆可致通顯。而中州之士見用者遂浸寡，況南方之地遠，士多不能自至於京師，其抱材蘊者又往往不屑爲吏，故其見用者尤寡也。〔註14〕

余闕認爲元初是以儒者爲任，但於至元後用吏爲盛，儒者漸難見用，且以南方士人遠離京師難以自薦，又不願以吏入仕，得以見用者是更少。延祐開科之後，儒者可憑試舉入仕，但對競爭激烈的南人而言，中舉之人是極爲少數，許多士人在試舉不成下，多是自隱山林。對此余闕又言：

> 延祐中仁皇初設科目，亦有所不屑而甘沒溺於山林之間者，不可勝道，是可惜也。夫士惟不得用於世，則多致力於文字之間，以爲不

　　使知君之邃死也，縱百千其口以爲私，以爲挾，朝夕逩提余耳而噪之，余尚何恤，必能謂君虎林之上矣！」由此判斷王褘在薦舉宋濂不久後就邃逝，時間可能相當接近。

〔註11〕宋濂〈鄭夫人夏氏新阡墓碣銘〉（《全集》卷42：9a）：「至正三年夏五月予來讀書浦陽東明山，繙閱之倦因默坐木榻上……、。」這是宋濂文集中可知創作年月而最接近至正四年所作之文，清楚記述此時宋濂的生活型態。

〔註12〕據方孝孺〈宋仲珩壙誌銘〉（《遜志齋集》卷22：60a），言宋璲死於庚申年（明洪武十三年，1380），年三十七，推算其生之年，應爲至正四年（1344）。

〔註13〕陳方濟於《宋濂之生平與其寓言研究》（台北：國立政治大學中文所碩士論文，1991年）中，對於薦舉宋濂爲校官之職有初步的考證，認爲校官並非正式的官職，可能是某種職位的代稱或美稱。因爲王褘所任職之肅政廉訪司是掌管各地的糾舉察核之事，也負有薦舉遺侁的責任，但是王褘的職位不高，所能薦舉的自然不會是令人無法抗拒的高位，因此校官一職可能是書吏、令史一類職務的美稱，是以吏的職位來薦舉宋濂，見頁55。

〔註14〕余闕，〈楊君顯民詩序〉，《青陽先生文集》（四部叢刊），卷4：7a～b。

朽。而文辭者有幸有不幸者，至於老而無所用矣，而其文又遂泯不
顯，是又可哀也！〔註15〕

余闕撰著此文的時間並不明確，但其描述的南士心態，眞實反映元末宋濂的
出處困境。宋濂深知，文人託以文辭是不得世用下的選擇，所謂事功難亡，
空文易泯，宋濂不願託志於此，雖因文辭鳴世，而不以文士自許。因此無以
事功顯世的宋濂必須在文名之外另尋出路，最後選擇以學術彰顯自我。在至
正年間，宋濂專注於儒學的研習，發揚以道爲任的士人精神，致力於道的傳
承，〔註16〕而無出仕的意圖。若於此時出仕，恐會延遲治學目標的達成。因
此，考量以當下爲學心志，以及出仕之舉對其治學生涯的影響，對於王樨的
薦舉是不予接受。

　　然而正在宋濂安於貧賤、以學自得的同時，南方士人卻出現北游尋仕的
熱潮：

比年，大江之南山林之士，有挾其文藝游上國，而遇知於當世。士
之彈冠而起者，相踵京師。大官之家皆有其客，而週知於當世者，
亦比比有之。〔註17〕

文中未言「比年」爲何時，但以余闕生平判斷，應不出於至正年間。〔註18〕
其言知遇當世的南方士人，很可能是至正初年爲脫脫重用的吳直方。在吳直
方之前並無北游顯世的知名南人，且於《元史》中與吳直方同輩的南方儒臣
多是進士出身，可知在科舉復行之後，南人入仕中央的管道十分明確，漸能
取代以客居京師尋求知遇的入仕途徑。然而，在科舉行使後爲何還有南人北
游的熱潮？以宋濂門友北游的時間而言，大都集中於順帝至元年前後與至正
初年。而至元年間曾罷行科舉，南人在缺乏仕進途徑下，北游尋仕是唯一可
行的方式。此外，這與吳直方受遇的時間有關。吳直方早年即北游大都，二

〔註15〕　〈楊君顯民詩序〉，《青陽先生文集》卷4：7a～b。
〔註16〕　宋濂〈志釋胡徵君仲申〉(《全集》卷38：13a)：「文之興喪負以身分，任重而
　　　　道遠何時而止分，朝斯夕斯相期於沒齒分！」此文刊載於《潛溪前集》，撰著
　　　　之時早於至正十六年，是宋濂與胡翰互表心志之作，具體反映元末宋濂的自
　　　　我期許。
〔註17〕　〈楊君顯民詩序〉，《青陽先生文集》卷4：8a。
〔註18〕　〈楊君顯民詩序〉(《青陽先生文集》卷4：8a)：「其弟子涂穎，持其所謂水北
　　　　小房集者來京師，將刻之以傳於世，余爲題其首。」判斷余闕此時於京任官，
　　　　對照《元史》本傳（卷143，頁3426～9)可知余闕只有於至正初年時任職中
　　　　央，因此余闕所言比年，可能是至正初年或早於至正。

十六年間歷盡苦楚，而於泰定元年（1324）為馬札兒臺（1285～1347）所賞識，聘入賓館任為塾師，直至元統二年（1334）因脫脫薦舉而步入仕途。〔註19〕吳直方為脫脫重用而知遇當世，是於至元期間。〔註20〕宋濂門友於此時紛紛北上，是有鑑於吳直方尋仕成功的前例，欲以仿之入仕。如此而言，余闕所見之南人北游熱潮，是吳直方名顯當世後所帶來的尋仕效應。而且在至正改元後，脫脫主持朝政推行更化，復行科舉、重開經筵、遴選儒臣進講、編修三史等等，〔註21〕朝中儒臣的地位愈顯重要，尤以脫脫對於儒士的重視，更加堅定南人北游的決心。

但是這對宋濂未有直接影響，反而是宋濂所任教的鄭氏，陸續有人北上而任官。據宋濂〈鄭都事墓誌銘〉所言：

> ……彥貞（鄭鉉）年未四十，君子義之。時天下承平，衣冠萃于燕都，翩然出游以充其見聞。揭文安公傒斯在禁林，黃文獻公居成均，二公以文辭鳴當世，皆折行輩與彥貞交。……自時厥後，彥珍仲子泳與從子深，同講授脫脫太師家。〔註22〕

以宋濂所言鄭鉉（1295～1364）年未四十而北上，其時約於至元年間，而鄭鉉與揭傒斯、黃溍等人交游，則是於至正改元前後。〔註23〕鄭鉉是義門鄭氏中最早入仕中央，且是趕上尋仕熱潮的南人之一。日後鄭濤、鄭泳、鄭深皆隨鄭鉉北游，而於至正初年陸續任職於朝。鄭氏在浦江已有不容忽視的社會影響力，卻與中央關係相當疏遠，而在鄭氏子弟入朝為官後，家族聲名與地位皆大有提昇，尤以至正九年（1349）脫脫開端本堂授經皇太子，鄭深為授經郎侍席，是鄭氏家族聲勢的最高峰。〔註24〕且於同年，元廷薦授宋濂為翰林編修，這應與當時鄭氏的政治聲望有關。

此時宋濂既無北游也不願為吏，當其心志相合的門友陸續步上尋仕熱潮

〔註19〕 宋濂，〈故集賢大學士榮祿大夫致仕吳公行狀〉，《全集》卷41：6a～b。
〔註20〕 〈吳公行狀〉（《全集》卷41：7a）：「丞相（脫脫）亦自是進位台司，國有大事上命必定於公，公亦慨然以澤被斯民為己任，有知無不言，言之丞相無不行，天下翕然比後至元之治於前至元，公之功居多。」
〔註21〕 《元史》卷138，頁3343，〈脫脫傳〉。
〔註22〕 宋濂，〈鄭都事墓誌銘〉，《全集》卷24：7b～8a。
〔註23〕 揭傒斯在順帝朝曾因伯顏當朝而引疾固辭，而後由天子親擢任翰林直學士，重開經筵後陞侍講學士。所以其在翰林院的時間應是至正改元之時，見《元史》卷181，頁4185，〈揭傒斯傳〉。至於黃溍於至元間是任國士博士，見宋濂，〈金華黃先生行狀〉，《全集》卷41：11b。
〔註24〕 宋濂，〈鄭氏孝友傳〉，《全集》卷40：14a。

時，其所抱持的仕進心態究竟爲何？余闕有言：「當士群起而有遇之時，而又終不肯一出以干時取譽，是其中必有所負而然也。」〔註 25〕是否宋濂也有所負而放棄仕進？在固辭編修之事上，應有更爲深入的呈現。

二、翰林編修

宋濂於至正九年（1349）薦授爲翰林編修之事，主要根據鄭楷〈行狀〉所記：「至正乙丑，用大臣薦，擢先生將仕佐郎，翰林國史院編修官，自布衣入史館，爲太史氏，儒者之特選。先生以親老不敢遠違，固辭。」〔註 26〕此事在《明史》與王禕〈宋太史傳〉皆提及，確切時間則未言明。〔註 27〕但胡助於至正十年（1350）所作的〈宋氏世譜記〉提及宋濂於至正十年遷居青蘿之事，卻無受薦編修的記載。〔註 28〕同年，歐陽玄〈浦陽人物記序〉言其「沉困在下未能遇也」，意指宋濂未有出仕機會，也無受薦的記述。〔註 29〕甚至鄭濤於至正十三年（1353）專爲宋濂所撰的〈潛溪先生小傳〉中對其生平行事、治學心志皆有詳細描述，也未言及此事。〔註 30〕這些撰作皆完成於至正九年（1349）之後，假如宋濂確是於至正九年薦入史館，且如王禕所言爲儒者特選，對於未仕士人而言應是莫大的榮耀，爲何寫序或作傳之人皆無記載，令人費疑。宋濂曾多次提及受薦編修，明確指出是危素所薦。〔註 31〕可見，危素薦之是確有其事，但是否爲朝廷認可而授官，則待查。〔註 32〕總之，確切

〔註 25〕〈楊君顯民詩序〉，《青陽先生文集》卷 4：8a。

〔註 26〕〈宋公行狀〉，《全集》卷首 2：2a；另見於《皇明文衡》卷 62：16a。

〔註 27〕基本上，鄭楷〈宋公行狀〉中關於宋濂的元末行事，是參考自王禕〈宋太史傳〉與鄭濤〈潛溪先生小傳〉，而《明史》本傳應是取材是〈行狀〉。但是〈宋太史傳〉與本傳皆只言至正中受薦，未指出確切的時間。

〔註 28〕《全集》卷首 3：1a。

〔註 29〕《全集》卷首 1：19b。

〔註 30〕《全集》卷首 2：1a～2a。

〔註 31〕宋濂，〈危侍講新墓碑銘〉，《全集》卷 27：14a。

〔註 32〕宋濂於〈危侍講新墓碑銘〉（《全集》卷 27：14a）僅言：「在前朝時欲剡薦入史館」，但未言是否薦成，元廷是否授官宋濂，尚待考證。然而，明人陸深於《豫章漫抄》（收入《叢書集成新編》台北：文海出版社，1985 年，87 冊，頁 663）言：「宋景濂先生在元時著述每書將仕郎、翰林國史編修官銜，嘗以危太樸承旨薦授。」基本上，宋濂在文集中從未自稱翰林國史編修官，僅稱前史官，未署官銜。宋濂可能僅止於受薦未能任官，當無官銜，倘若元廷確有授官於宋濂，宋濂也未曾就職，亦不能自署官銜，故而陸深所言有誤。

的受薦時間惟有〈行狀〉記載，在無其他史料支持下，尚難確認宋濂是於至正九年薦爲編修。

以史料呈現而言，宋濂受薦之事應於至正十六年（1356）之前，且以義門鄭氏的政治聲望，宋濂於至正九年（1349）到十四年（1354）間受薦是相當合理。據宋濂〈故江東僉憲鄭君墓誌銘〉所言，鄭深伴隨脫脫多年，在至正九年脫脫復相後官運漸亨，至正十四年前皆於中央任職，與從弟鄭濤召入經筵進講殿中，傳爲美談。此時與鄭深密切往來的朝中儒臣有揭傒斯（1274～1344）、歐陽玄（1283～1357）、李好文、危素（1303～1372）等人。〔註33〕而宋濂爲危素所薦，是與鄭深、鄭濤的朝中人脈有關。儒臣薦舉士人之事並不少見，〔註34〕但宋濂得爲元廷徵召，不只文名與師承爲時人所重，最直接的因素，是來自元廷主政者對於義門鄭氏的重視。

因此，本於地方勢力的凝聚而與朝廷無所接觸的鄭氏，在至正年間於儒臣集團中崛起，且能深入政權中心爲當政者所用，是與南人儒臣的地位提昇有關，而以脫脫的掌權最爲關鍵。至元六年（1340），脫脫成功推翻伯顏的政治勢力，以謀臣吳直方的建策最多，深得脫脫信任。伯顏曾於順帝前詆毀脫脫：「其心專佑漢人，必當治之」，〔註35〕可見脫脫與漢人的交往密切，且自幼從師吳直方，頗具漢化背景，深得漢人支持。因此，在其主政期間，以推行儒化政策爲務，多項文教制度皆由儒臣主事，南人儒臣也積極參與。〔註36〕因爲吳直方的南人背景，很有可能就是脫脫與南人接觸的牽引者。〔註37〕而且脫脫主持的更化之政，大都交由南人官員主事，包括：科舉復行與三史編撰，皆獲得南人官員的積極支援。〔註38〕可言，脫脫任用吳直方多年，相當

〔註33〕 宋濂，〈故江東僉憲鄭君墓誌銘〉，《全集》卷49：6b～9a。

〔註34〕 至正八、九年間，危素也曾薦舉王禕，卻是屢薦不果，可見儒臣薦舉並不能作爲士人入仕的保障，薦舉宋濂之所成功，與危素的關係不大，而是宋濂具有元廷重視的個人條件與背景。

〔註35〕 《元史》卷138，頁3342，〈脫脫傳〉。

〔註36〕 檀上寬，〈義門鄭氏與元末社會〉上，《世界華學月刊》第4卷，2期，1983年6月，頁62下。

〔註37〕 例如：柳貫停職歸鄉多年，而於至正改元時奉命出仕翰林院，很有可能是透過同爲浦江人的吳直方所引薦。見宋濂，〈柳先生行狀〉，《全集》卷41：10a。

〔註38〕 例如歐陽玄不只總裁三史修撰，對於復科之事也曾極力爭取。見危素〈歐陽公行狀〉（《圭齋文集》卷16：10b～11a）：「至正改元，更張朝政事，事有不便者集議廷中，極言無隱。科目之復，沮者尤眾，公力爭之，命脫脫右丞相草詔。」

熟悉南人政治思想的型態，且於接受建策下成功主導政變，提高對南人官員的信任，故於主政後充份接受其政治意見的反映，使得儒化取向成為此期政治的主要特色。〔註39〕

　　從至正改元間南人官員的連結與動向，可為探視元末政治變化的途徑。〔註40〕值得探討的是，脫脫與南人官員所建立起的信任，是否出現集體意識的凝聚，懷有共同實踐的政治目標，而為改變元朝政治本質的一股動力？事實上，脫脫對於南人的任用僅止於建策與文教層面，並未真正接受南人的思想型態來考量政策的推行，例如：吳直方建議脫脫恢復科舉的理由是：「科舉之行未必人人食祿，且緣於此而家有讀書之人，人讀書則自不敢為非，其有繫於治道不小」，〔註41〕是以有利於治的實際功用說服脫脫予之推行，可知脫脫於更化政策的推動以及對南人的重視，是有其政治運作的實際考量。〔註42〕雖言脫脫深具漢化背景而為漢族官員所寄許，但是主導其考量的意識型態，並非儒臣所期待實踐的儒家政理，而以是否利於國家統治為其施政前提。〔註43〕經歷政變的脫脫深切認識到元廷政治的衰敗，是有意借用熟悉政理運作的儒士，助其重建與強化元朝統治體制，促進官僚政治的有效運作，故而推行儒化政策以爭取儒士的合作。〔註44〕根本目的仍是解決朝中分立派系與權勢

〔註39〕關於更化政策的內容，詳見，邱樹森，〈論妥懽貼睦爾〉，收入《賀蘭集》（南京：江蘇古籍出版社，1997年），頁95～99。

〔註40〕邱樹森認為，脫脫推行更化政策期間，吳直方有著重要影響，在其「言之丞相無不行」之下，脫脫的更化與儒術治天下，就有必然的關連，見〈脫脫與遼金宋三史〉，收入《賀蘭集》，頁177。意指南人的政治理想透過脫脫的更化之政而獲得實踐，然而脫脫是否真以儒術治天下為目的仍有待商榷。

〔註41〕〈吳公行狀〉，《全集》卷41：7a。

〔註42〕由此也可思考吳直方以治為重的功利取向是由何而來，與浙東思想的經世取向是否相關？而且，因於這樣的政治思想型態投合於脫脫的治世理念，而成為脫脫屢用南人謀士與徵召南人儒士的理由？此外，北人儒臣與南人儒臣間是否因於儒學理念的差異，而對於脫脫推行更化政策的態度有所不同？這對於元末政治的儒化探討，應是值得深究的問題。

〔註43〕關於脫脫以治為用的態度在治河主張上最為鮮明，《元史》言為脫脫有志事功，對於治河十分積極。但是在至正二年開金口河之議中，脫脫力主其行，而以左臣許有壬力言不可，甚至言其以成大功為務，如商鞅、王安石之法，不宜有此，事見《元史》卷66，頁1645、1660，〈河渠志〉。由此可知，許有壬對於脫脫行事以功利為重十分不滿，這可能反映當時部份儒臣對脫脫的觀感。

〔註44〕張帆認為，元代確立經筵制度的目的是為拉攏儒士階層，鞏固統治基礎。例如，元代南人地位最低，不得為顯官，但於經筵確立制度後，南人進講者的

角力的問題，以達到政權體制的強化，而非儒臣所期待的，以實踐儒家政理爲其宗旨。〔註45〕

　　在脫脫主政後，南人官員的參政機會雖有增多，但以政策參與而言，並無實質提升。事實上，南人官員鮮少擔任高職，參與決策的管道，是以上書論事，將意見反映至政權中心，冀求執政者採而用之，間接完成士人政治理念的實踐。以經筵制度爲例，這是元朝儒者提供建議、影響政治的主要途徑，尤以至正元年（1341）改由宣文閣主事，在體制上更爲完備，且於此後，進講者以南士爲多，是南人官員展現政治抱負的據點。然而，進講儒者雖以裨益治道爲務，力求進言，但當政者未必採用，猶如學者張帆所言，元代的種族界限是難以除去，漢族儒士無法取代色目蒙古貴族的政治地位，想藉由經筵進講發揮政治作用，誠非易事。〔註46〕且在經筵制度愈趨完善的同時，元朝國勢卻愈爲衰弱而走向滅亡，更是應證漢族儒士無法藉由經筵改良政治、施展抱負的殘酷事實。〔註47〕

　　如此而言，幾無參政地位的南人儒士若能成爲當權者的謀臣，應比任職文官更具影響力，不但可爲當權者提供決策發揮政治才能，在其牽引下仕途發展也較入舉士人更爲順利。因此，鄭鉉在北游之後，牽引鄭深與鄭泳於脫脫家就傅，直接置身於政權中樞，反映南人的政治意見爲當政者所知。〔註48〕這正是有意世用的士人在科舉之外，必須北上尋求知遇的理由。這樣的政治環境是脫脫有意促成，還是南人力爭上游的結果？學者檀上寬則言，元廷接納鄭氏意見的基礎是由政界內部主動造成。意指元廷在統治的需求下，有意與頗具社會支配力的鄭氏加以連繫，而鄭氏則藉由深入政權中心的子弟，與脫脫協力重建元朝體制，以保障社會秩序的穩定，鞏固自身的安全與

───────────────

比例極高，皇帝雖未必採用其政治意見，但禮遇甚重，如至正年間，鄭深、鄭濤兄弟進講而榮耀一時之事，對於當時調整社會關係所發揮的作用，則不容忽視。見氏著〈元代經筵述論〉，收入《元史論叢》第五輯（北京：中國社會科學出版社，1993 年），頁 155～6。

〔註45〕 檀上寬認爲，脫脫於至正年間的更化政策，與其說是中國化，不如說是積極的漢化政策。而這些動向隨著元朝政權的衰退，實有強化體制的意味。見〈義門鄭氏與元末社會〉上，頁 61 上。

〔註46〕 〈元代經筵述論〉，頁 155。

〔註47〕 〈元代經筵述論〉，頁 153。

〔註48〕 〈鄭都事墓誌銘〉（《全集》卷 24：8a）：「彥貞仲子泳與從子深同講授脫脫太師家。彥貞爲書數千言，陳時政之弊，會進于太師，太師多採而行之。」

利益。〔註49〕鄭氏子弟陸續投入中央政界，雖懷有擴展家族聲勢的期望，但也可能是元廷的主動招攬。因於鄭氏的社會聲望不只有助中央政權加強對於江南社會的統治，以其與當朝儒臣、地方士人的網絡連結，當能號召南人加強對元廷的認同。由此看來，元廷尊禮儒士，甚至出現以儒治取向的更化新政，皆是以拉攏儒士集團與調合社會關係下的政治策略，目的是鞏固現有的統治體制，並非真以儒法治國，完成元代統治階層的儒化。〔註50〕

　　至正四年（1344）後，脫脫失勢被貶，重要的南人官員也逐漸凋零、離去，〔註51〕伴隨脫脫的新興士人即是鄭深。〔註52〕至正九年（1349），脫脫復職重掌大權，鄭氏地位隨著鄭深受用而提昇，未曾北游的宋濂於同年獲薦翰林編修。但宋濂以親老為由，並未接受元廷的徵召。假如薦舉是出自鄭氏的爭取，宋濂固辭不受似乎於理不合？倘若是來自元廷對於鄭氏的重視而主動招攬，有意用世的宋濂又是有何不能為仕的考量？

三、固辭不就

　　元廷於至正初年間有多次徵召隱士入朝，大都與修史有關。〔註53〕例如：金華名士張樞（1292～1348），曾於至正三年（1343）受徵為本府長史以修三史，〔註54〕而於至正七年（1347），御史大夫太平（1301～1363）監

〔註49〕　〈義門鄭氏與元末社會〉上，頁65上。

〔註50〕　竇德士（John W. Dardess）認為，脫脫推翻反儒勢力的伯顏，代表儒家政治的全面勝利，儒家的政治理念成為掌控元廷政治的主要力量，見 *Conquerors and Confucians: Aspects of Political Change in Late Yuan China*, New York: Columbia University Press, 1973, pp.74～5。不過，依史料而言，這樣的推論頗待考證。基本上，筆者認為脫脫施行更化，是有相當的策略目的，不能說是以儒治國的象徵。

〔註51〕　例如：吳直方在至正七年為御史王士點彈劾躐進官階，奪其宣命降為庶民，見《元史》卷41，頁877，〈順帝紀四〉。其他南人官員如揭傒斯於至正四年卒，黃溍則多次致仕不成，終於至正十年致仕南歸，見《元史》卷181，頁4186；〈黃溍行狀〉，《全集》卷41：11b。

〔註52〕　脫脫於至正七年時隨父徙甘肅，子哈剌章則託予鄭深。鄭深不因脫脫失勢而背離，為時人所義。隔年脫脫回朝多以其言為用，甚為重之。見〈鄭君墓誌銘〉，《全集》卷49：7b。

〔註53〕　例如：脫脫於至正三年徵遺逸脫因、伯顏、張瑾、杜本，而對照〈杜本傳〉可知，杜本受薦為翰林待制兼國史院編修官，可見此次徵召是為修史。事見《元史》卷41，頁869，〈順帝四〉；卷199，頁4477，〈隱逸傳〉。

〔註54〕　《元史》卷199，頁4477～8，〈隱逸傳〉。

修國史，以翰林修撰兼國史院編修官徵召，〔註55〕皆固辭不受。〔註56〕元
廷徵召隱士不以次擢，曾引朝臣非議，但是主持修史的鐵木兒達識（1302
～1347）則言：「隱士無求於朝廷，朝廷有求於隱士，區區名爵，奚足惜哉！」
〔註57〕元廷禮遇儒士是有實際需求，所授官職皆為國史院編修官，是為修
史而召。宋濂於至正九年（1349）薦職為翰林國史院編修官，也是負責國
史修撰。〈行狀〉以親老不敢遠違，作為宋濂固辭的理由，〔註58〕但〈宋太
史傳〉則以宋濂不嗜仕進為解釋。〔註59〕宋濂之父年已七十，因親老固辭
是具正當性，不過，士人不欲為仕多以親老為由，若據王褘所言，宋濂似
屬後者。

　　以宋濂棄舉後對於學術生涯的規劃，應可理解其專注於學而不願出仕的
心態。加上宋濂於至正十年（1350）遷居青蘿，借助鄭氏的藏書與經濟資源
得以全心向學，正是宋濂學術生命的全盛期，應以學術造就為重。但對照宋
濂以仕為義的理念，王褘言其不嗜仕進是有待商確。或者，王褘是指宋濂從
不爭取仕進機會，而非不欲世用。宋濂世用之心十分明確，假如此職是儒者
特選，為何宋濂堅決不受？甚至必須以入山為求道來闡明心志？若以翰林編
修的性質而言，此職是史官，相當合適於有修史之才的宋濂，加上元廷徵召
宋濂是有修史的需求，並非虛職。然而，思及當時南人屢屢上書、迫切為用，
卻不為所重的處境，可猜想宋濂不受此職是有其政治考量。

　　正如前言，南人官員雖在至正新政中積極參與文教工作，但未有實質地
位的提昇。脫脫推行更化政策為元廷帶來旺盛的朝氣，許多南人對脫脫賦予
重望，紛紛北上欲展所長。但是，至正初年的興盛並未持久，脫脫治河失敗
後，朝政又陷入低迷。〔註60〕許多南人也發現，元廷雖是禮遇儒臣，但儒臣
並無參與決策的權力，即使北游士人上書進策，也多不為接受。在至正七年
（1347）之後，北游士人用無其所，陸續黯然返鄉。王褘即是如此，屢次進
策皆不為受，終知世道不可為而歸隱。〔註61〕即使在鄉，王褘也嘗上書江浙

〔註55〕《元史》卷140，頁3368，〈太平傳〉。
〔註56〕《元史》卷199，頁4478，〈隱逸傳〉。
〔註57〕《元史》卷140，頁3374，〈鐵木兒達識傳〉。
〔註58〕《全集》卷首2：2a，〈行狀〉。
〔註59〕《全集》卷首2：3b，〈小傳〉。
〔註60〕《元史》卷66，頁1659～60，〈河渠志〉。
〔註61〕鄭濟，〈王公行狀〉，《皇明文衡》卷62：26a。

行省，屢言用人與治政之法，對於用世十分積極。〔註62〕與王褘相知且共勉的宋濂，理應心志相近，王褘看出世道不可爲，可能宋濂也是如此。

　　然而，處於元代一向不利南人的政治處境，並未使南人喪失用世決心。至少在至正十年（1350）之前，元廷政府還是深得南人的支持。結交權臣，積極進言，爭取元廷的重視，仍是有意用世之南人此時的政治態度。王褘數度出游，多次上書朝中重臣，其中一次上書中書平章札剌爾公，力言薦舉人才的重要，充滿出仕爲用的急切。〔註63〕此中書平章可能是札剌爾氏的朵爾直班（1314～1353），時間應是至正十一年（1351）。〔註64〕朵爾直班字惟中，爲木華黎（1170～1223）七世孫，家中儒者輩出，是元廷維護漢法的重心所在，朵爾直班更是元末知名的儒者。〔註65〕《元史》言其立朝以扶持名教爲己任，薦拔人才不以私怨，且留心經術，嘗主經筵，與漢族儒者不只交往從密更是立場相近。〔註66〕且以接受危素諫言之事，〔註67〕可知朵爾直班與儒者的關係密切，思想型態也頗能相通，深得南人儒臣的信賴，這應是王褘上書力求其薦的主因。

　　從王褘自薦爲用的舉動，應可相信此時江南士人尚無背離元廷的心態。因此宋濂的不仕，不應視爲南人反抗元廷統治的表現，加上宋濂未有自薦之舉，王褘言其不嗜仕進應是事實，而非有不忠於元的意涵。宋濂如此行徑是源自其用世理念。宋濂曾於元末撰寫〈太白丈人傳〉，以寓言明示士人爲用之道。文中以隋代大儒王通（文中子）上書十二策之事爲例，描述其於上京途中遇有隱者示道的經過。王通因憂世未治而上策建言，慨然有濟蒼生之心，頗爲自許。然而，隱者以處子成婚爲例，不待聘而奔是爲賤，認爲士人負策干進如同處子不婚而奔，是自賤其道的不智之舉。其言士人用世之道有三，上者爲「執天之德，以牖帝明，以達帝聰，然其自任以斯道之重，非人君北

〔註62〕例如：蘇天爵於至正十二年任江浙行省參知政事時，王褘曾上書建言，有自薦之意，見〈上蘇大參書〉，《王忠文公集》卷13：23a～5b。而且王褘也曾上書江浙行省丞相，力言治國之要在固結人，總攬政權。判斷此文作於至正十五、六年間，上書對象應是至正十五年任江浙行省左丞的達識帖睦爾，見〈上丞相康思公書〉，《王忠文公集》卷13：26a～8b。

〔註63〕王褘，〈上平章札剌爾公書〉，《王忠文公集》卷13：20a～23a。

〔註64〕朵爾直班於至正十一年任中書平章政事，見《元史》卷139，頁3358，〈朵爾直班傳〉；卷113，頁2851，〈宰相年表二〉。

〔註65〕蕭師啓慶，〈元代四大蒙古家族〉，收入《元代史新探》頁210～1。

〔註66〕《元史》卷139，頁3355～61，〈朵爾直班傳〉。

〔註67〕危素言：「明公之學，當務安國家、利社稷，毋爲留神於末藝。」朵爾直班深服其言。見《元史》卷139，頁3360，〈朵爾直班傳〉。

面而事之，不復輕出，出者必爲帝者師」；次者爲「治天下可運之掌上，然亦不輕於自試，必待王者致敬盡誠而後起而佐之，否則樂耕漁以終其身」；最下者則是「不遠千里衒己求媚君門，如天無路可陟，俯伏闕下魄盾神疲，闍隸見訶不敢出氣。此不自重惜，而徇時射利者之所爲。」〔註68〕可見宋濂認爲道之尊是道之行的關鍵，君主不尊儒道，即使士人負策干進也不得其用。因此，儒道是否能行之天下，是與當政者的態度有關，士人不察時而冒進，將會無功而返。這不只指出王通不得爲用的原因，也具體呈現南人儒者在元代統治下的政治處境，即使脫脫更化政策徵用儒者，推行有利儒化的文教政策，其實也無法轉化元廷體制不以儒用且輕視漢族的政治本質。

由此看來，宋濂十分清楚元廷的用儒心態，自知此時出仕是不得其用，而言「道之興廢係諸天，學之進退求諸己」，〔註69〕鼓勵士人以學爲務，等待用世時機，但是思及儼然成學的王通，進策爲用卻爲隱者所斥的處境，使得宋濂感慨士人行道之難，大嘆出處難爲。〔註70〕因此宋濂放棄仕途，專心學術，隱居著書的時間較王褘等門友稍早。在史料未足之下，尚難確認是否宋濂看出元廷將亡的可能而毅然隱居。元末政治的遽變是起於至正十一年（1351）的紅巾起事，短短數年間天下紛亂，導致南人對於元廷統治喪失信心，紛紛背離。但在至正十年（1350）之前，宋濂應是無法預測日後國亡的危機，其不仕與致力於學是個人心志，純是自我生涯的安排，並非有何政治意涵的表態。然而，在至正十年後，宋濂藉由編纂與刊行文集，彰顯其用世心志和個人聲名，與後來仕明的浙東士人建立連繫，且於至正十六年（1356）聲張其入山著書之行，可言在元廷日漸失去江南，新政權遽然並起的同時，這些舉動必然包含宋濂的政治意圖。

第二節　隱逸生涯

宋濂在固辭翰林編修後，曾以求壽爲名入仙華山爲道士，引起當時士人的非議，因此宋濂請求戴良撰文送行，以平息士論。戴良闡明其志，言其求壽之道是爲存儒者之道，道在則壽在，士人價值會隨著道的傳揚而彰顯，因而士人

〔註68〕〈太白丈人傳〉，《全集》卷40：14b～16a。
〔註69〕《龍門子凝道記》上，《全集》卷51：5a，〈終胥符〉。
〔註70〕〈太白丈人傳〉，《全集》卷40：16a。

無以致用當世，當以存道啓明後世，宋濂求道之舉正是爲此。至正十年（1350），
《浦陽人物記》書成，歐陽玄贈序言其困沉於下未能有遇，宋濂對此已有自覺。
〔註71〕約於同年，宋濂感嘆有志之士不受世用的處境，收錄金元之際五位儒者
的事蹟，撰寫〈哀志士辭〉言以「恨其有志而不能遂也」，正是反映有志不遇的
己身遭遇。〔註72〕宋濂對此十分憂懼，更擔心身後文泯事晦，無以留名。如此
困境已於吳萊生平充份呈現，宋濂從學吳萊多年，深知其心志與遺憾所在，必
是不願步上吳萊後塵。因此，如何彰顯個人價值，託負士人使命，是此時宋濂
最須深思的課題。隨後，宋濂遷居青蘿，開啓十年的讀書、隱逸生涯。然而，
因治學而隱的宋濂可能始料未及，就在這十年內經歷國家危亂、政權分立與逃
難離鄉的亡國命運，結束安樂而短暫的山居生活。

一、亡國危機

　　至正八年（1358）順帝詔許脫脫回朝且復職，並非無由之舉。〔註73〕因
於日漸嚴重的政治危機，順帝必須借重事功見卓的脫脫予以解決。此時政局
比起至元期間是更爲棘手，除了原有的治河問題外，緊迫的財政危機與層出
不窮的社會反亂，迫使脫脫必須果斷處理。脫脫在上任之後，大舉治河、變
鈔諸事，急功近利，力挽財政與社會危局，然而元代滅亡的命運仍是無可避
免。《元史》對於元代之亡的評論是：

> 議者往往謂天下之亂，皆由賈魯治河之役，勞民動眾之所致。殊不
> 知元之所以亡者，實基上下因循，狃於晏安之習，紀綱廢弛，風俗
> 偷薄，其致亂之階，非一朝一夕之故，所由來久矣！〔註74〕

可知明初之人多將元亡歸因於脫脫治河，葉子奇在《草木子》中也認爲是脫

〔註71〕 歐陽玄，〈浦陽人物記序〉，《全集》卷首 1：19b。

〔註72〕 〈哀志士辭〉（《全集》卷 40：8a）：「奇俊之士無世不生，特時人弗識之，或
　　　　 識之而弗能用，或用之而弗能盡其才，所以聲光不流於當世，事業不白於後
　　　　 世，予竊悲之。」

〔註73〕 關於脫脫回朝之事，權衡《庚申外史》言是奇后所爲，但任崇岳認爲奇后因
　　　　 皇太子冊禮不行之事與脫脫有隙，不可能爲之說客，見任崇岳《庚申外史箋
　　　　 證》（鄭州：中州古籍出版社，1991 年），頁 52。而於《元史》所記則是哈麻
　　　　 屢言於順帝，請調近地。並於馬札兒臺逝後，由太平力請上令脫脫歸父葬，
　　　　 故得回朝，見《元史》卷 205，頁 4583，〈姦臣傳〉；卷 140，頁 3369，〈太平
　　　　 傳〉。

〔註74〕 《元史》卷 66，頁 1654，〈河渠志三〉。

脫過度追求事功的諸多變革而導致元代的衰亡。〔註75〕至正十一年（1351）
紅巾起亂，同年脫脫委任賈魯（1297～1353）完成治河工程，若將兩者連結
解釋，元代亡國之因顯而易見。但是《元史》有意澄清這樣的連結，強調元
廷的綱紀敗壞才是亡國的主因。事實上，這樣的意見也反映出元末士人對於
元廷統治的態度，配合以《元史》修史者大多南人出身的修史背景，或許元
廷的綱紀不振正是南人儒士不能支持元朝，選擇背離的根本原因。

　　至正年間的治河問題之所導致元代衰亡，起因於元廷無法應變河患所引
發的政治、社會危機，加上朝內鬥爭不斷，愈使當政者疲於應付。單以朝臣
對於治河與否的爭論，已能顯現元末政局的問題所在。至正四年（1344）夏
天，歷二十餘天的連續豪雨，黃河暴漲北決白茅、金隄，造成中下游多處城
鎮的災情，堪稱元立國來最為嚴重的河災，不只破壞黃河兩岸的農民生計，
造成難以計量的傷亡損失，同時河水漫延運河並至兩漕司鹽場，對於元朝國
計影響甚大。〔註76〕據《元史》記載，順帝深感河患嚴重，嘗遣使體驗河道，
並令大臣訪求治河法略，在至正八年（1348）特命賈魯任行都水監，提出具
體治河方案，舉二十事進言，但元廷只採八事，並未徹底執行。〔註77〕此後
黃河仍多次決隄，除了設立都水監處理河患外，元廷未有確切的治河行動。〔註
78〕然而，在脫脫復相前的四年期間，緊隨河患而來的流民與饑荒問題是愈趨
嚴重，除了鹽場的損失外，賑災所費也造成國庫極大的負擔，卻不見元廷有
何積極對策。至正八年（1348）河災、盜亂不絕，隔年脫脫上任，特對治河
問題召開廷議，然而廷議中人言殊異，各持己見，未能有決。〔註79〕可知多
年來元廷無法立即治河的原因，應是朝臣未有定論，政策不行。脫脫有志事
功，力排眾議採納賈魯的治河方案具體執行，而於至正十一年（1351）功成，

〔註75〕葉子奇認為是賈魯欲立事功於世，屢勸脫脫開田而導致水患，在財政困難下
　　　　又勸其變鈔，而導致物價高昂，之後又主張開河，引發群眾叛變。見《草木
　　　　子》（北京：中華書局斷句本，1959年），卷之三上，頁50～51，〈克謹篇〉。
〔註76〕《元史》卷66，頁1645，〈河渠志〉。關於元代河患與脫脫治河經過，參見邱
　　　　樹森，〈元代河患與賈魯治河〉，收入《賀蘭集》，頁61～86。
〔註77〕至正八年二月詔濟寧鄆城立行都水監，以賈魯都水，見《元史》卷41，頁881，
　　　　〈順帝紀五〉。賈魯於任內提出二十事進言，但事未盡行，見《元史》卷187，
　　　　頁4291，〈賈魯傳〉。
〔註78〕《元史》卷41，頁882～3，〈順帝紀五〉。
〔註79〕對於治河方法的採行，在廷議中爭論不休，有言築堤，有言疏河，而賈魯力
　　　　言疏南河、塞北河之法，但廷議莫能決。見《元史》卷186，頁4280，〈成遵
　　　　傳〉。

〔註 80〕所作工程在二十年內未有決溢。〔註 81〕雖言脫脫的決斷使得治河工程順利完成，但於議成到執行的兩年內，仍有廷臣力言不可治河。〔註 82〕顯然，這種各執其詞、難有定論的論政模式，是元末政府面對緊急危難的常見型態，每於議論間失去解決問題的良機，導致事態擴大終至難以收拾的局面。

　　宋濂爲此撰作〈治河議〉，對於部份廷臣的治河態度相當不滿，認爲「財成天地之化，必資人功而後就」，不可將河決歸於天事，輕言人力難爲。〔註 83〕宋濂主張以分流方式解決河患問題，不同於與賈魯以塞疏並舉的治河之法。〔註 84〕以宋濂偏居江南未有仕職的身份，對於朝中爭議也如此熱衷，可見此事引起波瀾甚大。南方士人所關心的不只是朝政的運作，更爲注意元廷治理江南的施政情形，這是南人判斷元廷統治能力的主要依據。然而，在河患問題所引發的財政與社會危機下，元廷對於南方的控制明顯地疏忽許多，除了四起的小型民亂外，佔據運河、奪取歲糧的海賊與鹽徒問題也愈趨嚴重。

　　至正六年（1346），運河商旅船受劫，兩淮運使宋文瓚深恐運糧河道爲賊所持，〔註85〕進言追兵緝捕，不聽。〔註 86〕七年（1357），沿江盜起，官兵不能討，而爲鹽徒所平，宋文瓚再次進言，乞求朝廷選派強兵鎮守海防與江岸，否則「東南五省租賦之地，恐非國家所有」，但元廷仍不爲所動。〔註 87〕八年（1358），方國珍（1319～1374）聚眾海上，劫運河歲糧，官軍不能平，最後授官招撫，極損朝廷威信。〔註 88〕然而，在強烈的財政需求下，爲求歲糧正常供應，與賊共存成爲元廷日後的平亂模式，逐漸喪失江南的統治與經濟主權。方國珍和鹽商出身的張士誠（1321～1367）是以劫糧、控制河道或港口的方式掌握江南經濟命脈，逼使有財政壓力的元廷與之安協。〔註 89〕基本上

〔註80〕《元史》卷 66，頁 1645～6，〈河渠志〉。

〔註81〕〈元代河患與賈魯治水〉，頁 77～84。

〔註82〕至正十一年脫脫下令開河，成遵曾與賈魯視河，而後千里堪察地形，遍閱史籍，以爲河道不可復，與禿魯進言脫脫不可開河，否則饑民聚集恐有事端，但爲脫脫所斥，終不聽。見《元史》卷 186，頁 4280～1，〈成遵傳〉。

〔註83〕宋濂〈治河議〉，《全集》卷 43：2b。

〔註84〕〈治河議〉，《全集》卷 43：1b～2b。

〔註85〕宋文瓚字子璋，裕州人，官至兩淮都轉運鹽使，其生平事蹟見，劉基，〈宋公政蹟記〉，《誠意伯文集》卷 6：24。

〔註86〕《元史》卷 41，頁 875，〈順帝紀四〉。

〔註87〕《元史》卷 41，頁 879，〈順帝紀四〉。

〔註88〕《元史》卷 143，頁 3424～5，〈泰不華傳〉。

〔註89〕基本上，至正十六年後江浙行省的主權由楊完者與張士誠把持，達識帖睦爾於行省的最高統治權早已旁落。關於元末江浙行省的主政概況見，劉如臻，〈元

元廷只在乎歲糧的有無，行政權落之誰手似乎無關緊要，但江南的政治秩序是日漸混亂，寄求秩序恢復的南方士人，不滿政府招賊爲官的舉動，視此爲刑賞倒施，破壞綱紀，對於元廷是大失所望。〔註90〕可以想像如此心態累積到至正十四年（1354），當脫脫圍勦張士誠有功，卻爲元廷召回解職導致兵敗，且授張士誠爲官，顯見元廷敗壞朝綱已至極，無可挽救與寄託下，直接導致南方士人的全面背離。

　　江南與江北的叛亂起因並不相同，但是元廷統治力明顯衰落，導致亂事四起無法彌平卻是事實。〔註91〕至正十一年（1351）直接引發大亂的紅巾起事，以河南、江淮爲中心，據載是由參與治河工程的河工聚眾發起，〔註92〕但是學者邱樹森以起事時間、地點加以研判，治河工不但未加入起事且是如期完成工事，而劉福通與韓山童選擇於距治河地甚遠的潁州起事，並未考慮河工力量的加入，基本成員是以信仰白蓮教的皖北貧苦農民爲主。〔註93〕但是，在國家紛亂的同時，脫脫不惜所費大舉治河與變鈔，追求事功而枉顧民生，成爲世人指責的禍亂根源。〔註94〕因此在紅巾起亂後，地區亂事演變爲全國反亂，加上江南經濟命脈已爲海賊與鹽徒所佔據，此時的元廷統治是：內則綱紀敗壞，充斥財政危機，外則喪失地方控制力，政令不行，已然呈現分崩離析的天下局勢。

　　爲求政府統治能力的提昇，元廷打破不以南人任用樞職的成規，於至正十二年（1352）下令，南人凡有才學皆可任職中書省、樞密院、御史臺。〔註95〕這應是脫脫的本意，面臨危局急須用人之際，重用南人儒臣應可鞏固統治體制，並可加強南人對元廷的支持。在至正十二年（1352）左右，可見不少南方士人有上書求薦的尋仕動作。王禕的三封求薦書正是寫於至正十二年前後，而進士

代江浙行省研究〉，《元史論叢》第六輯（北京：中國社會科學出版社，1997年），頁115～117。

〔註90〕《草木子》卷之三上，頁49～50，〈克謹篇〉。

〔註91〕關於至正十一年後的紅巾起事與諸多亂事的記錄，包括張士誠於江南的崛起以及據地經過，詳見《南村輟耕錄》卷29，頁356～9，〈紀隆平〉。

〔註92〕《草木子》卷之三上，頁50～51，〈克謹篇〉。

〔註93〕〈元代河患與賈魯治水〉，頁82～84。

〔註94〕在元末流行一闋〈醉太平小令〉：「堂堂大元，姦佞專權，開河變鈔禍根源，惹紅巾萬千。官法濫，黎民怨，人喫人，鈔買鈔，何曾見。賊作官，官作賊，混賢愚，哀哉可憐！」收於陶宗儀《南村輟耕錄》卷23，頁283，〈醉太平小令〉。

〔註95〕《元史》卷42，頁896，〈順帝紀五〉。

出身且多年不調的楊維楨（1296～1370）也於此時上書多位顯官，請求薦職。
〔註96〕可以想見，這個政令使多數南方士人重興入仕希望，尤其在國家危難之
際，正是有志士人發揮才能的大好時機。然而，此事猶如曇花一現，在至正十
二年（1352）後實際登上省臺之職的南人是少之又少。〔註97〕由此可言，在仕
進管道的長期缺乏下，阻礙南人藉由參政改變元廷統治的可能，面對當前的政
治、社會危機，有志士人無以獻策參與解決，又對元廷的處置方式十分不滿，
在短短數年間，南方士人不但失去在更化時期爭取加入元廷體制的熱情，且是
日漸放棄改革元廷的期待。在至正十四年（1354）之後，士人見及元廷已然衰
敗的事實，不再希望元廷統治的持續，轉而尋求其他強權勢力的寄託。這成爲
南人政權得以快速興起，並於短期內取代元朝的主因。

　　元朝陷入全國性大亂後，引發南人背離元朝的關鍵是來自元廷的討賊態
度。至正十二年（1352），紅巾芝麻李佔據徐州，脫脫率軍討之而功成。〔註
98〕十三年（1353），張士誠據高郵稱王，建號大周。〔註99〕鑑於脫脫收復徐
州之功，順帝再派脫脫領軍出征高郵。據載脫脫此出是「旌旗累千里，金鼓
震野，出師之盛，未有過及」，〔註100〕可知元廷爲保江南的經濟主權，已是全
力一搏，脫脫也不負眾望地戰勝連連。然而，在幾近成功之時，順帝以勞師
費財之名罪詔脫脫返朝解職，使得元廷失去制敵勝機，也失去江南的主權。〔註
101〕臨陣解職不但動搖軍心，導致征討軍隊的全面解體，且將廷內的政治鬥爭
擴展至外，不只嚴重損及朝廷威信，更直接暴露元廷政權已然衰落的事實。
脫脫的失勢與征討行爲的失敗，打擊最大的應是期待政治秩序恢復的南方士
人。《元史》有言：「脫脫以太師、右丞相統大兵南征，一切軍資、衣甲、器
仗、穀粟、薪稿之屬，咸取具於江浙。」〔註102〕可見此征仰賴江浙甚多，其

〔註96〕楊維楨，〈上樊政書〉，《東維子文集》（四部叢刊）卷27：3b～a；〈上寶相公
　　　　書〉，卷27：4b～5a。
〔註97〕《元史》卷187，頁4297，〈周伯琦傳〉：「十二年，有旨令南士皆得居省臺，
　　　　除周伯琦兵部侍郎，遂與貢師泰同攉監察御史。兩人皆南士之望，一時榮之。」
　　　　另外，據劉如臻的研究，在至正十六年後出現一批南人行省宰相，其中一類
　　　　是有才學的儒臣，在至正十二年詔令後得以任命爲相，見〈元代江浙行省研
　　　　究〉，頁116。不過，就人數而言，實際被任命的南人是爲少數。
〔註98〕《元史》卷42，頁902，〈順帝紀五〉。
〔註99〕《元史》卷43，頁909，〈順帝紀六〉。
〔註100〕《元史》卷138，頁3374，〈脫脫傳〉。
〔註101〕《元史》卷43，頁917，〈順帝紀六〉；卷138，頁3347，〈脫脫傳〉。
〔註102〕《元史》卷142，頁3398，〈慶童傳〉。

對勝利的期待也是最高。然而，如此耗費卻仍失敗，且將功臣入罪至死，使得南方士人不禁有國之將亡的感慨。〔註103〕尤其在至正十五年（1355）後，掌握江南經濟的方國珍、張士誠形同割據，紅巾立國爲宋且大肆舉兵，〔註104〕加上諸多政權據地而立，天下分裂儼然已成，元廷政府似是名存實亡。

因此，在元廷步上衰亡的期間，南方士人的出處心態也逐漸轉變。至正十四年（1354）之前，士人未能預料有新政權的取代，是寄望於元廷改革以拯救危局。但於高郵之役後，元廷威信已然不振，叛亂集團大肆舉兵、稱國，士人深感國有將亡的可能，對於未來時勢發展與個人處境是極爲焦慮。且於興兵之際，面對身家安全的顧慮與據地諸雄的招攬，士人對其未來出路的選擇是更爲迫切。尤其考量以新政權取代的可能，許多有志用世的浙東士人急將個人心志與政治理念，落實於仕隱思想與行爲的展現，而於短期內出現蓬勃的創作文集與政治行爲。由此而言，宋濂原持棄仕就學的心態，是否隨著局勢動盪而變化？且於日漸混亂的局勢中，是否也有元朝將亡的預想？其於隱居期間，所爲何事，所欲爲何，政治心態與動向又是如何？是否與日後仕明有所關連？這應從宋濂與浙東士人的連結談起。

二、浙東士人的連結

在宋濂讀書青蘿的十年生涯中較爲顯明的行事，在於文集編纂工作的積極參與。宋濂身爲多位名儒的重要門人，爲師編纂文集在所難免，但於數年內，連續編纂柳貫、吳萊、黃溍的著作，且刊行自身文集，看似相當迫切。柳貫文集刊行於至正十年（1350），吳萊文集編纂於十二年（1352），〔註105〕黃溍文集則於十五年（1355）刊行。從至正十年到十五年間，已見社會局勢之動盪，宋濂向有文泯不傳的顧慮，思及當前時勢的多變，與文人難以鳴世的處境，對於文集編纂是更爲積極。然而，三位名儒於浙東皆盛享文名，門

〔註103〕葉子奇有言：「至正壬辰間，貶丞相脫脫詔書，端明殿忽傾圮如倒狀，天兆其戒，卒之不悟。悲夫！元朝之亡，蓋決於此。」見《草木子》卷之三上，頁43，〈克謹篇〉。

〔註104〕《元史》卷44，頁922，〈順帝紀七〉。

〔註105〕胡翰〈淵穎吳先生集序〉：「門人宋濂懼其泯而不傳，迺彙次其詩文爲集若干卷，俾翰爲之序，……至正十有二年秋八月二十六日門人金華胡翰謹序。」見《淵穎吳先生集》（四部叢刊）卷首序：1a～b；亦見於《淵穎集》（金華叢書）卷首原序。

人甚眾，何以皆由宋濂主事編纂？考量以宋濂的身份與文名，除了深得三者之傳且交誼深厚外，義門鄭氏的聲譽與財力支持，與及宋濂於當地士人圈的地位，皆可爲其主因。

三本文集中吳萊文集最晚，在至正二十五年（1365）才由宋濂刊行。柳貫與黃溍皆有仕名，分別在戴良、王禕的奔走延請下，由余闕、貢師泰（1298～1362）交付學官送梓，促其成事。而吳萊文集則全由宋濂主事，包括文序的招攬，文章的整理、編次以及刊行，未有官方資源的提供，可見宋濂有意流傳吳萊文集的決心。宋濂於〈淵穎集序〉有言：「濂從公游者最久，既受此編以歸，迺私序卷端，實諸篋衍而擇善學者授焉」，〔註106〕意指將延請學者爲之撰序，其中一篇是劉基（1311～1375）所寫。文中有言：

> 予雖與吳先生同爲浙東人，而各里其里，無事不相來往，不及見吳先生。今得偶宋先生於羈旅，且因宋君而得見吳先生之文，乃知浙河之東以文章鳴於世者，無時而乏。〔註107〕

雖言宋濂、劉基是開明二大文臣且相知甚深，但於此前兩人素不相識，無論人脈與活動範圍也少有相涉。至正十三年（1353）元廷詔撫方國珍，但劉基力言討懲方氏，而爲上官駁斥羈管於紹興，期間三年劉基行跡遍佈杭、越一帶，參與各式文人集會，交游賦詩十分相得。〔註108〕其言羈旅應於此時，推測劉基與宋濂的結識是在浦江或諸暨的文人聚會，而於會中出示吳萊文集，並延請劉基爲之撰序。〔註109〕文中劉基提及於此前曾見宋濂之文，並爲其撰序之事。〔註110〕此序收於《宋文憲公全集》，有言：「及待罪居越，得宋君景濂潛溪集觀之，然後知造物之不喪斯文，而光嶽之氣猶有所鍾也。」〔註111〕此時約於至正十三、四年左右，〔註112〕劉基見宋濂之文而驚歎，應是只知其

〔註106〕《淵穎集》，卷首原序，頁 2b。
〔註107〕《淵穎吳先生集》，卷首序，頁 3b。
〔註108〕黃伯生，〈故誠意伯劉公行狀〉，《皇明文衡》卷 62：2b。
〔註109〕劉基〈淵穎吳先生集序〉（《淵穎吳先生集》卷首：3b）：「今年宋君以其師吳先生之遺文若干卷示予。」
〔註110〕〈淵穎吳先生集序〉（《淵穎吳先生集》卷首：3b）：「予嘗悲今之文章者皆不如古，及見宋君景濂而心服之。嘗爲敍其文集，以命後進。」
〔註111〕劉基，〈潛溪集序〉，《全集》卷首 1：13a～b。
〔註112〕劉基於序中署名：「文林郎江浙等處行樞密院都事青田劉基」，劉基任此職是於至正十三年羈管之前，而於至正十六年江浙行省復以都事起用，判斷此序撰著之時應於劉基羈管紹興期間。

名未識其人，而於日後的文人集會得以相見。可見，文人間的文集流傳與徵
序交游，是兩人結識且於日後心志相合的契機。

宋濂擴展文名與結交文人的方式，應與文集的刊行流傳十分相關。宋濂
〈潛溪集〉於至正十六年（1356）由鄭氏主事刊行，在此前宋濂文集是否刊
行，則未知。以鄭濬於〈潛溪集〉的刊行識中所言，此集是以鄭濤編彙之本
為底，加上部份新作，由鄭鉉取之付梓為刊刻本。〔註 113〕可知在刊刻之前，
鄭濤已將宋濂之文加以編集，並於士人間傳閱為其徵序。鄭濤曾於至正十三
年（1353）作宋濂小傳，〔註 114〕應是附於集中隨之流傳，鄭濤編集宋濂之文，
是有意藉以文人交游推薦宋濂為世人所知。事實上，在至正初年，陳旅得見
宋濂之文且予序之，也是經由文人集會的管道，而授集之客很可能是當時北
游的鄭氏族人。〔註 115〕因此，宋濂文集在刊行之前，已於文人間廣為流傳，
且為交游廣闊的劉基所見，撰序聲揚，更助於宋濂文名的擴張。可知，在至
正十二、三年間，藉由文集的傳佈，宋濂於浙東一帶已有相當聲譽，且透過
文人間的交游徵序、詩文唱和，與其他浙東士人互通聲息，對其學術地位的
提昇與士人網絡的建立皆具貢獻。

宋濂難得遠遊，其士人交游的建立，是與鄭氏有關。以鄭氏於元末崇高
的政治、社會地位，官員、士人多與之結交，幾可視為浙東士人的結集中心，
透過鄭氏的人脈網絡，宋濂很能熟悉當時的士人動向與政治變化，而鄭氏的
政治立場與動向，也很可能影響其他士人對於元廷與分立政權的態度。基本
上，鄭氏支持脫脫的態度是相當明確，在至正十四年（1354）脫脫征討高郵
時，鄭深、鄭泳皆隨軍而行。〔註 116〕鄭氏寄予脫脫的，不外是政治綱紀的重
建、社會秩序的恢復，但在脫脫釋權入罪後，諸多期待形同泡影，當時鄭深
即言：「天下自此多故矣」，旋而南辭。〔註 117〕而其他為官的鄭氏族人相繼辭
官歸鄉，即使是支持至元亡前的鄭濤，也因反對招撫張士誠而為時宰罷黜。〔註

〔註 113〕〈潛溪先生小傳〉，《潛溪前集》卷末附錄，頁 2a～4a。
〔註 114〕《潛溪前集》書末編識言。
〔註 115〕陳旅〈潛溪集序〉（《全集》卷首 1：2b～3a）：「及客有授予文一編者，予得
　　　　讀之。見其辭韻沉鬱類柳公，體裁嚴簡又絕似黃公，驚而問焉，乃二公之鄉
　　　　弟子，宋君為之也，因作而日。」
〔註 116〕關於鄭深隨征記載，見〈故江東僉憲鄭君墓誌銘〉，《全集》卷 49：8b～9a；
　　　　鄭泳則見《金華賢達傳》卷 10：9a，〈鄭泳傳〉。
〔註 117〕〈故江東僉憲鄭君墓誌銘〉，《全集》卷 49：8b～9a。
〔註 118〕《金華賢達傳》卷 10：8b，〈鄭濤傳〉。

118〕可見鄭氏政治態度之明確，這應是當時南方士人的普遍心態。由此而言，當鄭氏族人放棄政治期待而返鄉，是否表示南人對於元廷政府已然喪失信心，不再認同其統治主權，而有天下將亂的準備？

至正十五年（1355）脫脫逝於雲南，〔註119〕以其為首的改革力量就此解散，同年元廷追奪吳直方集賢大學士的官銜，顯示南人勢力於政權中心的衰落。〔註120〕在宋濂的門友中以王禕最求世用，終知世道不可為，於青巖山尋得隱逸之地，構屋而居，其時也約於至正十五年。〔註121〕至於選擇隱世的理由，王禕有言：

> 仕隱二趨吾無固必也。十年以來，吾南走越北走燕，而惟利祿之是干，其勞心苦思殆亦甚矣！是豈志於隱者乎！今天下用兵，南北離亂，吾之所學，非世所宜用，其將何求以為仕籍？使世終不吾用，吾其可以枉道而徇人？則吾終老於斯，益研窮六藝百家而考其聖賢之故，然後託諸言語，著成一家之書，藏之名山，以俟後世，何不可哉？〔註122〕

王禕以歸隱著書自期，是亂世士人實踐心志的另方途徑，可言是抱用之士於事不可為下的消極選擇。宋濂也在至正十六年（1356）感慨世不我知，不能見其一割之用，毅然入龍門山著書。〔註123〕然而，宋濂所言不能見一割之用，是否有期待新政權之意？王禕嘗言宋濂因世亂不欲事表顯而入山著書，〔註124〕但於短期間書成刊行、入山之舉皆為顯明事蹟，非有不欲事顯之意，且能引起諸多士人的回響，雖言亂世為隱是士人常見之舉，但於同時王禕、胡翰、劉基等人皆聲言入山，且有撰著流傳，很難不與之連想。而且，宋濂在兩年內連續刊行文集，十六年（1356）刊行《潛溪前集》，隨之《凝道記》、《燕書》、《潛溪續集》、《蘿山吟稿》，紛紛結集出刊。王禕嘗著〈宋太史傳〉，彰顯宋濂學行與思想內涵，判斷撰作時間也於此時。〔註125〕可言，宋濂入山著書應不只於個人思想的

〔註119〕《元史》卷138，頁3348，〈脫脫傳〉。
〔註120〕《元史》卷44，頁924，〈順帝紀七〉。
〔註121〕王禕，〈青巖山居記〉，《王忠文公集》卷5：17b。
〔註122〕〈青巖山居記〉，《王忠文公集》卷5：18a～b。
〔註123〕〈龍門子凝道記題辭〉，《全集》卷51：1a。
〔註124〕〈宋太史傳〉，《全集》卷首2：2b。
〔註125〕文中所記之宋濂生活型態明顯是尚未仕明之前，但在至正十八年後宋濂顛沛流離，不可能如文中所言悠游自得，且提及宋濂撰成《凝道記》並流傳於世，可見王禕撰著之時應於至正十七、八年間。見〈宋太史傳〉，《全集》卷首2：2a～3a。

寄託，也有彰顯心志爲世所知之意，這與日後應詔之舉應有密切關連。

三、龍門著書

至正十六年（1356）十月，宋濂感慨世亂不遇，偕弟子鄭淵入小龍門山著書。〔註126〕龍門位於仙華山西庵，以南北山腰對峙，飛瀑懸空而下得名，宋濂於河畔隱居著書，號爲龍門子。〔註127〕其間著成《龍門子凝道記》，是宋濂畢生讀書的思想精華。宋濂曾言聖賢之道欲凝之而未成，〔註128〕視凝道爲治學的終極目標，故而《凝道記》的撰成，表示宋濂的讀書生涯已告段落，進入思想成果的展現階段。不過宋濂於此時入山，是與當時情勢有關。

至正十五年（1355）一月朱元璋（1328～1398）攻下長江北岸的和州，準備渡江取建康（南京）。〔註129〕六月渡江，取采石、太平路，〔註130〕順江而下於十六年（1356）三月攻取集慶、鎮江。〔註131〕由此長江下游已爲控制，進兵江南有充份的勝算，而於建康設置行政體制，稱號吳國公。〔註132〕以建康爲中心，長江爲屏障，驅兵直下，數月內攻取廣德路、寧國路、徽州路，逼進浙東。南京的佔領是非比尋常，長江天險一旦喪失，攻取江南是指日可待。因此，宋濂應可覺察大軍入境的可能，而有世亂道微的憂懼，然其讀書多年尚未有成，選擇入山撰著，寄託心志爲後世所知，是未逢知遇下不得不然的決定。至正十八年（1358）三月，明軍攻取建德路，直逼婺州。六月兵入浦江，宋濂避難逃入諸暨，結束治學生涯。〔註133〕兩年間，宋濂完成與刊行的撰著，包括《潛溪集》諸集、《凝道記》、《燕書》、〈諸子辯〉，皆是展現治學所成的重要著作。

《凝道記》的結構是單篇成文，在入山前應有部份流傳。宋濂編撰此書是頗具深意，設計以四符、八樞、十二微，其曰：「符言合，樞言奧，微言蘊也。總二十有四篇，以按一歲之氣。」且言：「用竹簡正書藏之石室，百世之下庶幾

〔註126〕〈宋公行狀〉，《全集》卷首2：2a。
〔註127〕祝普文編著，《宋濂寓言選釋》（北京：書目文獻出版社，1988年），頁2～3。
〔註128〕〈白牛生傳〉，《全集》卷40：16a。
〔註129〕〈明太祖實錄〉卷2，頁1a～5b。
〔註130〕〈明太祖實錄〉卷3，頁1a～6b。
〔註131〕〈明太祖實錄〉卷4，頁1a～2b。
〔註132〕〈明太祖實錄〉卷4，頁3a～b。
〔註133〕宋濂，〈宣尉曾侯嘉政記〉，《全集》卷43：17a；〈諸子辯後序〉，《全集》卷36：17b。

有好之者。嗚呼！德弗加於時，欲垂空言以詔來世，古志士之深悲！」〔註134〕
可見，以此爲世人所知，並非宋濂眞正心志，但在世亂不遇下，宋濂若不著書
自見，恐有人亡文泯之虞。此書不只展現宋濂的思想特質，更將宋濂的當下處
境與仕隱心態以最鮮明的方式靈活呈現。因爲宋濂以寓言體裁爲全書的基本架
構，藉由故事陳述以寓其意，帶有教訓與啓示的警世意味。此種體裁自古有之，
卻在元末有蓬勃發展的趨勢。宋濂是否爲元末寓言撰著的先鋒者，尚待考證。
不過，在《潛溪前集》中錄有多篇寓言創作，〔註135〕此集所收是宋濂早期之文，
可見宋濂始撰寓言的時間至少早於至正十六年（1356），其中以〈寓言〉爲名的
五首寓言，很可能是史上唯一名實相符的寓言作品。〔註136〕

　　元末寓言的興起始於至正十五、六年政權分立之際，而在明代立國之後遽
然減少。從現有資料得知，至少宋濂是早於劉基開始撰寫寓言，而劉基在至正
十七年（1357）隱山著書之前已知宋濂撰有《龍門子》，〔註137〕或已見過部份
流傳《凝道記》。雖未有確切史料證明，劉基創作寓言是來自宋濂的影響，但以
王禕、蘇伯衡皆有寓言著作而言，這可能是當時浙東士人表達政治理念的文學
手法，其中最爲代表者，應是在浙東未亂前就已完成，且於士人圈中廣爲流傳
的《凝道記》與《燕書》。〔註138〕宋濂能於一年內快速撰成二作，應有立即傳
佈的意圖，且以當時宋濂的文名與交游情形而言，流傳情況應爲熱烈。〔註139〕

　　以寓言作爲個人理念與時事評論的抒發，是取自上古道家的撰著模式，而
宋濂於元末自稱仙華生、元貞子，曾言入山爲道士，喜於學玄、學氣與求壽之

〔註134〕〈龍門子凝道記題辭〉，《全集》卷51：1a。
〔註135〕《潛溪前集》收有〈寓言〉（2：5b）、〈撲滿説〉（7：4a）、〈琴操〉（7：4a）、
　　　　〈書客言〉（8：6b），皆爲寓言故事。
〔註136〕顏瑞芳，《劉基、宋濂的寓言研究》（國立師範大學國文研究所碩士論文，1990
　　　　年），頁2。
〔註137〕宋濂以龍門子稱號的撰著唯有《凝道記》，劉基序《潛溪集》時提及宋濂尚有
　　　　《龍門子》別爲卷，此書應是《凝道記》，不過宋濂尚未將其成書，故未題名。
　　　　因書中皆以龍門子自稱，當時士人以《龍門子》稱其書是相當可能。見劉基，
　　　　〈潛溪集序〉，《全集》卷首1：13b。
〔註138〕《燕書》爲四十則短文寓言，於元末刊行時應是收於《潛溪後集》中，並未
　　　　單獨成書。關於《燕書》刊行情形，請參考陳方濟，《宋濂之生平及其寓言研
　　　　究》（國立政治大學中國文學所碩士論文，1991年），頁192～195。
〔註139〕《四庫總目題要》有言《凝道記》原收於《潛溪集》中，判斷《潛溪續集》
　　　　應於至正十七年刊行，其中收有《凝道記》與《燕書》。劉基曾爲宋濂撰序，
　　　　此序未收於《潛溪前集》，可能是刊於《潛溪續集》，續集且有歐陽玄序之，
　　　　可見宋濂當時文名與士人地位。

法，確有道家或道教的思想傾向。因此，龍門著書與入仙華山求道二事似有關連。龍門位於仙華山中，入山求道與著書凝道，可言同事，求道是爲凝道，書成表示求道有成。然而，《凝道記》的體裁、筆調皆類道家著作，而貫穿全書的主題之一，卻是傳統士人關懷的仕隱課題。看似道家爲形實以儒家爲骨的撰著設計，充份顯現宋濂居於隱而志於仕的元末處境。由此可言，龍門著書之舉是宋濂入山求道的具體實踐，或許宋濂不只一次入山，也不盡然專爲著書，甚至曾爲世人所議，但是此行確是顯現宋濂學識與心志，且爲當時士人頌揚、追隨的重要事蹟。宋濂是否眞爲道士，由其稱號看來是不乏可能，不過宋濂撰著《凝道記》所言皆是儒家聖賢之道，可知戴良謂其求道是存儒者之道，應是確實。此舉不只履行宋濂的求道理念，且能體現士人藉由著作寄託心志的出處型態，在當時應是相當普遍。劉基曾撰〈送龍門子入仙華山辭〉，有言：

> 龍門先生既辭辟命，將去入仙華山爲道士，而達官有邀止之者。予弱冠嬰疾，習懶不能事，嘗愛老氏清靜，亦欲作道士，未遂。聞先生之言，則大喜，因歌以速其行。先生行，吾亦從此往矣。〔註140〕

此文撰於元末，確切時間則不明，可能是宋濂與劉基相識時所作。宋濂與劉基是如何結識與連繫，並不明確，應是透過士人交游。但是兩人各居其地如何交游？可能是劉基在至正十三年（1353）後游於浙東而結識，也可能是至正十六年（1356）後劉基於石抹宜孫幕下時連絡軍務過地浦江而識，可確定的，兩人是相知甚久，互聞其名，且以此文與前言序文可知，劉基對於宋濂是相當推崇，不只於文，包括心志與思想取向皆能相契。劉基以文速其入山之行，亦言將爲此往，判斷劉基隱歸青田撰著寓言《郁離子》，是有受到宋濂的影響。〔註141〕

　　然而，兩人在天下紛擾之際撰寫寓言的目的爲何？宋濂在《燕書》題言：「玄黃之間，事變無垠，辯士設喩，以風以陳，質往舊開今新，作《燕書》四十首。」〔註142〕且言取自鄢人誤書舉燭之義爲創作動機，大有裨益政教、世人之意。鄢書燕說雖有穿鑿附會之誤，但使燕國得以大治，也是美事。宋濂以寓言撰著，正是爲此。宋濂應是察覺時勢變動，儒者的政治意見有被接受的可能，故而提供當政者與士人關於治國與用世的建言。《燕書》撰成後，學者反應熱烈，言其有秦漢之風，不過宋濂相當自愧，認爲自己在世亂後神

〔註140〕《全明詩》卷52，頁397。原文收於明初刊行的《覆瓿集》。《覆瓿集》所收皆是劉基於元末的詩作，可見此文是元末所作。
〔註141〕黃伯生，〈故誠意伯劉公行狀〉，《皇明文衡》卷62：2b～3a。
〔註142〕《全集》卷37：1a。

情銷沮、氣薾辭荒，與秦漢之文相較，不啻優孟之似孫叔敖。〔註143〕宋濂的自謙，似乎意謂在無以從政下，藉由諷喻文字表達治國、用世理念，猶如優孟般以假亂眞，但是若能發揮郢書燕說的功效，使讀者有悟而裨益於世，雖未能仕也可間接用世。此外，宋濂曾以連珠體裁創作諷喻達旨的短文五十首，而王褘、劉基也有類似作品。〔註144〕據言連珠是「興於漢章之世，班固、賈逵、傅毅咸受詔作之」，其體「不指說事情，必假喻以達其旨，而覽者微悟，合於古詩諷興之義」，〔註145〕而宋濂取其諷喻達旨之意創作爲文，由中呈現個人的思想精義與現世觀感，也是極具用世關懷。這種假喻託旨的寫作手法是元末宋濂表達思想的主要途徑。

　　由此而言，元末寓言作品的盛行，是與撰著者的政治心態有關。在浙東之外，並無如《郁離子》、《凝道記》的寓言專著，其藉喻達旨的現世取向，更是反映浙東士人的經世理念。可言寓言作品的蓬勃發展，是士人無以爲用又不滿當世政局下，將寓言化身爲表達己見的利器，託寄個人的思想理念、政治抱負與時事觀感，期待爲人所悟而予以實踐，故於政權分立的易代之際密集出現。撰著者以宋濂、劉基爲知名，皆是極具用世之心與政治期待，日後爲明太祖所重而用之，是合其所望。不過，與劉基不同的是，宋濂對於時事、官政的諷喻較少，特重於士人出處與治國理念的闡明，尤對仕隱心態與出仕標準的申明是更爲強調，這與宋濂的當下處境有關。

第三節　仕隱抉擇

　　元末政局的變化帶給士人的主要衝擊不只於政治社會的動盪，而是仕進機會的遽增。起先是元廷爲求地方動亂的有效弭平，賦與行政與軍事單位更多的行使權力，各有自置的軍隊與人員任用，形同地方勢力，割據一方。許多士人加入入這些陣營成爲謀客，例如：曾任丞相的別兒怯不花（？～1350）於至正二年任職江浙行省，其間杭州發生大火，民不聊生，在處理賑災事宜

〔註143〕《全集》卷37：14b。

〔註144〕與宋濂相近的浙東士人中，只有王褘與劉基有連珠作品，可見三人相互影響的程度。宋濂是確切在元末創作，而王、劉二人的創作時間不明。見王褘，〈演連珠〉，《王忠文公集》卷15：6b～15a；劉基，〈擬連珠〉，《誠意伯文集》卷8：25a～32b。

〔註145〕宋濂，〈演連珠〉，《全集》卷38：1a～4b。

時，是鄭深爲之謀劃、獻策加以解決。爾後鄭深不受其用，轉而投效脫脫，日後隨其得勢而飛黃騰達。﹝註146﹞由此可知，擔任賓客是元末士人普遍的入仕途徑，時勢愈是動盪，入仕機會愈多，已然造成士人奔競求仕之風。宋濂專注學術，反對士人枉道干祿的求仕行爲，曾斥言：「祿可干也，仕當爲道謀，干之私也」，﹝註147﹞對於奔競之風下士節敗壞的情形有諸多省思。

學者竇德士認爲，元末士人有較多的出仕機會，卻無施展抱負的職權。如此進退兩難的政治處境，衍生出兩種士人心態：一是，固守儒學理念，拒絕出仕不以儒用的元廷政府。二是，選擇順從，即使遭受貶抑，仍不放棄服務政權的機會。﹝註148﹞早年宋濂不仕，秉持的是前一態度。然而，隨著易代可能的增大，有志士人企圖在元廷之外，尋求可實踐理念的合作陣營，以求國家秩序的恢復，宋濂也是如此。不過，宋濂的出仕心志雖是明確，出仕行爲卻不主動，這與宋濂的仕隱原則有關。

一、以仕爲義

學者王明蓀研究元人的仕隱行爲，對於不仕而隱的類型有以下分別：一、自視出仕條件或能力不足者；二、不滿當朝政風與用人需求；三、欽慕古代隱士而法之；四、因道不行、時不用而隱；五、不樂於仕的人生觀；六、忠於故國而隱；七、爲義而隱者。﹝註149﹞以士人不仕之由所區別的類型，頗爲簡明易分，但對徘徊於仕隱選擇的士人而言，考量不仕條件的理由可能多有涵括。例如：宋濂固辭編修時，曾以不適於仕爲由，向戴良解釋不仕之理。而王褘則言其素不嗜仕進。顯見宋濂不仕是屬於自認無能於仕，也不樂於仕的類型。事實上，這可能只是宋濂對外解釋的理由，根據宋濂思想與心志呈現，顯然世道不行、其時不用，才是宋濂未仕的根本原因。

﹝註146﹞〈故江東僉憲鄭君墓誌銘〉，《全集》卷49：7a。

﹝註147﹞〈白牛生傳〉，《全集》卷40：16a。

﹝註148﹞ Dardess, *Confucianism and Autocracy: Professional Elites in the Founding of the Ming Dynasty*, Berkeley, Los Angeles, and London: University of California Press, 1983, pp.9～10。

﹝註149﹞ 王明蓀，《元代的士人與政治》（台北：台灣學生書局，1990年），頁279～282。其中爲義而隱者與道不行時不用者看似相似，王明蓀則認爲是全然相異的類型。道不行者所指是有行道之志，考慮的是政治理想的實現，而爲義而隱者所考量之義是不包含政治目的，純以傳道、顯道爲念。而以隱爲唯一且絕對的實踐方式，與政治無所相涉，劉因是此類隱者的代表人物。

至正十七年（1357）一月《凝道記》書成，宋濂於題辭中感嘆學道三十年，世不我知，故著書以自見，寄予後世。宋濂早年不仕是爲研學，學成卻逢世亂，懷才不遇的遺憾，屢有顯現：

> 溫溫荊山玉，刻作瑞世麟。繫以補袞絲，相期配君身。君身想遐福，
> 四海歸至仁。峨峨九上天，虎豹爲守閽。惜哉不得獻，襲之以文茵。
> 〔註150〕

顯示宋濂學以用世的心志是相當明確，也秉持絕對爲仕的態度。宋濂強調，不仕無義，古之訓也，士人當以出仕爲行道，志行而道行，士人以行道爲任，當不能規避經世重任。宋濂認爲士人之隱在於「度時不可爲，故高蹈以全其志。若使其得時，未嘗不欲仕。」〔註151〕因此，士人仕隱之別，決定在「時」，必須評估當世行道條件的有無，以爲出處抉擇的依據，不可枉道任行。宋濂有言：

> 君子其可必仕乎？曰：否！可以仕，可以不仕。曰：仕而不仕，亦
> 繫其逢乎？曰：可仕而不仕，不可也！可不仕而強於仕，亦不可也！
> 唯其義而已！曰：義之所在奈何？曰：義者，宜也！當其可之謂也。
> 欲當其可，非守道君子，其亦戛戛乎難矣哉！〔註152〕

原則與現實、道與勢之間的抉擇，是士人普遍面對的難題。以「時義」解之，可行則行，不可行則隱，是將仕隱抉擇，轉化爲自我與外在環境的調適課題下，所尋得合於個人處境、思想、心志的解決模式，並無必仕與必隱的絕對標準。宋濂以仕爲義，義者宜也，識其可仕則仕，不可則不仕，是士人擇仕的基本態度。宋濂認爲士人當以仕爲志，能仕與否是依時義而抉，但不應有隱世不仕之心。

宋濂以嚴光歸隱爲例，世人皆爲嚴光不從光武之請，是志於隱世，但宋濂認爲：士人問學在於行志，志在行於時，不在隱於世，嚴光隱世是識時之幾，幾不可出而隱，行合仕義，故爲百世師，若其時可行而飾隱，則是棄天失時，嚴光之志豈在於此。且以光武用相不以禮退，強調嚴光是預知不可仕而不仕，以全故舊之義，因此嚴光得以高名，非於隱士之志，而是深知出處之義。〔註153〕不過，此文是撰於仕明之後，宋濂雖素有經世之志，但於元末

〔註150〕宋濂，〈雜體〉，《全明詩》卷48，頁345。
〔註151〕《元史》卷199，頁4473，〈隱逸傳〉。
〔註152〕宋濂，〈送陶九成辭官歸華亭序〉，《全集》卷7：19a。
〔註153〕宋濂，〈蒼雲軒銘〉，《全集》卷33：7a～b。

居山多年喜於悠逸，自認安於淡泊，不求名利，力求世用的出仕態度並非宋濂早期作風。其言士人行志之義，反對高沽釣名的隱逸心態，雖是源自宋濂所學的經世取向，但也與明初的政策考量有關。

宋濂反對隱逸的立場，在《凝道記》中已有具體呈現。〈觀魚微〉中宋濂藉以漁者之言警誡士人當以治世爲重，若以亂世而不出，「則是潔己亂倫之行，天下將何人而共治乎？」〔註154〕因此，宋濂不願隱世，言其不仕是未遇，而非心志。宋濂未出是事實，世人常疑其志而質之，宋濂則駁以：

> 我豈遂忘斯世哉！天下之溺猶禹之溺，天下之饑猶稷之饑。我所願學禹稷者也！我豈遂忘世哉！予豈若小丈夫乎！長住山林而不返乎！未有用我者爾！苟用我，我豈不能平治天下乎！雖然荊山之玉非不美也，卞氏獻而雙足見刖。予不佞竊受教於君子矣！其不能爲卞氏決矣！〔註155〕

可知宋濂考量出處的主要原則，不只行道且須尊道。雖言士人不能不救世，但以任道之重，尊道當爲行道前提，所謂「君子任道也，用則行，舍則藏」，寧可守道終身也不能枉道徇人。〔註156〕若是奔競於仕，進不由禮，禮喪則道喪，枉顧士人出仕的眞義。宋濂認爲，士人習道志在經世，見世亂民不聊生，若棄之不救則非人，但欲救之，又非仕之不可。行道須有位，有志之士徒然憂世，無位則無以用之。士人不因榮名而仕，行濟物之志必假祿爵之貴，是士人救民唯一的途徑。〔註157〕龍門子言以憂世，卻爲友人所責：無位而憂，憂非所當憂，是爲不智。〔註158〕這指出宋濂面對仕隱的雙重困境，既是憂世欲出，又恐其道不尊，失之以禮，但若不出又爲世憂，無位是有志難行。因此，宋濂認爲士人任道，志於行之用世，並無不仕之理，端視時機與仕進途徑是否合宜，出仕理由的決定不在士人意願，而是君主的用士態度。

宋濂常以女子成婚比喻士人仕進，成婚即爲終身大事，女子須審密考量，若欲從之，則行禮婚成，終身相合不貳，倘若不以自重，輕易從人，則敗其節名，爲世人所賤。〔註159〕士人用世也是如此，出仕即爲成婚，仕之以禮，

〔註154〕《龍門子凝道記》，《全集》卷52：5b，〈觀漁微〉。
〔註155〕《龍門子凝道記》，《全集》卷51：5a，〈終胥符〉。
〔註156〕《龍門子凝道記》，《全集》卷51：1b，〈采苓符〉。
〔註157〕《龍門子凝道記》，《全集》卷51：8a，〈憫世樞〉。
〔註158〕《龍門子凝道記》，《全集》卷51：2a，〈采苓符〉。
〔註159〕《龍門子凝道記》，《全集》卷51：6b，〈孔子符〉。

行之以道，若君主不以禮之，則去仕弗用，不可枉道徇人。宋濂嘗言：「君子懷材抱藝，孰不欲自見哉？特患遇之非其道，故避去爾」，且言：「禮云：舉賢而容眾，毀方而瓦合，言寬裕也，君子亦何心哉！」〔註160〕意指君主待士須誠意心寬，若君主以道爲尊，以士爲用，士人自能盡竭仕之，反之則去，不以利祿爲戀。最擔憂的是，士人高懷行道之志自薦於朝，卻不爲君主所重，淪爲卞氏獻玉的下場，宋濂以此爲誡，屢言決不爲卞氏，意指不爲朝廷所重而無行道天下的把握，絕不輕言出仕。因此，君主的任士心態與用儒態度，是宋濂抉擇出仕的首要考量。

　　由此可知，宋濂不仕元廷，是取決於元廷君主不以儒用的態度。假使元廷統治可以持續，儒者的政治地位仍無提昇，宋濂應是抱學以終不會出仕。促使宋濂有出位之思，審細考量仕隱的抉擇，是起於元廷與割據政權的用人需求所導致儒者地位的變動，出仕機會大爲增加，甚至出現士人奔競尋仕的局面。因此，宋濂在考量個人處境與未來出路時，特別關注於儒家思想如何透過士人作爲達到理念與實踐的結合基礎，以此評估士人如何在仕隱間扮演個自角色，發揮儒者作用。若是以世爲憂，志於展才，又該如何選擇出仕途徑？因此，宋濂譴責當世士人奔於謀仕，敗壞儒者氣節，慎誠弟子以道爲重，當仕則仕，不仕則隱，決不爲背道徇世之徒。〔註161〕但若思及自身，年近五十尚未見用，也是十分心急。如此欲仕又不得仕的感慨，在《凝道記》中屢有呈現：

> 予將何所乎！人齡踰百，亦流電之一明耳！嘉禾既實，不薦粢盛，肯零墜於中野乎！色絲已染，不補袞衣，肯備紅妝之紉褻衣乎！雅瑟已調，不入清廟，肯淪辱於伶人之手乎！嗚呼！悲乎！雖然我生不有命在天也，天命已定，我尚何悲焉！於是命琴彈爲白石之操，而更之以落霞結雲之音，欣然而忘其悲！〔註162〕

宋濂將自身不遇的遭逢歸諸天命，聊寬心懷，確切顯明宋濂急欲用世的元末心志，言其不遇是爲命，不仕是不得已也，入山著書豈爲所願，僅是抒發其志稍解憂煩。〔註163〕宋濂嘗言：「傳有之：太上畏道，其次畏物，其次畏人，

〔註160〕《燕書》，《全集》卷37：5b。
〔註161〕《龍門子凝道記》，《全集》卷52：11a，〈越生微〉。
〔註162〕《龍門子凝道記》，《全集》卷51：8b，〈秋風樞〉。
〔註163〕《龍門子凝道記》，《全集》卷52：14a～b，〈令狐微〉。

其次畏身之數者，君子又當兼之，一息未立，則一息當畏。世雖亂而心則治也，俗雖變而心則猶故也，奈何若不繫之舟哉！」〔註164〕指出士人所畏道不立、世不治、身不用，兢兢業業皆是爲此，即是世亂俗變，士人所畏如故，豈會放心不繫。身處動亂，宋濂以此安定自身，保持清明謹慎的思考與心境，面對個人出路已有定志。

宋濂在《凝道記》撰成後，其出仕條件與心態皆已成熟。雖是屢言不遇，但宋濂謹審愼觀看時勢變化，也覺察到新政權取代的契機與實踐理念的可能。故於《凝道記》、《燕書》中以寓言爲藉，力言治國之法與用人之要，提供長治久安的統治至理，以爲天下統一的基本方針。〔註165〕在元廷不振、政權分立下，部份士人藉以撰書明志，將秩序恢復與國家統一的期盼，寄予可能取代元廷的割據政權，宋濂與劉基皆是如此。而宋濂於逃難歸返後，對於有效統治的政治期待更是強烈。

二、擇時而出

學者竇德士認爲元末政局的變化對士人處境的衝擊，不只造成現實政治條件與士人精神之堅持的緊張關係（行道與尊道的問題），包括忠節觀念的強調、堅持效忠現有政權的必要，也是士人於文集中的關注重點。然而，忠節觀念的重申，並不代表士人對元廷政府的認同。許多士人表示對朝廷的忠誠，甚至以死殉國，所固守的並非對朝廷的擁護，而是儒家倫理的三綱觀念。有些士人視忠節爲首要的道德原則，堅持忠於一朝，不論政府如何腐敗與不值爲信，士人皆不能敗壞儒家綱常對於士人忠節的要求。因此殉節行爲的出現，是士人證明天理尚存的實踐，是忠於儒道而非國君。〔註166〕

事實上，元末的殉節行爲並不僅於殉道，對於仕元士人而言，忠國、忠君觀念是根深蒂固，不少殉節行爲是由此發生。〔註167〕即是劉基仕明，高展儒家治政理念，仍是鬱鬱不得志，素有二臣之憾。〔註168〕可見忠節思想對於元

〔註164〕《龍門子凝道記》，《全集》卷52：12a，〈積書微〉。
〔註165〕《龍門子凝道記》，《全集》卷52：14a～b，〈五矩符〉。
〔註166〕Dardess, *Confucianism and Autocracy*, pp.94～105。
〔註167〕趙翼考察《元史》，認爲元末殉難者多爲進士出身，不負科名。（見《二十二史箚記》卷30，頁445～6。）此種殉國死難明顯是忠於政權，以全仕名，與未仕士人所考量的忠節理念大不相同。
〔註168〕錢穆，〈讀明初開國諸臣詩文集〉，《中國學術思想史論叢六》，頁103～117。

末士人的影響，這也是地方政權必須以降元手段爭取士人投靠的原因。然而，這種表面降服實則擴展勢力的割據行為，儼然破壞浙東士人對於國家統一的訴求，更是導致士人氣節的敗壞，奔競之風更難扼止。因此，忠節思想在浙東士人的解讀中，演變為為對集權中央、有效統治之強權政府的嚮往，對於僅顧私利而敗壞綱常與地方秩序的割據集團，即以降元號召仍是不假辭色。

　　浙東士人不滿於元廷對叛亂集團的姑息，包括劉基在內的數位仕明者，皆曾堅決對抗反亂團體，加入軍事組織或自組民兵為保衛鄉里而戰。〔註169〕浙東士人不與叛亂共存的態度十分鮮明，而宋濂雖未有明確的抗賊行為，以其與鄭氏的連結，自是立場相同，致力於鄉里秩序的維持。至正十七年（1357），朱元璋渡江後，因擴展勢力至長江下游而與張士誠數度交兵，張士誠在官軍與明軍的追勦下，為求自保與爭取地方的支持，決定接受元廷招撫。〔註170〕打著降元名號，張士誠四處延攬人才，曾向江浙行省丞相達識鐵睦爾，索求行樞密院照磨蘇友龍（1296～1378）與宋濂擔為幕僚。〔註171〕蘇友龍恥其行，不願往之，反而追隨行樞密院判官石抹宜孫，與劉基、葉琛、章溢共事，守置處州。〔註172〕而宋濂也未接受張士誠的招攬。〔註173〕然而，此時宋濂有意於仕，也有政權招請，卻言不遇，顯然不以張士誠的招請為知用。事實上，張士誠以尊士為名，優士有餘而識用不足，是以好士要譽，非能以儒為用，這是不合宋濂的出仕條件。〔註174〕

〔註169〕宋濂於〈蘇公墓誌銘〉（《全集》卷 27：10b）提及加入石抹幕下的劉基、蘇友龍共守處州，而胡深、章溢擁兵觀望，蘇友龍曾致書以招，共濟國事。四位輔元抗敵者，皆仕於明。另於〈故處州翼同知元帥季君墓銘〉（《全集》卷34：6b）：「元季之亂，江南諸郡多陷於盜，獨處州以士大夫倡義兵，堅守而完。及今上渡江，始降其城邑，故處稱善郡。是時起兵之士，麗水有葉君琛，青田有劉君基，龍泉有章君溢。」

〔註170〕張士誠降元經過見《元史》卷 140，頁 3376，〈達識鐵睦爾傳〉。至於張士誠降元的原因，據載與其弟張士德的獻策有關。張士德為士誠主謀，兵敗為明軍所擒，屢招不降，且密信於士誠，言以可降元朝以為之助。見劉辰《國初事蹟》，收於鄧士龍輯，《國朝典故》（北京：北京大學出版社點校本，1993）卷 4，頁 70。

〔註171〕蘇友龍，金華人，為宋濂好友蘇伯衡之父，嘗受經於許謙，見〈蘇公墓誌銘〉，《全集》卷 27：9a～12a。

〔註172〕〈蘇公墓誌銘〉，《全集》卷 27：10b；《元史》卷 188，頁 4130，〈石抹宜孫傳〉。

〔註173〕〈蘇公墓誌銘〉，《全集》卷 27：10b。

〔註174〕《明太祖實錄》卷 25：5b。

　　至正十八年（1358），明軍下婺州，鄭氏避入諸暨流子里，〔註 175〕宋濂
也遣妻子先入諸暨，寄予友人吳宗元家。〔註 176〕而宋濂獨留山中，感於世亂
道晦，諸說橫行，作〈諸子辯〉以解士惑。〔註 177〕六月，明軍平浦江，宋濂
急往諸暨與家人會合。爾後遷往友人陳堂（宅之）家，直至十九年（1359）
三月歸還潛溪故居。〔註 178〕宋濂形容甫至諸暨時是「心膽戰掉若喪家之犬」，
在陳堂熱心安頓下，心情才漸爲平復。〔註 179〕日後憶及逃亡過程，宋濂是感
觸良多：

> 金華陷於兵，士大夫螻蟻走，唯流子里爲樂土，亟挈妻孥避焉。流
> 子里隸諸暨，在嵊之東南，僅數舍即至。濂苦心多畏，而土著民往
> 往凌虐流寓者，白日未盡墜，則翳行林坳，鈔其囊橐物，甚者或至
> 殺人。〔註 180〕

這段期間內，宋濂在吳宗元家擔任教席，以爲經濟來源。〔註 181〕吳宗元與陳
堂是舅甥，爲宋濂於浦江時舊識。〔註 182〕吳氏爲大族，世居諸暨流子里，〔註
183〕與鄭氏素有往來，鄭氏避居其地，可能也寄於吳宅。宋濂經歷大難，雖能
倖存而歸，但心境已大不如前。宋濂族人居於潛溪，兵入金華後，因鄉民聚
亂爲盜，紛紛避入山中。但其妹蘞不幸爲賊所逼，不屈而殉。宋濂聞訊後十
分悲慟，作〈宋節婦傳〉以頌其節，〔註 184〕日後聽聞相類婦行，則必訪查載
之，撰有不少節婦傳記。〔註 185〕如此逃亡經歷與親友遭遇，使得宋濂備感秩
序維持的重要。猜想，此時士人對現有政權的期待，稍能脫離儒家理想的堅
持，急盼於重整地方秩序，制止盜賊橫行的有效統治。朱元璋佔領金華後的
治理型態，似使宋濂看到如此希望。

〔註 175〕宋濂，〈鄭都事墓誌銘〉，《全集》卷 24：8a。
〔註 176〕宋濂，〈陳宅之墓誌銘〉，《全集》卷 23：16b。
〔註 177〕宋濂，〈諸子辯〉，《全集》卷 36：17b～18a。
〔註 178〕〈蘿山遷居志〉，《全集》卷 26：10b。
〔註 179〕〈陳宅之墓誌銘〉，《全集》卷 23：16b。
〔註 180〕宋濂，〈送許時用還越中序〉，《全集》卷 2：3a～b。
〔註 181〕宋濂，〈故筠西吳府君墓碑〉，《全集》卷 23：18b。
〔註 182〕〈陳宅之墓誌銘〉，《全集》卷 23：16b。
〔註 183〕〈陳宅之墓誌銘〉，《全集》卷 23：16b；〈故筠西吳府君墓碑〉，《全集》卷 23：
　　　　17b。
〔註 184〕《全集》卷 49：3a～b。
〔註 185〕宋濂〈謝節婦傳〉（《全集》卷 40：21b）：「濂悲之淚落弗止，聞有如蘞者必
　　　　謹叩之，或歷其地以訪焉！」

　　宋濂與鄭氏逃入諸暨，明顯表達對於入侵軍隊的不能信任，況且軍事紛擾，大批鄉民趁亂而起，社會秩序已難控制，爲求族人安全只好遷離。朱元璋軍隊經歷長期征討，已有健全組織與嚴明法令，不同與零星亂軍的竄行強奪，攻城取地之餘仍秉持嚴明綱紀，禁止士兵掠奪且維持現有體制，以安民心。當然，這表示朱元璋的軍隊性質已然轉型，脫離如盜賊行爲的作亂型態，有意識地發展利於建國的統治型態與行政組織，並將戰亂的社會秩序符合士人期待的逐漸恢復。宋濂見及金華在朱元璋號令下，政教秩序快速恢復，自然安心遷返。宋濂的遷返，應是鑑於朱元璋對於金華秩序的有效恢復，至於是否認同朱元璋統治而有意加入政權，則待深論。

　　在至正二十年（1360）之前，江南地區政權四起，政局發展極不明確，難以斷言朱氏政權是否有能取代元廷的可能。不過，浙東士人對於有效統一的政治型態是早有定見，例如：王褘曾在至正十六年（1356）上書達識鐵睦爾，陳言解決當前危機之法，唯有固結人心與總攬政權。〔註 186〕王褘認爲：「人心攜貳而不陰，有以固結之，政權紛更而不明，有以總攬之，皆足以爲相業之累。」而固結人心之本在於開誠佈公，總攬政權之要則於信賞必罰，是爲相者之先務。〔註 187〕這指出江南政局甚至元廷統治的亂因，在於主政者賞罰不明，授權過多的陋習，因此王褘認爲當政者必須總攬政治，建立綱紀，固結人心，才能眞正解除元朝政局的危機。然而，朱元璋的統治型態似乎實現王褘的理政主張。朱元璋入婺後，嚴令不殺人，禁止掠奪行暴，獎勵文教、立郡學，〔註 188〕設置中書分省與樞密機構，〔註 189〕規劃爲統治浙東的據點，並親自視察數月才歸返南京，顯見朱元璋對於金華的重視。〔註 190〕且不論朱元璋於立國意圖下的政策轉變，至少在金華的施政型態上，強調重儒政策與現有體制的維護，皆是固結當地民心，招攬士人支持與加入的刻意表現，強烈展現不同元廷與其他割據政權的革新氣息。對於有強烈經世取向而急於展才的金華士人而言，應有相當程度的號召力。

　　此外，金華士人面對朱元璋的大力延攬，表現出極爲合作的態度，不同

〔註 186〕王褘，〈上丞相康思公書〉，《王忠文公集》卷 13：27b。
〔註 187〕〈上丞相康思公書〉，《王忠文公集》卷 13：27b。
〔註 188〕《明太祖實錄》卷 7：1a～b。
〔註 189〕《明太祖實錄》卷 6：6b～7a。
〔註 190〕《明太祖實錄》卷 7：4b～5a。

於徽州士人不願加入體制，甚至抗拒的情況。〔註191〕事實上，金華士人的順從態度並不代表對於朱元璋政權的認同，有可能僅止於接受統治，提供必要的政治、學術諮詢，或是受其軍力脅迫，難以反抗，而接受徵召。至正十八年（1358）十二月，金華設置爲中書分省，王禕等人任職掾史，是第一批加入明軍體制的金華儒士，〔註192〕且召胡翰、戴良、吳沉、吳履、許元等人會食省中，進講經史、陳敷治道。〔註193〕朱元璋積極於延攬儒士，幾無遺珠之憾，但宋濂仍在諸暨，尚未受召。宋濂遲至十九年（1359）三月回到潛溪，應是判斷金華秩序已受掌控，無後顧之憂而歸返。朱元璋並未忘卻宋濂，可能在派兵保護鄭氏返鄉過程，〔註194〕已與宋濂有過接觸，而於十九年（1359）初重開郡學時，聘任宋濂爲五經師。〔註195〕不過，朱元璋的招士目的僅是聚集儒士於省中會食，尚無任用之意，甚至有人棄官離去。〔註196〕至於宋濂是否接受聘任，未有史料證實。對朱元璋而言，此時宋濂和其他金華儒士的作用、地位相當，控制意味多於任用，儒士因不被重用或不認同朱氏政權而離散，宋濂也可能不甘居於經師而固辭，未曾任職的可能性頗高。

如此而言，開啓宋濂仕明的契機起於何時？以宋濂與鄭氏的關連，鄭氏的政治取向應可左右宋濂的政權認同，而朱元璋善待鄭氏之舉很可能就是宋濂認同朱元璋統治的開始。基本上，朱元璋尊重鄭氏身爲義門的文化與社會意涵，承認其地位而不與干犯，當有與之合作的準備。爲了政權的建立與有效統治，朱元璋必須獲得擁有社會支配力的地方家族或領導者的支持，現有體制的維護，是士人與鄭氏曾寄予元廷卻未能實現的期盼，鄭氏離開朝廷，士人背離元廷皆是爲此。〔註197〕然而，朱元璋的興起，號稱仁義治國，〔註198〕以確實的舉動，保護鄭氏歸返，〔註199〕興復其家，旌表爲義門，〔註200〕象徵

〔註191〕 Dardess, *Confucianism and Autocracy*, pp.122～3。
〔註192〕 《明太祖實錄》卷6：7a。
〔註193〕 《明太祖實錄》卷6：8a。
〔註194〕 《明太祖實錄》卷6：3b。
〔註195〕 《明太祖實錄》卷7：2b。
〔註196〕 戴良棄官北上，見《元史》卷285，頁7312，〈文苑傳〉。
〔註197〕 見檀上寬，〈義門鄭氏與元末社會〉下，頁67～72。
〔註198〕 《明太祖實錄》卷7：1a。
〔註199〕 〈鄭都事墓誌銘〉，《全集》卷24：8a；《明史》卷126，頁3741～2，〈李文忠傳〉：「義門鄭氏避兵山谷，招之還，以兵護之。」

朱元璋保衛體制的決心，這於當時應有極大的號召力量。檀上寬認為，鄭氏之所接受旌表，除了浦江已為朱元璋佔領，須接受其統治外，也代表鄭氏對於朱元璋政權的承認。〔註201〕若此言確實，宋濂的態度也當一致，如此思及宋濂的用世心志、從政期望與機會，可言宋濂出仕的時機已經來臨。

三、仕明決定

　　朱元璋徵聘為宋濂五經師時，宋濂不在金華，是否應聘尚待考證。不過，宋濂文集收有〈答郡守聘五經師書〉一文，判斷是為此事而作。文中記有：「十一月二十七日，承遣使者來山中，賜以書幣強濂為五經師。」〔註202〕宋濂是十九年（1359）返回金華，而朱元璋下婺州是十八年（1358）十二月之事，命開郡學是十九年一月，此文之作應於十九年。十九年底朱元璋遣使徵之，而二十年（1360）三月宋濂應聘至建康，〔註203〕間隔不過數月。不過，宋濂於文中拒絕任聘經師，並提出許多理由：

> 濂也不敏，幼即多病。若藝黍稷與肇牽車牛，遠服商賈之事，皆力所不任。靖自念之，吾將何執以閱世乎？……執事者不之察，一旦強儒之，使服深衣大帶，張拱徐趨於講堂之上，吾恐人無不笑之……濂嚴父年垂八十，旦暮弄雛親側，以盡愛日之誠，猶懼不足，乃使棄之以臨諸生，諸生將何以取法之？……濂非明經者，愧不能成執事之意，化吾邦如齊魯，故歷疏鄙衰之不可強者如此，惟執事采擇焉。〔註204〕

宋濂不願任職的心態十分強烈，極盡說明自己不適此任，執事者不可強之，否則「黃冠野服，負親而逃東海之上」，〔註205〕堅決不任的意念非常明確。然而，宋濂不出若為初衷，日後應聘又是為何？反之，宋濂若有仕意，何以不願受召？

　　宋濂曾以親老辭就翰林編修，此時又以父老為由不願任職，可言其託辭

〔註200〕談遷《國榷》（台北：鼎文書局，1978年，卷1，頁285）：「至正十九年五月，旌浦江鄭氏，復其家，手書孝義門。」
〔註201〕〈義門鄭氏與元末社會〉下，頁71～72。
〔註202〕宋濂，〈答郡守聘五經師書〉，《全集》卷37：14b。
〔註203〕《明太祖實錄》卷8：2a。
〔註204〕〈答郡守聘五經師書〉，《全集》卷37：14b～16a。
〔註205〕〈答郡守聘五經師書〉，《全集》卷37：16a。

養親以爲固辭，但其父年近八十確爲事實，不論宋濂有無仕意，皆難捨之。且以宋濂確有仕志，但是否有仕明之志，則難斷言。朱元璋興起多年，取得建康與浙東數郡後，確切打下以江南爲據的立國根基。宋濂應聘時，朱元璋聲勢正盛，已是極具政治規模、組織的軍事強權，若思及其代元可能，素有仕意的宋濂應有起而佐之的考量。尤其朱元璋以儒士爲尊，建立以儒家教條爲本的統治方針，以及種種符合儒士期待的政治作爲，是士人接受其政權的主因，且是以道自任的宋濂考量是否加入體制的決定因素。然而，在朱元璋佔領金華後，接受其統治或言控制的宋濂是否有不仕的可能？朱元璋挾恃龐大軍力，維繫浙東安危，若是硬迫宋濂出仕，宋濂也難能推拒。事實上，朱元璋初下金華，立即召見當地名儒，且置省中會食，雖名爲進講經史，實有控制與招攬之圖。而於極盡延攬下，被召士人很難拒絕朱元璋的美意。例如：朱元璋下處州後，派處州總制孫炎，力請劉基爲其出，但劉基皆不受，贈孫炎寶劍以明志。但孫炎將劍封還，並言：「劍當獻之天子，斬不順命者，我人臣，不可私受。」基見勢不可辭，乃受。〔註206〕可見朱元璋延攬士人出仕，爲了保證士人可以確切應詔，除了極盡尊寵外，不排除有以武力脅迫的可能。

此外，以鄭氏接受旌封，與之合作的政治表態，宋濂也無不從之理。或言，宋濂仕之，是爲鄭氏接受統治的象徵，表示地方勢力與菁英受其所統合與支配，憑之建立至高的統治威權，這是朱元璋力邀士人，尤其是知名士人的主因。不過，如此威權政府，或也符合浙東士人的求治期待，獲得認同與支持，建立合作的統治體制。例如：浙東四先生中的章溢（1313～1371）與劉基願意加入朱明政權的主因，在於保衛鄉土不受侵擾的需求。章溢是龍泉的地方領袖，曾組民兵抗閩賊，後與總制處州的石抹宜孫合作，討勦閩賊與方國珍集團。〔註207〕而劉基向來對方國珍的反叛行爲疾之如仇，在其應聘入京時，尚囑族人善守境土，勿爲方氏所得，可見恨之深切。〔註208〕兩人與元廷守軍合作勦賊，皆是爲保衛鄉里而戰，在朱元璋佔領處州後，兩人的地方勢力與聲望是朱元璋所迫切需要，自然大力招攬，而兩人願意加入政權，有其彌平鄉亂的合作需要，此外恢復秩序、鞏固體制的統治理念，也是兩人所共同秉持，在其仕元時無以實現，而寄予朱元璋的政治期待。

〔註206〕方孝孺，〈孫伯融傳〉，《遜志齋集》卷21：24a～b。
〔註207〕宋濂，〈章公神道碑銘〉，《全集》卷4：11b～12b。
〔註208〕〈故誠意伯劉公行狀〉，《皇明文衡》卷62：3a。

　　至於宋濂，可謂代表鄭氏入仕，以婺州秩序的維持與實踐儒學的心志，加入統治體制。然而，宋濂自視甚高，以五經師召之，是不合其望。宋濂嘗言：「必待王者致敬盡誠而後佐之」，〔註209〕不任經師，可視爲宋濂正在考量朱元璋的政權性質、用士態度，與仕途發展的可能，等待最佳的出仕時機，對於朱元璋政權所提供的「時」與「職」之條件予以嚴格評估。〔註210〕所謂仕者之義，是逢時而出，此時之職不合宋濂所望，爲求道尊，唯有固辭。然而，對朱元璋而言，以發展建國政權所需，延攬士人是必要之舉，朱元璋在渡江後對此已有認知，每下一地即查訪當地名儒，召之前來。以宋濂的元末文名與士人地位，若能從之，對其號召浙東士人加入政權或接受統治，將有莫大助力，故有極力延攬的可能。宋濂嘗言識時而出，不爲長住山林之小丈夫，雖是性喜疏懶，不願從政勞累，但絕非堅隱不出之人，一旦遭逢強力延攬，也難以辭卻。此外，朱氏政權能否統一天下仍屬未定之數，宋濂是接受統治而提供服務，尚難得知是眞心歸附或暫時屈從，〈行狀〉記其幡然應詔應非實情。〔註211〕不過，宋濂是早有仕意，在出仕時機、出仕條件與出仕機會皆已具備下，可言宋濂是得逢其時而見用，當能竭力佐主，一展其才。且以未曾仕元而入仕，在無貳臣顧忌下，尤較曾仕元朝的劉基等人，更能無芥於心，悠遊自處。〔註212〕

　　至正二十年（1360），宋濂接受朱元璋的徵召，帶著親友期盼與依依別情，〔註213〕與劉基等人共赴金陵，此時宋濂五十一歲。這個決定結束宋濂五十年

〔註209〕〈太白丈人傳〉，《全集》卷40：15a。

〔註210〕在本文的口試審查中，口試委員朱鴻林教授特別指出宋濂的出仕動機是否包含時與職的考量。宋濂不仕元而仕明，可能不只於政權性質或政治理念的問題，而是元朝與朱元璋所提供的條件，或許才是宋濂考量出仕的依據。而這條件中，是包含對時（機）與職（位）的評估。朱教授認爲，宋濂所面臨的出處問題，欠缺的不是動機，而是職位提供，以及職位的可爲性。這對本文考察宋濂的出處抉擇，提供重要的省思線索。

〔註211〕〈宋公行狀〉，《全集》卷首2：2a。

〔註212〕劉基〈送宋仲珩還金華序〉（《誠意伯文集》卷5：28a）：「上渡江未久，浙東方歸附，先生與予同鄉葉景淵、章三益同居孔子廟學，惟日相與談笑，雖俱不念家，而予三人者亦皆不能無芥於心，惟先生泰然耳！日與文彥士相從游不倦，人咸異焉！」

〔註213〕宋濂赴往金陵，與家人、鄭氏皆難割捨。鄭氏與之送別至嚴陵，宋濂曾作詩回覆，見〈俚詠寄義門鄭十山長叔姪追述嚴陵別意〉，《全明詩》卷47，頁319。而宋濂也曾賦詩記述離家之景，十分哀傷痛絕，見〈出門辭爲蘇鵬賦〉，《全明詩》卷48，頁341。

的讀書、隱逸生涯，也終結宋濂的元人、平民身份。爾後輔主建國，成爲明代功臣，邁向出則必爲帝者師的理念實踐。

表4-1　元末政治大事記（至正元年～至正十八年）〔註214〕

時　間	元末政治大事記	宋濂行事
至正元年 1341	1、改至元七年爲至正元年，與天下更始。 命脫脫爲中書右丞相，領經筵事。	
至正二年 1342	1、令開京師金口河，既成不能用。 2、順寧、廣平、大同、冀寧等處饑。	
至正三年 1343	1、三月，詔修遼、金、宋三史。 2、五月，河決白茅口。 3、九月，蔣丙稱順天王，破連、桂二州。	
至正四年 1344	1、一月，河決曹州，又決汴梁。 2、五月，脫脫辭相。 3、五月，黃河溢，決堤白茅、金堤。	1、薦爲校官，固辭 2、次子宋璲生
至正五年 1345	1、河決濟陰。 2、十月，遼、金、宋史成。 3、京畿、鞏昌、鞏昌、汴梁、濟南、徐州、東平等處饑。	
至正六年 1346	1、運河商旅傳遭劫。 2、京畿，山東、河南、象州、汀州盜起。 3、黃河又決，成立河南、山東都水監。 4、十二月，山東、河南盜起，遣兵攻之。	丁母憂〔註215〕
至正七年 1347	1、二月，山東、河南亂事蔓延至徐州、濟寧等處。 2、四月，別兒怯不花爲右丞相，譖脫脫父馬扎兒臺，詔徙甘肅，脫脫請俱行。 3、十一月，沿江盜起，官兵不能平，爲鹽徒所持。 4、十一月，馬扎兒臺薨，帝召脫脫還京。 5、十二月，中書左丞相朵兒只爲右丞相。	丁大母憂〔註216〕

〔註214〕至正十八年，朱元璋下婺州，宋濂於十九年邁回金華，生處於朱元璋統治政權之下，故以至正十八年作爲宋濂由元統治進入朱明統治的界限。

〔註215〕宋濂，〈先母夫人陳氏墓表〉，《全集》卷50：13b。

〔註216〕宋濂，〈先大父府君神道表〉，《全集》卷50：10b。

時　間	元末政治大事記	宋濂行事
至正八年 1348	1、黃河決，遷濟寧路於濟州；河間等路連年河決，平江、松江水災。 2、詔翰林國史院纂修后妃、功臣列傳，張起巖、楊宗瑞、黃溍爲總裁官。 3、詔濟寧、鄆城立行都水監，以賈魯爲都水。 4、命脫脫爲太傅。 5、十月，廣西蠻掠道州，十一月徭賊吳天保聚衆六萬掠全州。 6、台州方國珍爲亂，聚衆海上。	
至正九年 1349	1、一月，立山東、河南等處行都水監，專治河患。 2、四月，脫脫爲中書右丞相。 3、十月，皇太子入端本堂肄業，由脫脫領事。 4、漕運使賈魯建言二十餘事，從其漕運、通河、和糴等八事。	薦授國史院翰林編修官，以親老固辭。 作〈皇太子入學頌〉
至正十年 1350	1、九月，修築白河堤。 2、十月，變更鈔法。 3、十二月，方國珍攻溫州。	1、《浦陽人物記》刊行。 2、與戴良編柳貫文集。 3、遷居浦江青蘿山。
至正十一年 1351	1、四月，詔開黃河故道，賈魯爲總治河防使，發汴梁、大名十三路民十五萬，以修河事。 2、五月，潁州劉福通聚衆爲亂，以紅巾爲號。 3、七月，招降方國珍。	
至正十一年 1351	4、八月，芝麻李聚黨燒香反，陷徐州。蘄州徐壽輝聚衆反，舉兵爲亂，以紅巾爲號。 5、九月，劉福通陷汝寧府及息州、光州，衆至十萬。徐壽輝陷蘄水縣及黃州路。 6、十月，徐壽輝以蘄州爲都，稱帝，國號天完。 7、十一月，黃河堤成，立〈河平碑〉。	
至正十二年 1352	1、詔印中統元寶交鈔一百九十萬錠、至元鈔十萬錠。 2、一月，徐壽輝陷漢陽、武昌、安陸等地。 3、二月，定遠郭子興據濠州。閏三月，朱元璋從之。 4、三月，詔令：南人有才學者，中書省、樞密院、御史台皆用之。	

時　　間	元末政治大事記	宋濂行事
至正十二年 1352	5、三月，方國珍復劫下海，台州達魯花赤泰不華率軍與戰，死之。 6、七月，脫脫親出師討徐州；九月功成還京。	
至正十三年 1353	1、一月，方國珍復降。 2、五月，張士誠陷高郵，僭國號大周，自稱誠王。 3、七月，朱元璋下滁州。 4、十月，方國珍復據海道。	
至正十四年 1354	1、九月，脫脫領兵出征高郵，討張士誠。 2、十二月，詔以脫脫費財無功，削官。	編纂吳萊遺文
至正十五年 1355	1、一月，朱元璋下和州。 2、二月，劉福通迎立韓林兒爲帝，號小明王，國號宋，建元龍鳳，都亳州。 3、三月，流放脫脫於雲南，十二月，死之。 4、五月，朱元璋下采石，取太平。	撰〈皇太子受玉冊頌〉
至正十六年 1356	1、一月，徐壽輝移都漢楊。 2、二月，張士誠攻佔平江，以爲國都，改隆平府，陷湖州、松江、常州。 3、三月，朱元璋取集慶，下鎮江，諸將奉號爲吳國公。 4、方國珍又降。	十月，入小龍山著書。《潛溪集》刊行。
至正十七年 1357	1、朱元璋三月取常州，四月取寧國，五月取泰興，六月取江陰，七月取徽州，十月取揚州。 2、八月，張士誠請降於元。	1、一月，《龍門子凝道記》書成。 2、五月，作《燕書》四十篇。
至正十八年 1358	1、正月，徐壽輝遣陳友亮取安慶，守將余闕死之。 2、三月，朱元璋部取建德路。六月，部將李文忠下浦江，十月取蘭溪。 3、十二月，朱元璋下婺州，改名寧越府。	1、三月，留浦江，作〈諸子辯〉。 2、六月，偕鄭氏避兵句無山。隔年三月歸返潛溪。

第五章　明之建國

第一節　朱元璋與紅巾起兵

　　朱元璋字國瑞，濠州〔今安徽鳳陽〕鐘離人，生於天曆元年〔1328〕，是貧窮農家出身。早年歷經災荒、流離，曾爲和尚四處游方，可能也加入軍旅，遍嘗社會底層的困苦生活，對於元末農民的悲慘處境與遭遇有著深刻體驗。〔註1〕如此經歷不只是史上帝王絕無僅有，其以聚眾反抗的起兵本質，卻能組織完備統治體系而成功取代元朝，在政權興替史上也是絕無僅有。基於朱元璋的貧農出身與起兵性質，明代的建國成功被視爲象徵階級革命的農民起義，其立國歷程與建國勝因屢爲史家所論。基本上，朱元璋生處於紅巾興崛的淮北地區，行跡遍佈淮河一帶，對於紅巾起事經過與叛亂本質是了然於心，尤其在行游期間見歷不少元廷官吏的鎮壓與擾民行爲，相當清楚紅巾爲患與擴張的根本原因。而這些見識是有助於朱元璋認清元廷政府的腐敗緣由，與建立有效統治的原則所在。〔註2〕

　　至正十二年〔1352〕，郭子興在濠州起兵。行方回寺的朱元璋見寺廟已毀，感到世亂紛擾無可安身，爲求自保而加入紅巾，成爲郭子興的得力助手。〔註3〕朱元璋自言加入紅巾是世亂下不得已的決定，在友人的招攬下考慮再三，迫於時勢而投靠。〔註4〕這個決定改變朱元璋的困苦生涯，在郭子興的器重

〔註1〕　《御製皇陵碑》，收入鄧士龍輯，許大齡、王天有點校，《國朝典故》〔北京：北京大學出版社，1993 年〕卷 1，頁 11。
〔註2〕　《明太祖實錄》卷 53：7b。
〔註3〕　《明太祖實錄》卷 1：3a。
〔註4〕　《御製皇陵碑》，收入《國朝典故》卷 1，頁 11。

下，朱元璋充份發揮才能與謀略，在軍隊中快速爬昇，建立個人的軍事實力。
〔註5〕不過，郭子興起兵性質似乎不同於其他紅巾。至正十一年（1351），劉
福通奉白蓮教首韓山童號召彌勒降世，於潁州（安徽阜陽）揭竿而起，聚集
部眾是淮北的白蓮教徒，多是相信教義的貧困農民。〔註6〕且於淮西，宣揚彌
勒降世、明王出世的彭瑩玉廣爲佈教，憑藉教義已發起多次反亂行爲，〔註7〕
至正十一年以徐壽輝爲首於蘄（湖北蘄春）、黃（湖北黃崗）舉兵。〔註8〕兩
者皆以宗教號召，聚眾燒香，又稱香軍，不過劉福通部據淮北而往河南、山
東，是向北發展，徐壽輝部則據淮西往江西、安徽，是向南發展，故稱前者
爲東系紅軍或北支香軍，稱後者爲西系紅軍或南支香軍。〔註9〕事實上當時聚
眾而起者皆著紅衣、頭綁紅巾，包括張士誠、方國珍皆是，不止於燒香聚眾
的白蓮教徒，故而紅軍是元末反叛的總稱，並非單指某一部眾。〔註10〕而郭
子興爲濠州富戶，聽信教義而招眾起兵，其以豪民出身與賓客子弟的部眾成
員是不同其它紅軍或香軍的聚眾性質。而於據城後，郭子興與農家出身的孫
德崖等四位元帥難以共事，屢爲意識型態的差異而爭執。〔註11〕朱元璋爲郭
子興親信，嘗居中調合以防決裂，日久也感難以成事。〔註12〕

　　朱元璋衡量情勢，深知獨立行事才能作爲，於是回鄉招募兵士，組織私
人部隊。郭子興大喜，給予領兵實權，命爲鎮撫，使其脫離濠州城內的派系
鬥爭，展開對外的征討行動，這是朱元璋建功立業的起點。〔註13〕隨後發兵
南下，攻取定遠（安徽定遠）、滁州（安徽滁縣），與長江北岸諸縣。〔註14〕
期間，朱元璋憑藉個人威信，得到傑出將領與諸多兵士的歸附，大爲擴展軍
隊實力。〔註15〕至正十四年（1354），朱元璋在滁州建立軍事據點，組織個人

〔註5〕　《明太祖實錄》卷1：3a～4b。
〔註6〕　《元史》卷42，頁891，〈順帝紀五〉。
〔註7〕　《庚申外史》卷上，頁23。
〔註8〕　《明太祖實錄》卷8：5a～b。
〔註9〕　陳高華，〈元末農民起義軍名號小訂〉，《元史研究論稿》，頁418～421。
〔註10〕　〈元末農民起義軍名號小訂〉，頁418～421。
〔註11〕　《皇明本紀》，收入《國朝典故》卷2，頁16。
〔註12〕　《明太祖實錄》卷1：3a～4b。
〔註13〕　《明通鑑》前編卷1，頁4～11。
〔註14〕　《明通鑑》前編卷1，頁4。
〔註15〕　牟復禮（Frederick W. Mote）認爲，朱元璋得到重要將領如徐達、常遇春的歸
　　　　　附，組織私人的強力隊伍，憑藉的是個人威信，而非紅軍起義的旗幟。見《劍
　　　　　橋中國明代史》中文翻譯本（北京：中國社會科學出版社，1992），第一章〈明
　　　　　王朝的興起〉，頁52。

軍隊與管理機構，籌劃更進一步的征討行動。〔註16〕此時爲朱元璋獻謀建策之人，即是後來的中書丞相李善長（1314～1390）。

　　李善長字百室，定遠人，熟讀法家書，有智計，於朱元璋進兵滁州途中前往投靠。〔註17〕元璋問之天下何時定，李善長回以劉邦故事，力勸元璋法其所爲，知人善任、不嗜殺人，以成帝業。元璋稱善，任爲參謀隨侍，策謀獻計，多有所中，是朱元璋興兵以來第一位文人幕僚。〔註18〕李善長的一席話不只造就朱元璋的建國藍圖——關鍵性決定軍事行爲的進行與遠程目標，且以儒士身份出現的李善長正好符合極欲獨立發展的朱元璋對於謀士的需求。朱元璋已有個人部眾與據點，極需通曉文書且善謀略之人，提供歷史教訓、敷陳治理，統治方針的擬定，幕府體制的掌管，以及解決危急處境的機智（例如朱元璋與郭子興間愈形惡化的關係）等等。〔註19〕雖言李善長的學識平平，並非頂尖的儒學精英，但於幕府已是與眾不同的顯要人物，軍機進退、賞罰章程皆其所定，仰賴之重。〔註20〕朱元璋由此深知儒者才能對其成就大業的重要，不止於獻策爲謀，包括攻城略地後的人心號召，以及建立體制的組織管理，皆須仰賴飽學之士。因此，在朱元璋自覺意識下，極力延攬當地名儒，透過李善長居中牽引，開啓與士人的合作關係。〔註21〕

〔註16〕　《明通鑑》前編卷1，頁9～15。

〔註17〕　《明通鑑》前篇卷1，頁7。

〔註18〕　《明史》卷127，頁3769，〈李善長傳〉。

〔註19〕　《明史》卷127，頁3769～70，〈李善長傳〉。

〔註20〕　《明史》卷127，頁3770，〈李善長傳〉。

〔註21〕　關於朱元璋生平行事，參考吳晗，《朱元璋傳》（台北：里仁書局，1997年），此本是據1948年香港龍門書店本重新編印，是吳晗的第二次改寫本。吳晗作《朱元璋傳》經四次改寫，初寫本名爲《從僧缽到皇權》，刊行後吳晗對此本頗不滿意，收集更多史料，擴充内容與注釋，而有1948年的第二次改寫本。第三次改寫是在1954年，吳晗學習馬列思想，認爲前二次本對於國家政權的概念不明，再次改寫，但未能出版。最後一次改寫於1964年，由三聯書店出版，北京人民出版社於1985年再版，此本的意識型態甚濃，是吳晗學習階級革命的歷史解釋之成果呈現。考量以版本性質，本文採以意識型態較淺的第二次改寫本，爲吳晗研究成果與歷史解釋的根據。關於吳晗改寫《朱元璋傳》，以爲學習馬列思想的歷程與呈現，參見潘光哲，〈學習成爲馬克思主義思想家——吳晗的個案研究〉，《新史學》8卷2期，1997年6月，頁133～185。

第二節　朱元璋與士人關係的建立

一、起兵本質的變化

　　關於朱元璋的起兵性質，學者王崇武以其家世遺傳、環境薰息皆與紅巾有關，認為朱元璋加入紅巾並非偶然。〔註 22〕不過，多數學者對於朱元璋加入紅巾的動機、起兵的政權性質，何時發展出與紅巾相背的政策轉向，屢有爭論。〔註 23〕關鍵在於朱元璋成就帝業的過程，是紅巾起兵取代腐敗政權的歷史必然發展，還是放棄原有立場，全憑士人建謀造就的轉化結果？〔註 24〕倘若朱元璋起兵就伴隨稱霸天下的野心，士人的加入僅是順水推舟，並未造成朱元璋政權性質轉化的決策性影響。但是朱元璋即位後屢言，加入紅巾，參與起兵活動，是迫於生存考量下不得已的決定。〔註 25〕此說看似有切斷紅巾關連的意圖，但學者陳梧桐認為，朱元璋最初的起兵動機其實很單純，不外是時勢逼迫，無處棲身，為了爭取有利的生存條件，投入當地的起兵部眾是不得不然的行為。這個決定當然也挾雜富貴功名的期待，但對貧困出身、行方多年，急於尋求未來出路的青年朱元璋而言，懷抱帝業是太遙遠的夢想，不可能以此企圖加入紅巾。陳梧桐認為，朱元璋真正透露爭取帝業的野心，應是在渡江攻佔集慶之後（1356）。〔註 26〕

〔註 22〕王崇武，〈論明太祖起兵及政策之轉變〉，《中央研究院歷史語言研究所集刊》10 期，1948 年，頁 61。

〔註 23〕檀上寬，《明朝專制支配の史的構造》（東京：汲古書院，1995 年），序說，頁 2～20。

〔註 24〕大陸學者將紅巾起事視為農民與封建政權的戰爭，對於朱元璋政權性質的討論有兩種立場，一是，紅巾出身的朱元璋推翻元朝，代表農民戰爭的勝利；二是，承認農民戰爭對於元朝的重創，但是真正結束元朝統治的，是朱元璋領導的封建統一戰爭。學者陳高華堅持後者立場，強調朱元璋的政權性質是不能與農民戰爭渾為一談。基本上，多數學者同意朱元璋是經過轉化的過程，而士人參與是其中的關鍵力量，不過，關於朱元璋的起兵本質則是多有歧異。例如陳高華非常強調朱元璋在起兵之初就與紅巾的農民性質存有差別，而陳梧桐則是力言朱元璋是以反抗封建壓迫而加入紅巾，著眼於朱元璋後來受士人影響的蛻變過程。見陳高華，〈論朱元璋與元朝的關係〉，《元史研究論稿》，頁 316～326；陳梧桐，〈論朱元璋起義動機及其對元末農民戰爭的貢獻〉；〈論朱元璋的蛻變〉，《朱元璋研究》（天津：天津人民出版社，1986），頁 1～12；79～100。

〔註 25〕《明太祖實錄》（卷 58：9a）：「初起鄉土，本圖自全，非有意於天下。」

〔註 26〕陳梧桐，〈論朱元璋起義動機及其對元末農民戰爭的貢獻〉，《朱元璋研究》，頁 1～12。

　　如此思考朱元璋與紅巾集團的連結與背叛，也可視為符應情勢的決定與生存條件的考量，這是朱元璋幾次面臨危機卻能成為轉機的關鍵。例如：郭子興的器重與多疑，濠州將領的內鬨，造就朱元璋獨立發展，掌握軍權的機會。此時的朱元璋可能開始思索，如何擺脫在集團中的困局與糾紛，爭取更多有利的發展情勢。除了個人部隊的培養，名將的加入外，李善長的出現，運用士人知識與歷史教訓，更是提供朱元璋解決困境的計謀與組織型態的規劃，尤以帝業為期的目標確立，加強朱元璋發展獨立政權的動力。士人思想的接受與運用，是朱元璋與紅巾集團，出現策略差異的開始。因此，大陸學者對於朱元璋的政策轉變，視以農民起義本質的背叛。但學者陳高華指出，朱元璋的興兵目的與策略，並非以農民起義的階級革命作為考量，郭子興以富民身份聚客而起，原就不符農民革命的本質，朱元璋雖以貧農出身，但在郭子興的帶領下，難說有何階級革命的意圖。〔註 27〕而學者任崇岳則認為，朱元璋以農民立場參與起事活動是無可抹滅的事實，至於發展為封建統一政權，是朱元璋符應時勢所需的政策正確決定，這是歷史發展的必然結局，並非朱元璋個人的責任。〔註 28〕

　　多數學者同意朱元璋的起兵部眾與征討模式，與一般紅巾並無太大差異，而於接受士人建言，考量與士人階層的合作後，才遽然轉變興兵本質與目的。這個轉變也可視為擁有獨立軍權的朱元璋，認真思考成為合法政權的開始。士人的謀略、學識與行政才能，是統治者必須仰賴，以號召人心歸附、建立政權體制的根本條件。與士人合作，或言與具有地方支配力的地主合作，應是有意成就帝業的朱元璋，建立有效統治的必然趨勢。因此，部份大陸學者認為朱元璋放棄階級革命轉變為封建政權，並非全然朱元璋的個人因素，而是農民起義的階級限制性所造成的歷史必然發展。〔註 29〕

〔註 27〕陳高華，〈論朱元璋與元朝的關係〉，《元史研究論稿》，頁 316～327。

〔註 28〕任崇岳，〈朱元璋評價的幾個問題〉，《學術月刊》，第 136 期，1980 年 9 月，頁 47～52。另外，陳梧桐也反對陳高華看法，認為不應以成就帝業就否定朱元璋作為農民起義領袖的貢獻。因為，朱元璋加入紅巾的動機是反對階級壓迫而非爭霸天下的野心，朱元璋由起義領袖發展為封建帝王，是有歷史發展的過程，但原始的起事動機仍與紅巾無異，不能因其蛻變而抹滅其於反抗封建壓迫的起兵性質。見陳梧桐，〈論朱元璋起義動機及其對元末農民戰爭的貢獻〉，《朱元璋研究》頁 7～12。

〔註 29〕陳梧桐，〈論朱元璋的蛻變〉，《朱元璋研究》，頁 79～100。

二、渡江策略的決定

以士人作用的發揮作爲指標，尋找朱元璋轉化性質的契機，一般是以渡江（1355）作爲劃分。學者認爲，渡江之前，朱元璋的幕下士人僅有李善長、馮氏兄弟等人，發揮影響有限，而於渡江後朱元璋廣爲招攬士人予以重用，造成體制組織與策略方向的徹底變質。〔註30〕學者王崇武認爲，朱元璋在渡江後對於紅巾態度的遽變，是爲博得當地知識份子的歸附，所因應出現的政策性轉變。〔註31〕事實上，朱元璋決定渡江，並不只於和州缺糧的考量，爭取金陵的有利地勢與條件，作爲勢力擴展的根基，是渡江首要目的。〔註32〕而這個策略的提出，卻是朱元璋幕下謀士，馮國用（1324～1359）、馮國勝在投靠之初所擬定的天下大計。〔註33〕值得注意的是，馮氏兄弟與李善長的出身條件相似，喜讀書，通兵法，並曾結寨自保，是學者王崇武所言知識階層份子，大陸學者所稱士人地主階級。在渡江之前，朱元璋已能接受這群謀士的建言，甚至渡江策略的提出，也是來自他們的規劃，如此而言，渡江行爲並不是朱元璋政策轉變的開始，已是成果顯現。

朱元璋作爲統治政權的形象，是幕下士人一手雕塑而成。這個過程開始於李善長、馮氏兄弟以成就帝業勸之，而於渡江後，佔領歷朝古都的南京，從叛亂部眾轉換爲統治政權的可能愈是明確。〔註34〕朱元璋在渡江之後，招

〔註30〕陳梧桐，〈論朱元璋的蛻變〉，《朱元璋研究》，頁83～86。

〔註31〕王崇武，〈論明太祖起兵及政策之轉變〉，頁62～64。

〔註32〕《明通鑑》（前編卷1：15a～17b，〈前紀一〉）：「〈至正十五年〉六月，太祖率諸將渡江，廖永安請所向，太祖曰：牛渚前臨大江，敵難爲備，攻之必克。從此北取采石，定太平，集慶可圖也。……、維時諸將以和州饑，欲取資糧而歸，太祖謂徐達曰：渡江甚捷，若舍而歸，再舉必難，江東非吾有也。」可知，朱元璋以缺糧爲發兵動力，驅兵渡江，目的是攻取金陵。

〔註33〕《明史》（卷129，頁3795，〈馮勝傳〉）：「太祖略地至妙山，國用偕勝來歸，甚見親信。太祖嘗從容詢天下大計，國用對曰：金陵龍蟠虎踞，帝王之都，先拔之以爲根本，然後四出征伐，倡仁義，收人心，勿貪子女玉帛，天下不足定也。」

〔註34〕明人高岱編纂《鴻猷錄》有言：「自古帝王創業，皆先定中原，而後跨有東南，未有起東南而後取西北者，有之，自我聖祖始。……、元綱解紐，群雄並爭，民所疊額，不先于元，故先意群雄，而後北逐元主，此緩急殊勢，故南北異趣也。況當時福通據潁、亳，天完擾荊、楚，誠擅吳會，而金陵形勢之都，群雄不知計取，豈非天所以資皇明者乎！蓋自定鼎金陵，而我盛祖之混一規模可預知矣！」見《鴻猷錄》（上海：上海古籍出版社校點本，1992年）卷1，頁13，〈定鼎金陵〉。

攬不少當地名士，太平（安徽當塗）有陶安、李習、汪廣洋，建康有夏煜、孫炎、楊憲、孔克仁、陳遇等十餘人，鎮江有秦從龍。這些士人皆於江東負有盛名，部份曾任教官、山長，或鄉試中舉，皆爲飽學之士，較之朱元璋原有幕士，更是才能見卓。除了主持文書、行政外，部份士人如秦從龍、陳遇，是以謀略見長，隨侍參與機務密議，所設籌畫計謀，左右不得知，可見親信之至。〔註 35〕士人的建言主張與立場其實相當一致，不外是不殺、不奪以安民心，撥亂救民爲用兵目的等等。朱元璋接受這些建言，原以叛亂聚眾的起兵性質已然轉變。

三、江東士人的參與（參見表 5-1）

　　探討元末士人對於明代建國的貢獻，江東士人是較受忽視的一群。學者多能承認，朱元璋渡江後接收的第一批士人是影響日後建國策略的關鍵人物，不僅獻計建謀，決定征討江南的基本步驟，且是朱元璋於金陵建立行政機構的基本成員，然其應有的建國地位，卻爲稍後加入的浙東士人所取代。基本上，江東士人與浙東士人的差別，主要在於浙東士人的學識取向與士人聲名較高，而江東士人則以文學取向與謀略見長。但在渡江之初，朱元璋征討江南的策略決定，幾乎是江東士人的貢獻。例如：陳遇、秦從龍，參與軍機密議，事無大小皆由其決；葉兌則以布衣獻書，草擬天下計，日後朱元璋平定江南，北伐中原，規模次第略如其言。然而，三人皆未任職，不戀利祿，功成身退，留有高名。〔註 36〕《明史》贊曰：「太祖起布衣，經營天下。渡江以來，規模宏遠，聲教風馳。雖曰天授，抑亦左右丞弼多國士之助歟。」〔註 37〕所指正是江東士人的貢獻。但於劉基、宋濂等浙東士人出現後，兼有學識、謀略、文才與聲名的多方特質，充份滿足朱元璋對於士人服務的需求，江東士人漸不爲其所重。

〔註 35〕　《明史》卷 135，頁 3913～4，〈陳遇傳〉；〈秦從龍傳〉。

〔註 36〕　《明史》贊曰（卷 135，頁 3924）：「陳遇見禮不下劉基，而超然利祿之外。葉兌於天下大計，籌之審矣，亦能抗節肥遯，其高致均非人所易及。」錢穆認爲，秦從龍與陳遇堅持以白衣身份輔佐王業，太祖知其志節，以成其名。且其從太祖之時甚早，又終身不受職，故皆終其身蒙禮遇而不衰。尤以陳遇卒於洪武十七年，終全其名，難爲可貴。明太祖始終善視二人，對照劉基、宋濂遭遇，可爲探討明初諸臣出處之參考。見〈讀明初開國諸臣詩文集〉，《中國學術思想史論叢六》，頁 117。

〔註 37〕　《明史》卷 135，頁 3924。

　　學者竇德士認為，元末士人鑑於元廷衰敗，而將秩序重整的期待寄予朱元璋的統治。〔註38〕然而，當時擁兵自立者多，何以朱元璋特得士人青睞？一個顯見的事實是，朱元璋表現出孜孜不倦的好學模樣，聽講經史、敷陳治道，實現士人建言，不殺、不奪，建立法制、恢復秩序，邁向士人期待的賢明政權而努力。竇德士以朱元璋對秦從龍的禮遇與親信為例，認為士人願意加入集團，提供服務的主要原因，在於朱元璋的禮賢下士，提供士人直接發展政治影響力的機會。〔註39〕而江東士人正是朱元璋開始大力攬士下的第一批江南士人，獻計謀劃外，主持行政、文書與體制，是朱元璋儲備建國的基本官員，貢獻良多。因此，朱元璋在取下南京後，擁有充份的士人資源，助其建立行政體制，設職派任，作為統治政權的形象已然成型。此後的入幕士人如宋濂，所面對的已不是專事征討的軍事幕府，而是一個計劃建立政權的政治組織。它的領導人，致力於學，尊禮儒士，施展仁政，儼然成為儒者心中的君主形象。這對朱元璋征討他地，招攬當地士人而言，是極具號召力。

　　因此學者楊訥認為，朱元璋渡江後佔領太平，正是面臨政權發展的關鍵階段，日後於征討張士誠的〈平周榜文〉有言：「灼見妖言不能成事，又度胡運難與立功，遂引兵渡江」，〔註40〕多被視為朱元璋反叛紅巾立場的證據，楊訥認為這正是朱元璋渡江之時的真實寫照，為能鞏固政權，於不利發展的時勢中，尋求可能出路，朱元璋採取與當地士人、富民合作的態度。〔註41〕朱元璋征服太平，當地士人陶安、李習迎接入城，與之密切合作，開啟不同以往的統治型態，奠下日後王業的根本基礎。朱元璋於立國後，憶起建國過程則言：「於戰，水之源，事之因，王業之由，惟安之謂乎！」〔註42〕可見朱元璋是於太平期間，接受陶安等人的多方建言，逐漸勾繪出未來的王業藍圖。陶安以士人身份與朱元璋合作的同時，其士人理念也逐漸改造朱元璋的政權

〔註38〕 Dardess, *Confucianism and Autocracy: Professional Elites in the Founding of the Ming Dynasty*, Berkeley, Los Angeles, and London: University of California Press, 1983, pp.128～9。

〔註39〕 *Confucianism and Autocracy*, p.122。

〔註40〕 吳寬，《皇朝平吳錄》，《國朝典故》卷6，頁138～9。

〔註41〕 楊訥，〈龍鳳年間的朱元璋〉，《元史論叢》第4輯（北京：中華書局，1994年），頁199～204。

〔註42〕 〈陶學士事跡〉，《陶學士文集》（弘治十三年刊本）卷首。

型態，以至日後朱元璋對於建國過程的陳述，是以「首撫姑孰，禮儀是尚」之言，形容佔領太平對其的關鍵性改變。〔註43〕

　　由此而言，朱元璋渡江後的入幕士人是決定其走向建國之途的關鍵。這些士人的謀略與學識提供不少有效的訊息與決策方向，竭力塑造朱元璋作爲合法政權的統治者形象，以成就帝業輔之。例如：陶安言以首取金陵以圖王業；〔註44〕孫炎則言：「元運將終，勸上攬智能士以圖大業」，〔註45〕朱元璋皆嘉善之。可見朱元璋已有建國之志，能夠接受士人建言，善用其才，從事政權建立的各種準備，包括粉飾自己成爲儒者心中的賢君形象。爾後，取得儒者聚集、因學術著名的婺州，充份獲取執政者與體制所需的禮儀與文教資源，不啻如虎添翼。宋濂受召雖晚，也無軍事與謀略才能，但其豐富學識卻能補足朱元璋對於學術、禮教與塑造君主形象的需求。不過朱元璋掠地愈多，所得士人的知名度與學識是愈高，其參政考量也愈謹慎。《明史》稱頌浙東四先生，是朱元璋下集慶後所得士人中尤爲傑出者。〔註46〕然而，招攬盛享文名、有地方勢力、且爲元臣幕僚的四先生，並非易事。朱元璋召請宋濂多次，《明史》記載是以李善長薦之赴召，〔註47〕事實上，攬之最力者應是陶安（1312～1368）。〔註48〕

　　陶安字主敬，是朱元璋渡江後第一位入幕士人，深受信任，故有「王業之由，惟安之謂乎」之言。明臣劉辰撰寫《國初事蹟》，認爲太祖能得建康等處，全有江南，遂成帝業，是以陶安佐功居多。〔註49〕而《明通鑑》也言：「上克太平，安一見識爲眞主，慨然以身許之。凡事上十有四年，所陳皆王道，所論皆聖學，故君臣相契，自劉基、宋濂外，罕有其比。若其寵遇不衰，始終一致，則基與濂尚不及也。」〔註50〕陶安逝於洪武元年（1368），朱元璋惋惜不已，親寫祭文，追封姑孰郡公，眷念甚榮。〔註51〕在宋濂、劉基未入幕

〔註43〕　朱元璋，〈皇陵碑〉，《全明文》（上海：上海古籍出版社，1992）卷12，頁172。
〔註44〕　劉辰，《國初事蹟》，《國朝典故》卷4，頁67。
〔註45〕　宋濂，〈孫君墓誌銘〉，《全集》卷34：5a～b。
〔註46〕　《明史》（卷128，頁3792）贊曰：「太祖既下集慶，所至收攬豪雋，徵聘名賢，一時韜光韞德之士幡然就道。若四先生者，尤爲傑出。」
〔註47〕　《明史》卷128，頁3784，〈宋濂傳〉。
〔註48〕　《明通鑑》前編卷2，頁55。
〔註49〕　《國初事蹟》，《國朝典故》卷4，頁67。
〔註50〕　《明通鑑》卷1，頁202。
〔註51〕　《明史》卷136，頁3927，〈陶安傳〉。關於明太祖對於陶安的眷念，《鴻猷錄》

前，陶安應是朱元璋最爲重用的隨侍士人。當朱元璋徵聘浙東四先生時，曾問陶安：「此四人者，於汝何如？」陶安回以：「臣謀略不如（劉）基，學問不如（宋）濂，治民之才不如（章）溢、（葉）琛。」對於四人專長是知之甚深。〔註52〕且以詩文招攬劉基、宋濂入幕，有言：

> 水溢中原又旱乾，風塵從此浩漫漫。東山好慰蒼生望，南國那容皓髮安。要整綱常崇黼黻，還成文物萃衣冠。聖賢事業平生志，幽樂何須戀考槃。〔註53〕

陶安以聖賢事業勸之，是切合二人心志。陶安於至正初年中舉鄉試，至正五年（1345）、八年（1348）參加會試皆不第，後舉爲明道書院山長，享有文名，而與江南士人有密切接觸，這和劉基、宋濂的士人背景是十分相近。〔註54〕三人是否相識，尙難得知，但以陶安的士人交游應有擴及浙東，想必是久聞其名，深知二人才學。由此從事知名士人的招攬，應比李善長更能勝任。此外，招攬劉基出仕的孫炎，也是知名士人。炎字伯融，家世業儒，通經善言有詩名，〔註55〕嘗出游四方廣結文友，性情豪俠負氣與劉基相類。〔註56〕孫炎力請劉基出仕，可謂文武並用，〔註57〕基見其才不在己下，知勢不可違而從。〔註58〕可見擁有士人連結網絡、地方聲名與才學，是渡江後入幕士人的普遍特質。以此互通聲息，招攬更多士人入幕，並結合士人的地方勢力，是朱元璋征討江南不能不用士人的主因。這也是江東士人的重要貢獻。

（卷2，頁23）有言：「但一時將略，足備勘定，而文儒相業，猶不甚稱聖心，至使不得已而委政廣洋、惟庸之輩，是豈其所欲也？故於陶安之卒，甚加悼惜。」太祖眷念陶安，可能原因在於陶安卒於聖眷正隆之際，若是陶安入明任職，面對太祖待士態度的急遽轉變，是否得以全終，恐難論斷。

〔註52〕《明通鑑》前編卷2，頁55。

〔註53〕陶安，〈寄劉伯溫宋景濂二公〉，《陶學士集》（四庫全書）卷5：33a。

〔註54〕關於陶安事跡，見夏炘編，〈明翰林學士當塗陶主敬先生年譜〉（清同治六年刻本，收於《北京圖書館藏珍本年譜叢刊》，北京：北京圖書館出版社，1999年），頁265～338。亦可參見《明史》卷136，頁3925，〈陶安傳〉。

〔註55〕宋濂，〈孫伯融詩集序〉，《全集》卷22：2a～3a。

〔註56〕宋濂，〈孫君墓誌銘〉，《全集》卷34：5a～b。

〔註57〕《明史》（卷177，頁7411，〈忠義一〉）：「太祖命招劉基、章溢、葉琛等，基不出。炎使再往，基遺以寶劍。炎作詩，以爲劍當獻天子，斬不順命者，人臣不敢私，封還之。」亦見於方孝孺〈孫伯融傳〉，《遜志齋集》卷21：24a。此詩名爲〈寶劍歌〉，其中有言：「我逢龍精不敢彈，正氣直貫青天寒。還君持之獻明主，若歲大旱爲霖雨。」收於錢謙益輯《列朝詩集》（上海：新華書店，1989年），甲集，第十一，頁143。

〔註58〕〈孫君墓誌銘〉，《全集》卷34：6b。

四、浙東士人的加入

　　朱元璋徵聘浙東四先生至應天，嘗言：「我爲天下屈四先生耳」，禮遇備至。〔註 59〕學者陳高華認爲，朱元璋進行統一事業的過程中，浙東士人不只發揮極大功用，更是促進朱元璋與紅巾集團的決裂，完成政權性質轉化的動力來源。〔註 60〕在朱元璋幕士中，浙東士人較爲顯明的特質，是具有參與地方行政、軍事的豐富經驗，以及自備的地方武裝勢力。浙東士人能夠提供的學識與行政能力，江東士人多能具備，然而，在朱元璋極力擴展個人領地，急需浙東物質資源作爲提供時，浙東士人所具有的地方勢力、管理能力與軍事經驗，便成爲朱元璋統合浙東最重要的憑藉力量。浙東四先生中除宋濂外，皆有軍功，包括：守衛處州，抵制方國珍、陳友定，消滅境內苗兵與山寇等零星勢力，管理地方行政，皆是不遺餘力。〔註 61〕浙東士人長期從事鄉里秩序的護衛，結寨自保，爾後投入元將石抹宜孫幕下，結合官方軍力增強防衛，而朱元璋打敗石抹宜孫後，順利接收這批士人，繼續從事浙東勢力的統合。顯然服務對象的改變，對浙東士人並無太大影響。以此推論，浙東士人與元朝合作，轉移至與朱元璋合作的根本考量，是以浙東地方秩序的恢復爲依歸。朱元璋借力使力，以浙東士人管理、防禦浙東，是事半功倍。

　　浙東士人爲何以朱元璋爲合作對象？可能的原因是，朱元璋對於士人思想型態的接受，表現出與士人共同的利益取向與政治見解，使得浙東士人評估政權合作的可能時，給予較高的信任。〔註 62〕且以石抹宜孫敗後，朱元璋力取浙東的企圖，浙東士人是無以抵制，爲了確保浙東地方的安全，除了接受且加入統治外，並無其他自保方式。可言雙方是各爲其圖，合作無間。朱元璋取得建康後，改名應天，立爲江南行中書省，設官列職，又立江南行樞密院，總事征討。〔註 63〕政府組織的確立，作爲傳統政權的基型已經形成。士人應可看出，朱元璋從叛亂領袖轉變爲政權領導者的可能。

〔註 59〕宋濂，〈章公神道碑銘〉，《全集》卷 4：13a。
〔註 60〕陳高華，〈元末浙東地主與朱元璋〉，《元史研究論稿》，頁 299～302。
〔註 61〕葉琛守洪都而死，胡深出使閩地降陳友定，不屈而死。章溢、劉基助守處州皆有功。四人昔日皆爲元將石抹宜孫守制處州的幕僚。見《明史》卷 128，頁 3788～3792；卷 133，頁 3889～3891。
〔註 62〕〈元末浙東地主與朱元璋〉，頁 296～8。
〔註 63〕《明太祖實錄》卷 4：3a～b。

陶安以詩招攬劉基與胡深有言:「詞垣開省挨,賓席擁樓船,……懸知佳會近,煩以遠音傳。同郡成三傑,懷人共一天。替興邦國業,幸有主君賢。」〔註64〕即是以共赴立國大業勉之。而戴良爲宋濂送行時也言:「金陵古帝鄉,雄跨東南州。至今開甲第,燁燁居公侯。冠蓋若雲擁,車馬如川流。厚祿不虛授,高才將見收。」〔註65〕視金陵開省爲新統治政權的建立象徵,可能是江南士人的普遍觀感。宋濂決定赴召,應是看準開省金陵的朱元璋可能具有平定世亂、取代元廷的統治實力,且其與幕下士人確以立國目標在前進,這對有志用世的宋濂是頗具號召。雖然,朱元璋在立國後對文臣、士人極盡打壓,但於建國期間確與士人合作無間,共以成就帝業爲務,其能優禮士人、好學不倦,而士人也能竭力輔佐。

關於朱元璋對士人的招攬與任用,《明史》有論:

> 明始建國,首以人材爲務,徵辟四方,宿儒群集闕下,隨其所長而用之。自議禮定制外,或參列法從,或預直承明,而成均胄子之任尤多稱職,彬彬乎稱得人焉。夫諸臣當元之季世,窮經積學,株守草野,幾於沒齒無聞。及乎泰運初平,連茹利見,乃各展所蘊,以潤色鴻猷,黼黻文治。昔人謂天下不患無才,惟視上之網羅何如耳,顧不信哉!〔註66〕

朱元璋雖能用士,禮遇士人,但對士人的網羅,也是極盡手段。《鴻猷錄》言:「我聖祖以武功定天下,而崇尚文學,如饑渴之於飲食,每得儒臣,皆待之以腹心,帷幄朝夕,咨訪不倦,而往往戒諸將以親近儒生。」〔註67〕《國初事蹟》也言:「太祖所克城池,得元朝官吏及儒士盡用之,如有逃者處死,不許將官擅用。」〔註68〕朱元璋受益於儒者之言,深知其用,若不能爲己所得,當也不爲他人得,以防後患。而且,劃謀獻計皆出於士人,朱元璋深懼將領聽信士人言,滋生不忠意圖,故嚴禁將領養士,每下一地即令將官守之,

---

〔註64〕陶安,〈送林彥明回括兼簡劉伯溫胡仲淵〉,《陶學士集》卷3:9a～b。

〔註65〕戴良,〈別宋潛溪〉,《九靈山房集》卷2:5a。不過,戴良與宋濂心志相異,朱元璋入婺,授以學正,待其旋師,則棄官逸去。至正二十一年,元順帝授以江北行省儒學提舉,其見事不可爲,避地吳中依張士誠,見其敗,北上欲歸擴廓軍,不成而隱。明太祖屢詔招固辭。其不忘故主之心,每形於歌詩。見《明史》卷285,頁7312,〈文苑一〉。

〔註66〕《明史》卷137,頁3960,〈贊曰〉。

〔註67〕《鴻猷錄》卷2,頁23,〈延攬群英〉。

〔註68〕《國初事蹟》,《國朝典故》卷4,頁83。

勿使士人議論古今，擾亂視聽。〔註69〕不論宋濂有志與否，以其盛名，朱元璋必是徵聘再三，不乏以武力脅迫的可能。然而，愈趨世亂，宋濂的用世心志愈是明確，在至正十七年（1357）左右，宋濂出仕的主觀因素已經成熟，等待的就是時機。因此，急於攬士的朱元璋在攻取浙東後，正爲宋濂的出仕提供極佳的客觀時機。且不論宋濂受迫與否，從《凝道記》可知，宋濂內在的出仕動機已然明確，無庸置疑，但爲何選擇輔佐朱元璋，則有時勢因素的多方考量。宋濂是有出仕之心，但在朱元璋統治下是否具有抉擇不仕的自由？或者這才是宋濂選擇仕明的主要促力。可言，朱元璋的極力網羅，與士人的有志於用，共同造就明代建國的契機。

表 5-1　江東士人輔明事蹟

姓　名	居住地	行　事	輔明事蹟	仕後遭遇
陶安 字主敬 1312～68	太平	少敏悟，博涉經史，元末曾舉鄉試，授明道書院山長。	朱元璋取太平，陶安與耆儒李習率老父出迎。進言：「撥亂救民以安天下心，取金陵以臨四方，何向不克。」元璋稱善，留置幕府。吳元年，初置翰林院，首召以安爲學士，徵諸儒議禮，命爲總裁官。洪武元年四月，任爲江西參政。	卒於官，太祖親爲文以祭，追封姑孰郡公。〔註70〕
李習 字伯羽	太平	太平宿儒	任爲太平知府。	卒於官。〔註71〕
汪廣洋 字朝宗	太平	少師余闕，淹通經史，善篆隸，工爲歌詩。	朱元璋渡江招爲元帥府令史，遷行省都事，累進中書右司郎中，江西參政。入明，曾任山東行省、陝西參政、三年代李善長爲中書左丞，楊憲訐之，尋還鄉。招還後官至中書右丞。	洪武十二年，太祖責其不法數事，誅之。〔註72〕

〔註69〕《國初事蹟》，《國朝典故》卷 4，頁 83。例如：李文忠駐守金華，用儒士屠性、孫履、許元、王天錫、王禕干預公事，太祖知之，差人提取屠性五人至京，王禕、許元、王天錫發充書寫，屠性、孫履誅之，可見太祖深患將領用士。（見《國初事蹟》，《國朝典故》卷 4，頁 88）

〔註70〕《明史》卷 136，頁 3935～7，〈陶安傳〉。

〔註71〕《明史》卷 136，頁 3935，〈陶安傳〉。

〔註72〕《明史》卷 127，頁 3773～5，〈汪廣洋傳〉。

姓　名	居住地	行　事	輔明事蹟	仕後遭遇
潘庭堅 字叔聞	當塗	元末爲富陽教諭，謝去。	朱元璋駐太平，以陶安薦，徵之。嘗爲金華同府知事，守浙東。吳元年，與陶安同爲翰林學士，告老歸。	告歸。〔註73〕
宋思顏	不詳	不詳	朱元璋克太平，以思顏居幕府，兼參軍事。	坐事死。〔註74〕
陳遇 字中行 1313～84	建康	元末爲溫州教授，篤學博覽，精象數之學。	朱元璋渡江，以秦從龍薦，聘之，留參密議。明立後，帝問保國安民至計，對以不嗜殺人，薄斂任賢，復先王禮樂爲首務。其計劃多密不傳。	隨侍太祖，命爵輒辭，未仕。太祖益寵禮之，語必稱先生，終成其高。〔註75〕
秦從龍 字元之 ？～1365	鎮江	仕元，官至南臺御史。	徐達攻鎮江，朱元璋謂之務訪秦元之。及下鎮江，遣朱文正、李文忠奉金綺，造廬聘之。從龍與妻偕來，元璋親迎之。日後隨侍朱元璋，事無大小皆與之謀，以筆書漆簡，問答甚密，左右不得知。至正二十五年，從龍子逝，請歸，尋病卒。	隨侍元璋，倍受禮遇。未仕。〔註76〕
葉兌 字良仲	寧海	以經濟自負，尤精天文、地理、卜筮。	元末知天命有歸，以布衣獻書元璋，列一綱三目，言天下大計。時元璋以定婺州，規取張士誠、方國珍，而察罕兵勢甚盛，遣使至金陵招元璋，而葉兌書於三者，籌之甚詳。大抵爲北絕李察罕，南併張士誠，定都建康，拓地江廣，以長江爲守，而北略中原。元璋用其言，數年間統一天下，規模次第如葉兌所言。	朱元璋奇其言，欲留用之，力辭去。〔註77〕

〔註73〕《明史》卷135，頁3918，〈潘庭堅傳〉。
〔註74〕《明史》卷135，頁3919，〈宋思顏傳〉。
〔註75〕《明史》卷135，頁3913～4，〈陳遇傳〉。
〔註76〕《明史》卷135，頁3914～5，〈秦從龍傳〉。
〔註77〕《明史》卷135，頁3915～7，〈葉兌傳〉。

姓 名	居住地	行 事	輔明事蹟	仕後遭遇
孫炎 字伯融	句容	談辯風生，雅負經濟。與丁復、夏煜游，有詩名。	朱元璋下集慶，召見之，炎請元璋招賢共成大業。從征浙東，克處州，授爲總制。元璋招劉基出，炎使招之，基始就見。後處州苗軍叛，不屈而死。	守城死。 〔註78〕
楊憲	建康	不詳	元璋下金陵徵辟之。入明，官至中書左丞。	洪武三年，罪誅。 〔註79〕
夏煜 字允中	江寧	有俊才，攻詩。	朱元璋取建康，辟爲中書省博士，婺州平，調浙東分省，兩使方國珍，皆稱旨。元璋征陳友諒，儒臣惟煜與劉基侍，草檄賦詩多有所與。洪武元年，使總制浙東諸府，與高見賢、楊憲、凌說以伺察搏擊爲事，俱以不良死。	坐事死。 〔註80〕
孔克仁	句容		朱元璋下建康，徵辟之，爲行省都事。日後，嘗與宋濂隨侍元璋，常與之論以天下形勢與前代興亡事。侍帷幄最久，聞獲太祖謀略最多。	坐事死。 〔註81〕

第三節 起居注

宋濂於至正二十年（1360）三月赴召後，七月任江南等處儒學提舉，十月奉旨授世子經學。〔註82〕宋濂久爲教席，擔任經師是合其所長，但是朱元璋如此在意世子教育，以素重經世之論的金華學者擔任經師，顯示朱元璋對於儒學治國思想的重視與需求，有意培養接繼者成爲合於儒家賢君條件的領導人才，象徵儒學思想眞正落實於統治體制的可能，這原是元代儒者期待元廷所爲卻未能實現之事。而朱元璋在進行建國準備的同時，致力於塑造（或

〔註78〕《明史》卷289，頁7411～2，〈忠義傳〉。
〔註79〕《明史》卷135，頁24，〈太祖本紀二〉。楊憲於《明史》無傳。
〔註80〕《明史》卷135，頁3919，〈夏煜傳〉。
〔註81〕《明史》卷135，頁3922～4，〈孔克仁傳〉。
〔註82〕鄭楷，〈宋公行狀〉，《全集》卷首2：2a～b。

粉飾）自身成為士人認可（合於正統）的統治者形象，這是朱元璋招聘儒者入幕的主要任務，也是宋濂出仕的職責所在。《明史》有言：

> 基、濂學術醇深，文章古茂，同為一代宗工。而基則運籌帷幄，濂則從容輔導，於開國之初，敷陳王道，忠誠恪慎，卓哉佐命臣也。
> 〔註83〕

指出宋濂的主要貢獻，在於提供朱元璋成為賢君的治政之理。宋濂不擅軍事、謀略，入幕之初擔任文臣，不外是撰寫招撫、頌詞之文。〔註84〕不過，有意用儒的朱元璋很能發揮士人長才，宋濂憑藉豐富學識與研道所成，很快成為隨侍顧問，講述經史、治道，朱元璋皆能有受。

至正二十四年（1364），朱元璋即吳王位，設列政府官員，始置起居注。〔註85〕十月，宋濂任職起居注。〔註86〕關於起居注職責，朱元璋有清楚要求：

> （至正二十五年，六月）以儒士滕毅、楊訓文為起居注，諭之曰：
> 吾見元大臣門下士，多不以正自處，唯務諂諛以求苟合。見其人所為非是，不相與正救，及其敗也，卒羨罪戾。
>
> 又曰：起居之職，非專事紀錄而已，要在輸忠納誨，致主于無過之地，而後為盡職。吾平時于百官所言，一二日外，猶尋繹不已。今爾在吾左右，不可不盡言。〔註87〕

可見起居注等同於隨身顧問、諫官，必須針對朱元璋任何言行，提供合於經史的建議。宋濂於隨侍期間，講經《春秋》《左傳》，畢而進言：「《春秋》乃孔子褒善貶惡之書，苟能遵行則賞罰適中，天下可定也。」〔註88〕對於立國所需的綱紀刑罰，宋濂提供以《春秋》為鑑誡。倘若元廷的賞罰倒施是江南士人認為元末不治的主因，宋濂如此建言明顯是將天下歸治的寄望託予朱元璋，尤是士人對於綱紀、秩序重整的期待。而朱元璋廣開言論、極力求治的態度，也是士人致力佐主，賦予高度期待的主因：

〔註83〕《明史》卷128，頁3792，〈贊曰〉。
〔註84〕《明太祖實錄》（卷8：10b）：「庚子（至正二十年）十一月甲寅朔，江陰守將樞密院判官吳良被詔至建康入見。上勞之曰：「吳院判保障一方，使吾無東顧之憂，其功大矣！」命儒臣宋濂等為詩美之。」
〔註85〕《明通鑑》前編卷3，頁94～97。
〔註86〕〈宋公行狀〉，《全集》卷首2：2b。
〔註87〕《明通鑑》前編卷3，頁114。
〔註88〕〈宋公行狀〉，《全集》卷首2：2b。

（至正二十四年，六月）太祖謂廷臣曰：治國之道，必先通言路。
夫言，猶水也，欲其長流。水塞則眾流障遏，言塞則上下壅蔽。

又曰：國家政治得失，生民之休戚繫焉。君臣之間，各任其責，不
宜有所隱避。若隱蔽不言，相爲容默，既非事君之道，餘己亦有不
利。自今宜各盡乃心，直言無隱。〔註89〕

在朱元璋力求圖治下，幕下士人皆能竭誠盡職，同心合志共爲帝業。朱元璋
的用士態度與幕士的高度向心力，是同爲優禮士人的張士誠無可比擬。〔註90〕

張士誠以鹽徒出身，起兵過程與性質不同於朱元璋等以燒香聚眾的紅巾
集團，學者多視其爲非紅巾系的起兵部眾，然而，也有學者指出，江淮鹽民
生活困苦，倍受官方欺壓，張士誠聚集受苦鹽民反對統治壓迫而起，興兵本
質與紅巾並無不同。〔註91〕而且，張士誠發展政權的軌跡與朱元璋頗爲相近，
從聚眾部隊發展爲政權組織，張士誠也曾經歷蛻變的過程，如同朱元璋以佔
取金陵爲建國契機，張士誠於至正十六年（1356）佔領平江，也是政權轉變
的開端。〔註92〕史載張士誠於至正十六年三月，由高郵遷都平江路改名隆平
郡，立省院、六部、百司，改年號爲天祐三年，設學士員，開宏文館，且置

〔註89〕《明通鑑》前編卷3，頁102。

〔註90〕據明史資料所記，張士誠禮遇士人不問賢愚，嗜利者多而往之。但是張士誠
與文士游樂，所薦非正人，所依非眞傑，上下嬉娛，以至於亡。（見《明史》
卷123，頁3694～5，〈張士誠傳〉；史冊《隆平紀事》（昭代叢書）頁49b。）
然而，在缺乏多方史料驗證下，這些取自明人記載的史料很可能只是一面之
辭。張士誠雖是敗於上下逸樂，不理政事，與其施政型態、當地風氣，圖霸
野心不夠積極有關，但其牽制元廷十數年，安定浙西民生，其幕下士人的輔
政、獻策貢獻也是無可抹滅。（見邱樹森，〈試論張士誠起義〉，《江海學刊》
1962年4期，頁25～29。）

〔註91〕紅巾軍與張士誠的分別，在其出身、聚眾性質與發跡過程的差異，而非所著
服幟。據陶宗儀所記，張士誠攻取松江府時民謠有言：「滿城都是火，官府四
散躲，城裏無一人，紅軍府上坐。」（見《南村輟耕錄》卷9，頁111，〈松江
官號〉。）可知，張士誠部隊也是以紅巾爲幟，學者陳高華考察史料認爲元末
起兵者包括被視爲非紅系的張士誠、方國珍也可能是身著紅衣、紅巾的起
兵隊伍，故以紅巾系、非紅巾系分別起兵部眾並不合適。（見〈元末農民起義
軍名號小訂〉，《元史研究論稿》，頁419。）

〔註92〕學者邱樹森認爲，張士誠起兵之初，領導集團多是出身游民，佔領平江後，
廣爲徵聘士人，接受士人意見與指導，逐漸遠離起兵立場。日後張士誠的政
策取向也多士人所左右，例如降元之舉，就是出自士人決策。（見〈試論張士
誠起義〉，頁25～27。）

禮賢館以詔四方明博之士居之。〔註93〕顯然，張士誠建立統治所需，必須借助士人能力，鼓勵文教、廣徵士人加入，與朱元璋所爲幾無差異，且是更爲優禮善待，充份提供物質所需，甚至造成士競求祿之風。〔註94〕

學者王忠閣考察吳中詩派的形成，認爲張士誠據守浙西，開發水利，鼓勵農桑，穩定當地民生發展，成爲安定富庶之地，故於元末諸強爭鬥期間，吸引諸多士人避地於此。吳中士人對於張士誠統治與政治立場並非全然信服，但於張士誠據地自守與優禮士人的策略下，經濟富庶的吳中遂爲雅好文藝的士人聚集交游、發展文學的理想場所。〔註95〕基本上，士人對張士誠並無惡感，戴良避居吳中時，曾言其：「以武濟世，以文經邦，不愛玉帛車馬，招納四方賢俊，而才識文藝之士彬彬然焉」，嘉譽張士誠待士之厚，士人多能歸之。〔註96〕然而，士人歸附，諫言直書，張士誠並非能用。浙西文人領袖楊維楨，不受張士誠之聘，回以治事五論與書信，言其不擅用人，將帥有生之心，無死之志，警誡張士誠善用志士與政道，方能成事。〔註97〕而爲張士誠賓上客的高啓則撰〈威愛論〉，意指張士誠馭將之失，勸以威愛治之。〔註98〕兩者皆是切合時事，直指張士誠統治之弊，但張士誠未能用之，終致滅亡。吳寬撰著《平吳錄》，評價張士誠之亡有言：

> 張氏據吳建國，僞然自主，其勢若甚易者，何哉？蓋當四方擾攘，

〔註93〕《南村輟耕錄》卷29，頁358，〈紀隆平〉；《隆平紀事》，頁8b～9b。

〔註94〕《明太祖實錄》（卷25：5b）：「士誠遲重寡言，欲以好士要譽。士有至者，不問賢、不肖，輒重贈遺，輿馬居室，無不充足。士之嗜利者，多往趨之。」另外，《隆平紀事》（頁64b）：「吳開賓賢館，貧無籍者亦爭趨之，美官爵，豐廩祿，得志一時。或作北樂府歌嘲之曰：皀羅辮兒緊扎捎，頭戴方簷帽，穿領闊袖衫，作個四人轎，又是張吳王米蟲來到了。」

〔註95〕王忠閣認爲元末文人鑑於元末紛亂，爲能求得自身安全與自由生活的追求，往往避身於穩定較無戰火之所，而張士誠統治的吳中地區，雖處戰亂之際，卻能安居樂業、富庶繁盛，加上張士誠禮遇士人，獎勵文教，爲吳中的文學發展提供良好環境，因而吳中地區成爲元末文人棲身的理想去處。見《元末吳中詩派論考》（桂林：廣西師範大學出版社，1998年），頁16～26。

〔註96〕戴良，〈送董郎中序〉，《九靈山房集》卷13：1a。

〔註97〕貝瓊〈鐵崖先生傳〉記以：「張士誠知其名，欲見之，不往，遣其弟來求言，因獻五論及復書，斥其所用之人。」（《清江貝先生集》（四部叢刊）卷2：8b。）可知楊維楨雖久居吳中，不反對張士誠統治，但對張士誠所用之人頗多批評。楊維楨所撰五論，分別是〈馭將論〉、〈人心論〉、〈總制論〉、〈求才論〉、〈守城論〉，收於《東維子集》卷27：13a～18b。

〔註98〕高啓，〈威愛論〉，《鳧藻集》卷1，收於徐澄宇、沈北宗校點《高青丘集》（上海：上海古籍出版社，1985年），頁847～9。

民心皇皇，無所依歸，有能保障之者，亦可得以苟安也。惟當時主
以游談之人，濟以脆軟之卒，上下逸豫，遂忘遠圖。終焉以天兵一
臨，獸伏鳥散，三吳故疆，竟歸眞主。〔註99〕

浙西的富庶與逸樂風氣的盛行，導致張士誠沉迷享受，忘卻建國大業。〔註100〕
其能廣徵士人，卻不能用士，反是上下逸樂，遂忘遠圖，相較於朱元璋與士
人的合心共志，可見勝敗之因在其用士態度與幕士素質。張士誠據守浙西，
優禮吳中文士，而朱元璋攻取金陵、浙東，所聘多爲經世、道學之士，兩者
學術差異甚大，呈現的參政型式與佐主心態，也大不相同。基本上，江東、
浙東士人有志於用，以經世、謀略見長，朱元璋積極於建國大計，多能任之，
各展其才，充份發揮團隊精神與效率，共舉王業。反之浙西文學風氣特盛，
文人專於詩歌創作，逸於享樂，張士誠招之不識、用之不當，與之共處作樂，
不聽諫言，終致逸樂風氣敗壞政治、軍隊綱紀，上下驕惰，遂忘志業，是自
取滅亡。楊維楨曾復書張士誠，指其用人之失有言：「觀閣下左右參議贊密者，
未見其砭切政病，規進閣下於遠大之域，使閣下有可爲之時，有可乘之勢，
而迄無有成之效，其故何也？爲閣下計者少，而爲身謀者多，則誤閣下者多
矣！」〔註101〕正是反映朱元璋與張士誠幕下士人輔主心態的差別。可言政權
之興敗，成於士也毀於士，端視執政者如何取之、用之。〔註102〕

〔註99〕 吳寬，《皇朝平吳錄》，收入《國朝典故》卷6，頁150。
〔註100〕 據學者陳建華研究，在元滅亡前的三四十年間，以蘇州、杭州爲主的東南沿
　　　　 海一帶，城市商業興盛，財力雄厚，以此基礎發展出一種注重實利、個性、
　　　　 創造、樂觀、開拓的文化精神。並且出現樂於獎勵文藝的富豪階層，喜於結
　　　　 交文士，推動文藝，相似於西方文藝復興時代的城市文明與文化精神。然而，
　　　　 這種講求現世享受的文化特質，普遍呈現於吳中士人生活的世俗化傾向，樂
　　　　 於享受精緻、浮華的物質生活，追求自我的文學、藝術表現，極力擺脫政治、
　　　　 道德的束縛，而以生命、欲望的個性展現爲人生極致。（見〈元末東南沿海城
　　　　 市文化特徵初探〉，《復旦學報》1998年1期，頁31～9。）由此可知，吳中
　　　　 士人展現的學術取向與浙東士人有極大差別，與其地區文化特質密切相關。
　　　　 顯然，追求自我享受的吳中士人不具浙東士人強烈的政治關懷，其與張士誠
　　　　 的合作關係，自然不如堅苦戰鬥的朱元璋與捍衛鄉里之浙東幕僚間的合心共
　　　　 志。
〔註101〕 〈鐵崖先生傳〉，《清江貝先生集》卷2：9a。
〔註102〕 元末士風的敗壞情形，吳中爲烈，楊維楨久居於杭，可謂逸樂風氣之代表，
　　　　 但對吳中用士態度十分不滿，嘗言：「淮也吳之客七千，異於妾婦者幾人。」
　　　　 （〈送王公入吳序〉，《東維子文集》卷8：9a～b。）是極力反對士人奔競而
　　　　 枉顧士節的行爲，宋濂、劉基對此也有嚴厲批評，採以寓言多有諷喻。

朱元璋能聽儒者建言，但於興兵之際，迫於謀略與用兵需求，惟言論治是緩不濟急。例如：朱元璋曾請宋濂講讀《黃石公三略》，但宋濂回以《尚書》、《典謨》備具帝王經法，願爲講明。朱元璋則言，豈非不知帝王經法之要，因《三略》爲用兵之法，是以攻取時務所先。〔註103〕可知，宋濂確以輔佐朱元璋成爲儒家帝王爲務，非關治道、經法不言，而朱元璋也盡力學習、應用經史知識，〔註104〕但宋濂專長禮制、文史，確實不符當下用兵所需。爾後宋濂因病返鄉且丁父憂，朱元璋並未強留，相對於劉基母喪不得奔，歸葬後隨即返京，何者見重一目瞭然。〔註105〕

宋濂於至正二十五年（1365）因病請歸，隔年父逝，守喪居家，至洪武二年（1369）才奉詔回京。立國之前，宋濂隨侍朱元璋只有五年時間，朱元璋待之甚厚，設禮賢館置之，遣世子受經，即是返鄉也極盡禮遇。至正二十二年（1362），宋濂告歸省親，朱元璋有白金文綺之賜，且言素知濂誠故有此賜。〔註106〕二十五年三月，宋濂以疾還家，〔註107〕朱元璋與世子賜贈有加，且於還家後回書世子勉以：「孝友恭敬，勤敏讀書，毋怠墮驕縱，修進德業，也副天下之望。」朱元璋見之大悅，嘉獎宋濂輔導有方，遣使賜贈，眷遇甚榮。〔註108〕此時宋濂是志得意滿，其言出則使斯道行，出則必爲帝者師等等，在入仕之初，即任職以建言、講道爲務的起居注與授世子經，似見實踐其志的可能。

〔註103〕〈宋公行狀〉，《全集》卷首2：2b。

〔註104〕〈宋公行狀〉，《全集》卷首2：2b。

〔註105〕劉基母喪於至正二十一年，時朱元璋正定討伐大計，與陳友諒戰事緊張。隔年得返，逢處州苗變，入城獻計，亂遂平。（見《明史》卷128，頁3779，〈劉基傳〉。）劉基雖是返鄉奔喪，主要任務是宣揚朱元璋軍威，號召處州鄉里歸服，致信方國珍，力招其降，方氏遂入貢。（見《國初禮賢錄》，《國朝典故》卷5，頁118～9。）二十三年，在朱元璋力請下，返京任軍機事。（見王馨一，《元劉伯溫先生生年譜》（台北：商務印書館，1980年），頁65。）

〔註106〕〈宋公行狀〉，《全集》卷首2：2b。宋濂此次歸省，應是應聘後第一次返家，可能與金華苗軍爲亂有關。至正二十二年，金華苗兵（原楊完者部下）復叛，守將胡大海死之，後由李文忠平之。（見《明通鑑》前編卷2，頁70～3）此時處州苗軍相應而起，劉基回鄉奔母喪正巧協助處州平定苗亂，號召人心。（見《明史》卷128，頁3779，〈劉基傳〉）因而宋濂於此時歸返，可能也是爲求金華人心的安定。

〔註107〕返家原因，在宋濂所撰〈恭題御賜書後〉有詳細記載，文中朱元璋稱呼宋濂不以其名，直呼老宋起居，可見親信之至，見《全集》卷3：4a。

〔註108〕〈宋公行狀〉，《全集》卷首2：2b；〈恭題御賜書後〉，《全集》卷3：4a，此御賜書即是朱元璋褒獎其行之回書。

此外，宋濂居留金陵期間，結識各地受聘文人，相與交游、論文，大爲擴展聲名。劉基言其：「日與文彥士相游不倦，人咸異焉」，〔註109〕顯見優游論文的宋濂精神氣飽之狀。宋濂在赴召前已刊行文集，每逢文人集會，便出示文集請人撰序。同僚孔克仁序文言以氣老志堅而文益多，是此時宋濂的最佳寫照。〔註110〕

第四節　〈諭中原檄〉——民族革命的確立

宋濂於二十五年（1365）四月回到金華故居，朱元璋原意其歸家養疾，疾愈速返，不料濂父遽逝，丁憂三年未曾回京。〔註111〕其時宋濂眷遇甚榮，既能終養其父，歸葬之時，朱元璋遣使致祭，臨郡之士咸來弔哭，備極哀榮。〔註112〕爾後，宋濂重整家園，遷回青蘿故居，重溫昔日讀書、優游生活。〔註113〕

期間，宋濂重編吳萊文集，彙爲《淵穎吳先生集》刊行，〔註114〕且受人之請，撰寫不少墓銘。但在部份墓銘、碑銘署名處，宋濂卻以前史官或宋太史自稱。〔註115〕雖言起居注是史職，但朱元璋尚未立國，宋濂也未去職，毫無自稱前史官之理。且於文中沿用元國號、年號與官名，確是元末所作，仍奉元廷爲正統。而宋濂於至正十九年（1359）撰〈先大父府君神道碑〉已用前史官之稱，所指是元朝編修之職。此前宋濂於〈先母夫人陳氏墓表〉提及召入史館，但未言固辭，此文應是撰於至正十四年（1354）之後，不晚於十八年（逃難）。〔註116〕宋濂早期之文（至正十六年前，收於《潛溪前集》）未

〔註109〕劉基，〈送宋仲珩還金華序〉，《誠意伯文集》卷5，頁28b。

〔註110〕孔克仁，〈潛溪後集序〉，《全集》卷首1：13b。

〔註111〕〈恭題御賜書後〉，《全集》卷3：4a。

〔註112〕〈先府君蓉峰處士阡表〉，《全集》卷50：13a。

〔註113〕〈蘿山遷居志〉（《全集》卷26：10b）：「越九載始重茸治，於是復來遷，時國朝吳元年（至正二十七年）丁未四月一日也。」

〔註114〕吳士諤，〈淵穎吳先生集識〉，《淵穎吳先生集》卷首。

〔註115〕例如：〈鄭君墓誌銘〉（《全集》卷49：6b）是撰於至正二十六年，有言：「……授前史官宋濂請刻」。〈戴仲積墓誌銘〉（《全集》卷50：3b）撰於元亡前而至正二十六年後，有言：「金華宋太史，汝仲父（戴良）所與游，而有文者。」

〔註116〕在〈先母夫人陳氏墓表〉（《全集》卷50：13a）提及：「夫人春秋未高，見淵以醫學鳴，用薦者爲義烏教諭，濂亦自布衣召入史館，娶適儒士賈明善，皆有孫矣！」宋濂長孫慎生於至正十四年，妹娶卒於至正十八年，以此判斷撰著時間晚於至正十四年，而於逃難前所撰。

有前史官之稱，而於至正十六年（1356）後密集出現，若非薦職爲此時所授，就是宋濂以元廷授職自榮。

此外，宋濂赴召途中與劉基等人詩文相和，文中屬名對稱，皆以元代官職，例如：宋濂稱呼劉基爲劉七都事或劉經歷，〔註117〕劉基則稱以宋二編修。〔註118〕宋濂雖固辭此職，但不排斥以此自稱，即是入幕反元集團，也不諱言受薦，甚有自榮之意。然而，宋濂入明後甚少提及受薦之事，卻於元末屢稱前史官、太史，毫無反元意識。雖言朱元璋未以反元主張號召士人，士人不因反元入幕，自然毫無反元意識的呈現。且於入幕仍以元職自榮，是承認元廷的政治主權，而朱元璋接受士人如此自稱，顯見尚未與元廷對立。事實上，已有學者指出，朱元璋渡江作戰的主要目的，並非開展反元鬥爭，而是爭取足夠的根據地與等待時機。〔註119〕朱元璋不以反元號召，是顧及士人合作的前提與士人意見的採用，考量以諸軍挾恃的現有局勢，必須爭取奧援、避免樹敵，而採以綱紀、秩序恢復爲號召，不與元廷直接對決，將能減低腹背受敵的可能，並獲得地方勢力的認同。

學者牟復禮（F. W. Mote）分析元廷中央權力瓦解下呈現的四種割據型態，一、作爲軍閥的地區性領袖；二、未經官方授權，獨自凝聚勢力的地方領袖；三、盜匪，尤其是已有良好組織的走私集管團；四、由民間宗教聚集平民而起的祕密會社運動。這四種割據型態並非靜止不變，明代政權的建立就已顯示叛亂集團的質變過程。〔註120〕雖然，朱元璋出身紅巾，是宗教傾向的聚眾性質，但於起兵後經歷政策轉變，早已喪失紅巾的起兵特色。學者陳高華分析，朱元璋與紅巾集團（或言香軍）的連結是頗具權謀考量，目的是庇護個人軍力的穩固與發展。〔註121〕顯然，朱元璋爲求勢力的順利擴展，極爲機巧的應變時勢、善用資源，包括：士人策略的有效運用，韓林兒政權的尊奉、元廷關係的適度維持等等，得以彌補劣勢的戰略條件（包括土地較小與諸軍環繞），打造出最佳的建國途逕。事實上，與浙東士人的合作，也就是結合地方抗亂的自發組織，是朱元璋立足浙東的唯

〔註117〕宋濂，〈遊涇川水西寺簡葉八宣慰、劉七都事、章卞二元帥〉；〈次劉經歷韻〉，《全明詩》卷48，頁346；頁348。
〔註118〕劉基，〈涇縣東宋二編修長歌〉，《全明詩》卷55，頁547。
〔註119〕陳高華，〈論朱元璋與元朝的關係〉，收入《元史研究論稿》（北京：中華書局，1991年），頁320。
〔註120〕《劍橋中國明代史》，第一章〈明王朝的興起〉，頁20。
〔註121〕〈論朱元璋與元朝的關係〉，《元史研究論稿》，頁320～1。

一方式，而於當時張士誠、陳友諒各據一方下，不往浙東發展是無其他出路。可言，時勢需求與朱元璋的機巧，促使其與士人的密切合作，而以秩序的恢復與穩定爲起兵訴求，使其政權性質明顯契合士人取向。〔註122〕如此，朱元璋出身紅巾的聚眾特質是日漸消除，且是士人要求與紅巾切除連繫，以劉基最爲鮮明。〔註123〕

至正二十四年（1364），朱元璋消滅陳友諒勢力，接收漢水以南，贛州（今江西贛縣）以西，韶州（今廣東曲江）以北，辰州（今湖南沅陵）以東的廣大領土，擁有其他勢力兩倍以上的人口、資源，單其數量優勢，已是日後勝利的關鍵。〔註124〕至此，朱元璋成爲南方最大勢力，迅速進兵征討張士誠。至正二十六年（1366）五月，發佈〈平周榜文〉，聲言伐罪救民，先責元廷政道不修、愚民妖言聚眾，導致天下紛亂；次言興兵之由，陳列張士誠八大罪狀，責明其罪，理應征伐；終以永保鄉里、全其室家撫慰其民。（全文見附文5-1）然而，文中顯現的政權認同與政治意見，與朱元璋紅巾出身的興兵本質與原則皆有嚴重違背。例如：聲討張士誠八大罪行，前七條舉其叛元與降元不忠之事，儼然認同元廷主權，可言是代元討伐，根本違背紅巾與元對立的起兵目的。甚至，譴責紅巾是妖言惑眾，荼毒生靈，表明反抗紅巾的堅決立場。至此，朱元璋與紅巾是明顯劃清界限，以弔民伐罪、王者之師自居。〔註125〕這是符合幕下士人的期待。

〈平周榜文〉是士人代作，言以赫赫，義正嚴辭，應是劉基主撰。全文細述元末情勢，與朱元璋起兵過程，言明起兵是爲救民，卻無民族革命之彰顯。然而，朱元璋招降陳友諒言以：「方今馭天下之勢，同討夷狄以安中國是馬上策，結怨中國而後夷狄是謂無策」，〔註126〕指明民族革命的起兵本質，以

〔註122〕陳高華，〈元末浙東地主與朱元璋〉，《元史研究論稿》，頁299～302。

〔註123〕《明史》（卷128，頁3778，〈劉基傳〉）：「初，太祖以韓林兒稱宋後，遙奉之。歲首，中書省設御座行禮，基獨不拜，曰：『牧豎耳，奉之何爲！』因見太祖，陳天命所在。太祖問征取計，基曰：『士誠自守虜，不足慮。友諒劫主脅下，名號不正，地據上流，其心無日忘我，宜先圖之。陳氏滅，張氏勢孤，一舉可定。然後北向中原，王業可成也。』太祖大悅曰：『先生有至計，勿惜盡言。』」可見，朱元璋本有帝志，臣服韓林兒是時勢所需，這表現出朱元璋爲求發展的機巧妥協，很難說朱元璋的起兵是有何具體主張，政策的運用與轉向士人政治，都是朝向建國的唯一目的，這與士人倒是合心共志，雖然理念本質有異。

〔註124〕《劍橋中國明代史》，第二章〈明代的軍事起源〉，頁98。

〔註125〕〈平周榜文〉，收於《皇朝平吳錄》，《國朝典故》卷6，頁138～9。

〔註126〕《明太祖實錄》卷12：8b。

之號召，卻於〈平周榜文〉一言未提，反是責其叛元、不忠之行，不啻爲結怨中國而後夷狄。顯見紅巾系與非紅巾系的集團對立，相對於紅巾明確的政治目標與反元主張，非紅巾的張士誠與方國珍是頗爲投機發展個人勢力，故而朱元璋稱許同爲紅巾的陳友諒是德化未及而政令頗脩，卻對同爲割據的張士誠嚴責叛元罪行，導致反元主張的模糊。甚至，聲討元廷〈諭中原檄〉也較之寬厚。（全文見附文 5-2）倘若二文明顯的氣勢差異，並非起自撰者的行文特質或個性，而是代表朱元璋的討伐態度，可言朱元璋與張士誠戰鬥關係是較元廷更爲對立。這是元末士人（或浙東士人）的心態反映，還是朱元璋個人意見？似見以華驅夷的民族思想，並非想像中深植人心。

朱元璋於江南長期征戰，少有申明具體的民族理念，直至與元決戰，檄文大昭華夷之防，確立討元戰爭的合法性，民族革命的易代特質才確切彰顯。〔註127〕事實上，朱元璋征討江南的主要對手並非元廷，不以反元爲主張，士人也不以反元爲獻策，皆是時勢所需。明代立國後，朱元璋回顧建國過程嘗言：

> 朕初起兵，欲圖自全，及兵力日盛，乃東征西討，削除渠魁，開拓疆宇。當時天下已非元氏有矣！向使元君克畏天命，不自逸豫，其臣各盡乃職，孰敢驕橫天下？豪傑焉得乘隙而起，朕取天下於群雄，不在元氏之手。

在征討過程中，朱元璋非常清楚征討對象的差異，針對敵我條件，轉變策略，而能順應時勢。因此，朱元璋在北伐宣佈〈諭中原檄〉前，未與元廷正面對立，如同於〈平周榜文〉前不與紅巾決裂，皆是增加奧援減少樹敵，這是朱元璋贏得江南並北伐成功的關鍵。可言，檄文呈現的對待差異，是能反映元末士人的政治心態，尤對元廷政權的認同，但也不失爲是朱元璋爭取時勢的策略考量。朱元璋素以張士誠爲敵，責其叛元，是切中士議，壯大軍威，而於北伐之時，元廷已名存實亡，應以號召北人爲務，故言入中國而中國之，寬厚對待。因此，首倡民族大義的〈諭中原檄〉，雖具民族

〔註127〕朱元璋於至正十六年奉韓林兒國號。韓林兒建國號宋，以復宋爲名，王崇武視此爲民族思想的展現。（見〈論明太祖起兵及其政策之轉變〉，頁 60～1）據《輟耕錄》所記，中原紅軍曾舉旗號爲：「龍飛九五，重開大宋之天」。然而，單就復宋國號的提出，未有民族理念的具體號召，是未見民族革命的雛型。朱元璋奉宋國號，入兵婺州時，於城南豎立大旗，號爲「山河奄有中華地，日月重開大宋天」，也是以復宋爲名，但已提出中華之名。不過，以朱元璋奉宋國號的權謀考量，以此號昭是否有其民族思想的展現，尚待評估。（引文見，劉辰，《國初事績》，收入《國朝典故》卷 4，頁 101）

革命的象徵，但錢穆卻質疑文中所述元之天授與天厭，是僅論其命，未伸吾義。且以檄文少見的氣和辭婉，嚴責元末士人是鮮能申明夷夏大義，內心怯弱極乏氣節，是異族統治導致如此。〔註128〕學者陳高華也認為，元末士人早已不存反元思想，是屈服元廷的異族統治，故於檄文中以「此豈人力，實乃天授」承認元廷正統，全然接受元廷政權的合理性。〔註129〕且不論元末士人反元與否，士人接受元廷統治，視其為正統政權應是確實，但以檄文首倡「驅逐胡虜，恢復中華」的民族口號，且有「冠履倒置」、「夷狄何得而治哉」等語反對夷狄統治，士人以民族理念提出反元口號也是無可抹滅的事實。雖言朱元璋因於征討所需的階段性策略，並未持續發展反元統治的具體理念，但至北伐，朱元璋確以華夷大義號召討元，其為民族革命的易代性質是清楚可見。

　　然而，朱元璋是否曾以民族理念號召士人加入反元戰爭？若是朱元璋未以民族革命招之，幕下士人也非以此佐之，對於元末士人（或言輔明士人）未能堅決反元之心態，責以缺乏民族大義、士人氣節，將是過於嚴厲且未合史實。如前所論，士人與朱元璋的合作是立足於統治秩序的恢復，以儒家綱紀的維護作為討伐諸雄與元廷的根本主張，故於檄文陳述元廷不治的理由，是著重其由天授而至天厭的過程——即是綱紀敗壞、民不聊生的具體事實，而非元廷統治的異族身份。〔註130〕華夷大義的提出，確是有力的討元號召，但非士人認為元廷不治、胡運不行的主因。因此檄文提出：「驅逐胡虜，恢復中華，立綱陳紀，救濟斯民」，是以華夷大義為本，重振族名，而以綱紀確立為務，救濟世民。可見民族思想的伸張是為討元戰爭的合法號召，重建政治、社會秩序才是代元而起的實質理由。〔註131〕因此，深懷國族思想的錢穆認為

〔註128〕錢穆，〈讀明初開國諸臣詩文集〉，《中國學術思想史論叢六》（台北：東大圖書出版公司，1985），頁100～1。

〔註129〕陳高華，〈元末農民起義中南方漢族地主的政治動向〉，《元史研究論稿》，頁272：284。

〔註130〕陳高華根據檄文提出立綱陳紀的口號，認為朱元璋從事民族鬥爭的目的是為重整政治綱紀，維護漢人的原有統治秩序。見〈元末農民起義中南方漢族地主的政治動向〉，《元史研究論稿》，頁284。

〔註131〕王崇武認為，檄文反映的民族思想是朱元璋取自紅巾教義。（見〈論明太祖起兵及其政策之轉變〉，頁68）但是，吳晗認為以民族獨立為號召是比紅巾以復宋國號更為高明，更能打動士人。（見《朱元璋傳》，頁114～5）判斷檄文提出華夷之別與國族統治是依據儒家理念，與紅巾教義應無直接關連。

伐元檄文是過於溫和謙讓，難以申明華夷大義、民心向背。〔註132〕事實上，這是元末士人求治心態的明確反映，也是入幕士人輔明建國的心志呈現。〔註133〕而撰者正是宋濂。〔註134〕

　　學者吳晗考察朱元璋建國過程與成功之因，視此爲朱元璋幕士的代表傑作，認爲以民族革命與復興道統爲號召，是彰顯儒家思想的正統理念，確立明代建國的合理基礎，且以入中國則中國之的寬厚對待，緩和蒙古、色目軍的反抗心理，故能獲得全民尤爲士人的支持，輕易贏得政權。〔註135〕此文確是士人思想的具體呈現，不只確立朱元璋政權本質的轉變，且以儒家理念的高揚，政治理想的提出，提供儒術治國的可能實現。這是元末士人的衷心寄許，也是宋濂從政的心志所在。至此，宋濂是高度期待理想政治的眞正來臨，入明而仕是極享尊榮、深具理念，然其即將面臨的艱難處境，恐是宋濂始未料及。

表5－2　宋濂輔明事蹟

時間	朱元璋大事記	宋濂行事
至正十九年 1359	1、正月，命寧越府開郡學，以宋濂、葉儀爲五經師。 2、朱元璋兵克諸暨，方國珍附之。四月復池州，九月取衢州、十一月取處州。 3、陳友諒以江州爲都，迎徐壽輝居之，自稱漢王。	1、三月，返回潛溪故居。 2、撰〈答郡守聘五經師書〉，拒絕徵聘。
至正二十年 1360	1、三月，徵劉基、宋濂、章溢、葉琛至。 2、閏五月，陳友諒佔太平，殺徐壽輝自立，建國號漢，改元大義。攻應天，朱元璋大敗之，遂復太平。 3、明玉珍聞徐壽輝被殺，自立爲隴蜀王，不與友諒通。	1、三月，以李善長薦，與劉基、章溢、葉琛並徵至建康。 2、閏五月，朱元璋設儒學提舉司。七月以宋濂爲提舉。十月，遣子標受學。

〔註132〕〈讀明初開國諸臣詩文集〉，《中國學術思想史論叢六》，頁100～1。
〔註133〕《明史》（卷128，頁3780，〈劉基傳〉）：「基謂宋、元寬縱失天下，今宜肅綱紀。」劉基對於綱紀執行十分嚴明，且於宋濂、王禕的論治之言，也視綱紀之定爲立國根本。可見，綱紀確立的需求是浙東士人對於明代建國的普遍寄望。
〔註134〕宋濂，〈諭中原檄〉，《皇明文衡》卷1：1a～2a。
〔註135〕吳晗，〈朱元璋傳〉，頁112～116。

時間	朱元璋大事記	宋濂行事
至正二十一年 1361	1、二月，立茶鹽課、寶源局。 2、八月，朱元璋擊陳友諒於江州，陳友諒敗走武昌。分兵攻打南康、建昌、饒州、蘄州、黃州、廣濟等處，皆下。 3、十一月，下撫州。	二月，與劉基、夏煜、章溢遊鐘山，撰〈遊鐘山記〉。
至正二十二年 1362	1、一月，陳友諒部將胡廷瑞以龍興降。袁州、瑞州、臨江、吉安，相繼下。 2、二月，金華苗兵亂，守將胡大海死之。 3、三月，明玉珍陷雲南，稱帝於重慶，國號夏，建元天統。	八月，奉詔講《春秋左氏傳》，是月告歸省親。
至正二十三年 1363	1、一月，張士誠發兵攻安豐，劉福通告急，太祖不聽劉基言，率兵援之。 2、陳友諒大舉攻洪都。文正死守。朱元璋急撤安豐援軍救洪都，與友諒大戰於鄱陽湖，友諒中矢死。 3、九月，張士誠請命稱爵，不報，拒運糧至大都，自立為吳王。	1、五月，朱元璋置禮賢館，宋濂再至建康，與陶安、劉基、章溢、蘇伯衡等人皆居館中。 2、七月，鄱陽湖之役，撰〈平江漢頌〉記之。
至正二十四年 1364	1、一月，朱元璋即吳王位，建百官。 2、二月，陳友諒子陳理以武昌降。漢亡。	十月，改起居注
至正二十五年 1365	1、九月，建國子學。 2、十月，兵討張士誠。命徐達常遇春規取江北、淮東之地，克泰州。	1、一月，與上論黃石公《三略》，進言以《大學衍義》為帝王書之要。 2、一月，朱元璋從子朱文正得罪，濂請上體親親之誼而免之。 3、三月，以疾請歸。四月抵家，上表申謝，奉書世子勉之。 4、返家不久，丁父憂，守制於家。
至正二十六年 1366	1、八月，命徐達為大將軍、常遇春為副將軍，率師二十萬，討張士誠。 2、十二月，遣廖永忠迎小明王至應天，中途沉於江。宋亡。以明年為吳元年。	

時間	朱元璋大事記	宋濂行事
至正二十七年 1367	1、二月，徐達圍平江，張士誠困守不出。 2、三月，設文武科取士。 3、五月，設置翰林院。 4、九月，徐達破平江，執張士誠，吳亡。 5、十月，以湯和征討方國珍，十二月降之。 6、議北伐，命徐達爲征討大將軍，北伐中原。	撰〈諭中原檄〉
至正二十八年 洪武元年 1368	1、一月，朱元璋稱帝，國號大明，建元洪武。 2、湯和克延平，執陳友定，福建平。 3、八月，徐達入大都，元亡。	十二月，詔修《元史》，命濂爲總裁官。

附文 5－1〈平周榜文〉[註136]

伐罪救民，王者之師，考之往古，世代昭然。軒轅氏誅蚩尤，殷湯征葛伯，文王伐崇侯，三聖之起兵也，非富天下，<u>本爲救民</u>。近睹有元之末，主居深宮，臣操威福，官以賄成，罪以情免，風憲舉親而黜讎，有司差貧而賈富。廟堂不以爲慮，方添冗官，又改鈔法，役四十萬，湮塞黃河，死者枕籍於道，哀苦聲聞於天。致使愚民，誤中妖術，不解僞言妄誕，酷信彌勒之眞有，冀其治世，以甦其苦，聚爲燒香之黨，根據汝、穎，漫延河、洛。妖言既行，兇謀遂逞，焚蕩城郭，殺戮士夫，荼毒生靈，無端萬狀。元以天下錢糧兵馬而討之，略無功效，愈見猖獗，然而終不能濟世安民。是以有志之士，傍觀熟慮，或假以元氏爲名，或托以鄉軍之號，或以孤兵獨立，皆欲自爲，由是天下土崩瓦解。

予本濠梁之民，初列行伍，漸至提兵，<u>灼見妖言不能成事，又度胡運難與成功，遂領兵渡江</u>。賴天地祖宗之靈及將帥之力，一鼓而有江左，再戰而定浙東。陳氏稱號，據我上游，爰興問罪之師，彭蠡交兵，元惡授首，其父子兄弟面縛輿櫬。既待以不死，又封以列爵，將相皆置於朝班，民庶各安於田里，荊襄、湖廣，盡入版圖，雖未及混一，而政令頗修。惟茲姑蘇張士誠，

[註136] 收於《皇朝平吳錄》，《國朝典故》卷6，頁138〜9。

為民則私販鹽貨，行劫於江湖，兵興則首聚兇徒，負固於海島，其罪一也；又恐海隅一區，難抗天下全勢，詐降於元，坑其參政趙璉，囚其待制孫撝，其罪二也；厥後掩襲浙西，兵不滿百數，地不足千里，僭號改元，其罪三也；初寇我邊，一戰而生擒其親弟，再犯浙省，揚矛直擣於近郊，首尾畏縮，又乃詐降於元，其罪四也；占據江浙，錢糧十年不貢，其罪五也；陽受元朝之詔，陰行假王之令，挾制達丞相，謀害楊左相，其罪六也；知元綱已墜，公然害其江浙丞相達識帖木兒，南臺大夫普化帖木兒，其罪七也；誘我叛將，劫我邊民，其罪八也。凡此八罪，有甚於蚩尤、葛伯、崇侯，雖堯、舜、禹、湯、文、武與之同世，亦有不容，理宜征討，以拯天下，以濟斯民。

　　爰命中書左丞相徐達率領馬步官軍、舟師，水陸並進，攻取浙西諸處城池。嘗戒軍士，征討所到，殲厥渠魁，脅從罔治。凡我迸逃臣民，被陷軍士，咸宥其罪。爾人民果能復業，即我良民，舊有房舍地土，依額納糧，以供軍儲，餘無科取，<u>使汝等永保鄉里，以全室家</u>，此興師之故也。敢有千百相聚，旅拒王師者，即當移兵勦滅，遷徙宗族於五溪、兩廣，永離鄉土，以實邊疆。果有賢哲，或全城歸附，或棄刃來降，予所賞賜非敢吝。凡予之言，信如皓日，咨爾臣庶，毋或自疑。故榜。

附文 5－2〈諭中原檄〉〔註137〕

　　自古帝王臨御天下，中國居內以制夷狄，夷狄居外以奉中國，未聞以夷狄治天下也。自宋祚傾移，元以北狄入主中國，四海內外，罔不臣服，此豈人力，實乃天授。然達人志士尚有冠履倒置之歎。自是以後，元之臣子，不遵祖訓，廢壞綱常。有如大德廢長立幼，泰定以臣弒君，天歷以弟酖兄，至於弟接兄妻，子烝父妾，上下相習，恬不為怪。其於父子君臣夫婦幼長之倫，瀆亂甚矣！夫人君者，斯民之宗主。朝廷者，天下之根本。禮義者，御世之大防。其所為如彼，豈可為訓於天下後世哉！及其後嗣沉荒，失君臣之道，又加以宰相專權，憲臺報怨，有司毒虐，於是人心離叛，天下兵起，使我中國之民，死者肝腦塗地，生者骨肉不相保，雖因人事所致，實天厭其德而棄之之時也。古云，胡虜無百年之運，驗之今日，信乎不謬。當此之時，天運循環，中原氣盛，億兆之中，當降生聖人，驅逐胡虜，恢復中華，立綱陳記，

救濟斯民。今一紀于茲，未聞有濟世安民者，徒使爾等戰戰兢兢，處於朝秦暮楚之地，誠可矜憫。方今河洛關陝，雖有數雄，忘中國祖宗之姓，反就胡虜禽獸之名，以爲美稱，假元號以濟私，恃有眾以要君。阻兵據險，互相吞噬，反爲生民之巨害，皆非華夏之主也。

予本淮右布衣，因天下亂，爲眾所推，率師渡江，居金陵形勢之地，今十有三年，西抵巴蜀，東連滄海，南控閩越，湖湘漢沔，兩淮徐邳，皆入版圖，奄及南方，盡爲我有。民稍安，食稍足，兵稍精，控弦執矢，自視我中原之民，久無所主，深用疚心。予恭天成命，罔敢自安，方欲遣兵，北逐群虜，拯生民於塗炭，復漢官之威儀，慮民人未知，反爲我讎，挈家北走，陷溺尤深，故先諭告，兵至民人勿避。予號令嚴肅，無秋毫之犯，歸我者永安中華，背我者自竄於塞外。蓋我中國之民，天必命中國之人以安之，夷狄何得而治哉？爾民其體之，如蒙古色目，雖非華夏族類，然同生天地之間，有能知禮義，願爲臣民者，與中國之撫養無異。

第六章　仕明生涯與心境

　　從至正二十年（1360）赴召，至洪武十年（1377）致仕止，宋濂隨侍朱元璋有十五年之久，經歷建國戰爭與立國建制的辛苦奮鬥，宋濂的身份與職責也隨著政權興立的需要而提昇。然而，朱元璋與宋濂之間如何建立互信與合作的主從關係，是否隨著明代立國而轉變？宋濂在政權中所能發揮的作用，扮演的角色，以及為朱元璋所信任、重用的理由為何？是否也在立國後產生變化？所謂鳥盡弓藏的功臣心理，以及兔死狗烹的功臣下場，在宋濂輔明建國後，是否也感受到如此險境的可能？以此探視宋濂的出仕生涯，須先留意宋濂作為立國功臣的身份，在立國前後可能面臨的處境與問題，以此考察其於仕途的心境轉變將更貼切。

第一節　立國功臣

一、詔修元史

　　至正二十七年（1367）十月朱元璋發佈〈諭中原檄〉，隔年改元洪武，建國號明，而宋濂仍在家居。雖是撰作〈諭中原檄〉，宋濂並未回京復職，也未參與立國前的儒臣議禮。〔註1〕傳載宋濂於洪武二年（1369）回朝，但《明太祖實錄》在洪武元年閏七月條記有明太祖與宋濂論安天下，駁斥神仙之事，似乎宋濂在修史前已返京隨侍。〔註2〕而〈行狀〉則記，宋濂是於回朝之初進

〔註1〕　《明通鑑》（卷4，頁145）吳元年五月己亥條：「時徵集諸儒議禮，以宋濂方家居，乃命（陶）安充議禮總裁官。」
〔註2〕　《明太祖實錄》（卷33：9b）：「洪武元年閏七月，丁卯，上謂侍臣宋濂等曰：……。」

言太祖，君王以治國爲重，不應好求神仙。〔註3〕宋濂與太祖確有此論，但何時而論，涉及宋濂的回朝時間。宋濂於〈送許時用還越中序〉記有：「會朝廷纂修元史，宰臣奉特旨起濂爲總裁官，使者亦見迫如前。」〔註4〕而於〈寅齋後記〉有言：「洪武二年春，濂以總修元史被召來京。」〔註5〕可見洪武元年宋濂仍在家居，而於隔年以修史任務回朝。且據《實錄》於詔修元史條記以「詔前起居注宋濂爲總裁」，既言前起居注，意指宋濂尚未回朝，不可能於洪武元年（1368）的北伐期間與太祖論治。〔註6〕另外，宋濂於〈元史目錄後記〉有言：

> 洪武元年秋八月，上既平定朔方，九州攸同，而金匱之書悉輸於祕府。冬十有二月，乃詔儒臣發其所藏，纂修元史以成一代之典，而臣濂、臣禕實爲之總裁。明年春二月丙寅開局，至秋八月癸酉書成。
> 〔註7〕

指出受詔總裁是元年底之事，宋濂應於此時返京，並未隨侍太祖建國改元，立國諸事皆無所與，得能發揮才學爲太祖所用，是於明立之後。首要之務即是修史。

《元史》修撰開局二次，總修期間不到一年，〔註8〕缺略錯誤甚多，頗爲學者詬病。學者歸因於修史者唯求速成，未能作妥籌備工作，加上修史期間過短，史料收集、考訂整理皆未完善，不免出現蕪雜缺略、文筆過陋等修史缺失。總言，時間不足是《元史》修撰不佳的主因。取得主要修史材料的《十三朝實錄》是元年（1368）八月之事，太祖於十一月即詔修史，僅有三月之隔，而於次年二月開館，七月史成，其詔修與成書之速，是史上少見。〔註9〕然而，運送《十三朝實錄》等諸多典籍至南京是頗費時日，修史者並無足夠時間勘察史事，史料種類也相當有限，顯然修史準備並不充份。且於立國甫定，政治秩序尚未穩固，明廷正集中人力、物力於國家統一，清除元朝殘餘勢力，是無暇兼顧修史工作的進行。太祖詔開史館指示：「元雖亡國，事當記

〔註3〕〈宋公行狀〉，《全集》卷2：3a～b。

〔註4〕〈送許時用還越中序〉，《全集》卷2：3b。

〔註5〕宋濂，〈寅齋後記〉，《全集》卷1：7a。

〔註6〕《明太祖實錄》卷39：1b。

〔註7〕宋濂，〈元史目錄後記〉，《全集》卷1：5a。

〔註8〕〈元史目錄後記〉，《全集》卷1：5a。

〔註9〕〈元史目錄後記〉，《全集》卷1：5a。

載。況史記成敗，示勸懲，不可廢也」，故令史臣直述其事，以垂鑒戒。〔註10〕事實上，建國初成，爲求鑒戒而修史並非當務之急，何以迫切至此，不計品質？在不具修史條件與時機之下，《元史》的速成應具深意。

宋濂居家多時，改元議禮皆未參與，以總裁修史返京。其言使者趨之上道是急如星火，不容稍遲，〔註11〕至京立即開館，顯見太祖修史之急要。歷代修撰前史的目的，不外是總結前朝得失以爲己鑒，宣揚天命所歸，正統已立。明太祖開館詔令，指明修史以垂鑒戒，以號正統，看似無異他朝，應無迫切修史之理，且於大亂甫定，統一秩序尚未確立，大可等待政權鞏固、修史材料完備，再詔開館。如此急令促行，不顧修史品質，可言太祖意不在史，而是修史工作的進行。學者羅仲輝認爲，明太祖急令開館的眞正用意，是以修史作爲政治手段，招攬士人加入明朝政權，且以山林遺逸作爲史員徵召條件，意於塑造未仕士人與明政權的合作形象。〔註12〕此外，元順帝北遁，元軍勢力猶存，顧及政權鞏固所需，以修史號召正統，確具迫切性。明太祖急於修史，講求速成，應是爲此，非僅於人才招攬。事實上，號召士人修史與正統確立也有密切相關，既是修撰前朝史事，等同承認前朝已滅，接受新朝統治，是轉移士人政權認同的最佳方式。且以建國初成人心未定，士人仕之與否，並非急切，但認同與否，卻相當重要。

至於修史成員特質，據趙汸記：「詔修元史起山林遺逸之士使執筆焉，凡文儒之在官者無與，於是在廷之臣各舉所知以應。」〔註13〕而宋濂也言：「起山林遺逸之士協恭共成之，以其不仕於元，而得筆削之公。」〔註14〕修史工作未有朝臣、元臣參與，專以遺逸士人任事，是《元史》修撰一大特色。此外，據趙汸所記，受詔赴京途中是與宋濂同行，〔註15〕可見宋濂雖任總裁，但因回朝時晚，關於修史時間、史員人選與遺逸修史的決定，宋濂應未能與。因此，廣召江南各地尚未仕明的知名士人參與修史，並非僅於宋濂認爲得其筆削之公的修史考量，可能包含太祖爲求政權鞏固的政治目的。所聘史員多

〔註10〕　《明太祖實錄》卷39：1a～b。
〔註11〕　〈送許時用還越中序〉，《全集》卷2：3b。
〔註12〕　羅仲輝，〈明初史館和《元史》的修纂〉，《中國史研究》（北京：中國社會科學出版社），1992年第1期，頁144～5。
〔註13〕　趙汸，〈送操公琬先生歸番陽序〉，《皇明文衡》卷38：19b。
〔註14〕　宋濂，〈呂氏采史目錄序〉，《全集》卷7：15a。
〔註15〕　〈送操公琬先生歸番陽序〉，《皇明文衡》卷38：19b～20a。

為當地盛名學者，以文聞名，深具士人網絡連結，又以浙西文士居多。（見表6-1）按理而言，既是修撰史事，應廣求治史學者，在朝廷臣多有飽學之士，且不乏熟悉元末史事的前朝遺臣（如危素、張以寧），不使與事卻盡求南方文士，令人費疑。其次，受召士人皆非自願入館，多是屢辭不成，強徵而起，根本無意修史，是嚴重影響修史品質。且以兩次開館除趙壎外皆未重覆受召，解館即授官職，顯見太祖徵聘隱逸，意於網羅地方士人至京，以其與政府的合作態度，提昇政權威望與地方向心力。若以修史過程對照，應更明確。

洪武二年（1369）二月史館開局，以李善長為監修，宋濂、王禕為總裁，徵聘山林隱逸：汪克寬、胡翰、宋僖、陶凱、陳基、趙壎、曾魯、高啟、趙汸、張文海、徐尊生、黃箎、傅恕、王錡、傅著、謝徽，十六人為纂修。〔註16〕修史一百八十八天，於洪武二年（1369）八月散局。除順帝朝未具實錄，缺略不備，修成紀、志、表、傳，共一百九十九卷呈上。為了續修順帝朝史事，四遣儒士收集史料，於洪武三年（1370）二月再度開局，復徵四方學士：朱右、貝瓊、王廉、朱世濂、王彝、張孟兼、高遜志、李懋、李汶、張宣、張簡、杜寅、殷弼、俞寅、趙壎，十五人為纂修。〔註17〕歷一百四十四天，於洪武三年（1370）七月散局，修成紀、志、表、傳，共五十三卷。統計修史時間三百三十二天，編纂者三十人，獨趙壎兩局皆與。〔註18〕而於洪武二年（1369）八月散局同時，太祖詔修《禮書》，徵聘儒士：徐一夔、梁寅、劉于、周子諒、胡行簡、劉余弼、董彝、蔡深、滕公琰至京，加上史員曾魯，共十人纂修，洪武三年（1370）九月書成，賜名《大明集禮》。

兩次修史與修禮學者是分別徵召，少有重覆，且不以朝臣參與。統計在洪武二年到三年間，所召士人至京，不含中途歸返者，有三十九人。〔註19〕且於洪武二年（1369）初，太祖廣召元廷故臣，授以官職。在立國兩年內，四方之士聚集南京，人才濟濟。除為宣揚正統、收攬人心外，滿足體制用人所需，也是太祖召士的主要目的。羅仲輝認為，太祖是以修史、修禮為名，製造士人與明政權的合作機會，使其改變對明印象與政權認同，提昇入仕意

〔註16〕《明太祖實錄》卷39：1a～b。
〔註17〕《明太祖實錄》（卷49：3b）記以十四人纂修，未有王廉，而宋濂〈元史目錄後記〉則記以十五人，今取宋濂所記。
〔註18〕〈元史目錄後記〉，《全集》卷1：5a。
〔註19〕例如：操琬修纂《元史》，楊維楨入禮局，皆以身體不適乞歸，未能終始其事。

願。事實上，以此入仕者實居少數，也多未擔任行政要職。但以這些政治動向未明的士人，在地方多具有高知名度與網絡連結，其能發揮的政治、社會影響力，太祖是深切關注。可言，太祖廣召士人雖有攏絡其心，引之入仕之圖，但以江南士人與地方官員、富豪、家族的高連結性，太祖必是深患未然，防其不軌。故以各式名義強徵至京，名爲攬士，實有監控、收服之意。

如此而言，深具士譽的宋濂便成爲太祖與士人建立關係的主要媒介。宋濂擅長史傳，主事總裁是適得其任，但於修史期間，與受召士人交游密切，不止勤於作文撰序，每當士人歸返，皆以送行、贈詩，極盡尊榮。且以受召士人盛享文名，喜於文墨相尚，與宋濂是相處甚歡，可言太祖是借重宋濂文才與聲名，投合士人所好，籠絡其心。例如：浙西文人之首的楊維楨不願仕明，受准乞歸，宋濂深知其志，而於送行時贈詩「不受君王五色詔，白衣宣至白衣還」，傳爲美談。〔註 20〕且不論宋濂與受召士人的交游心態，至少在政權形象的打造上，宋濂的盛名與擅文，是極佳的門面工具，優游士人間，不只拉攏士心，也爲明政權作了不少的粉飾工作。

事實上作爲出應時需的文學侍臣，並不符合宋濂入仕的用世心志。在元末未仕前，宋濂已明確表態以治學爲重，不以文人自名。入明後撰〈贈梁建中序〉省思個人治文心態，指明爲文以載道爲重，不應沉溺文辭，去道益遠。此文撰於洪武元年（1368）十一月十五日，正逢宋濂受詔總裁期間，應於返京前所作，是宋濂門人認爲最能展現宋濂爲文心志之文。其言平日撰文是「出應時須皆於勢之不能自己」，雖知學文的眞正意涵，屢經醒覺，卻仍不免沉溺文辭，直於驚覺老之將至而深感悔愧，立志「焚毀筆研而游心於沂泗之濱」，以明道爲務。〔註 21〕然而，宋濂回朝後仍是主事文衡，雖享有第一文臣之譽，但與昔日心志是愈形遠去。世人是皆知其文，不知其具行道之志、世道之功，以至逝後須由門人屢爲申明。〔註 22〕宋濂仕後不能自己的處境是不止於此，洪武三年（1370）因坐朝參降爲編修，四年（1371）因議孔子禮不合上旨，謫爲安遠知縣。顯然，明太祖優禮士人的態度已經轉變，宋濂是動則得咎，仕途難行。

〔註 20〕 《明史》卷 285，頁 7309，〈文苑傳〉。

〔註 21〕 〈贈梁建中序〉，《全集》卷 2：8b～9a。另收於《宋學士文集》（四部叢刊）的《鑾坡前集》卷 10，頁 20a～21a，附有撰作時間與門人後題。

〔註 22〕 〈贈梁建中序後題〉，《宋學士文集》之《鑾坡前集》卷 10，頁 20b～21a。

表6-1 修史諸臣傳略〔註23〕

姓名	居住地	事　　　蹟	《明史》傳列
胡翰	金華（婺州路）	從師吳師道、吳萊學古文，以文聞名，太祖下金華，授衢州教授。史成而歸，未仕。	文苑傳
朱濂	義烏（婺州路）	從學黃溍。史成，不受官歸，尋徵修日曆，除翰林編修。	文苑傳
張孟兼	浦江（婺州路）	以文知名。史成授國子學錄，歷禮部主事，太常司丞、山東僉事、山東副使，後坐罪死。	文苑傳
汪克寬	祈門（徽州路）	其祖受業饒魯，得黃榦眞傳。克寬自幼承襲家學，盡力於經學，執經門下者眾。史成授官，以老疾固辭。	儒林傳
趙汸	休寧（徽州路）	從學黃澤、吳澄，諸經貫通，尤專於《春秋》。史成授官，辭歸，未幾卒。	儒林傳
傅恕	鄞縣（慶元路）	學通經史，有文名。洪武二年，指闕陳治道十二策，太祖嘉納之，命修《元史》。史成授博野知縣，後坐累死。	文苑傳
張文海	鄞縣（慶元路）	與同里傅恕受召修史，史成乞歸。	文苑傳
宋僖	餘姚（慶元路）	從學楊維楨之門，元至正二十年，鄉貢爲繁昌教諭。史成，命典福建鄉試。	文苑傳
陶凱	臨海（台州路）	博學，工詩文。元至正中領鄉薦，除永豐教諭，不就。史成，授翰林應奉，教習大本堂，授楚王經。擢禮部尚書，出爲湖廣參政，致仕。起爲國子祭酒，改晉王府左相。一時詔令、封冊、歌頌、碑誌多出其手，後坐事死。	卷一三六
陳基	臨海（台州路）	從學黃溍，元末游大都，授爲經筵檢討。嘗爲人草諫章，力陳順帝與后之失，帝欲罪之，避歸鄉里。後入吳，曾參謀張士誠軍事，力諫士誠稱王事，幾受殺害。吳平，召修《元史》。史成，賜金而還。	文苑傳
朱右	臨海（台州路）	史成辭歸，後徵修日曆、寶訓，授翰林編修，遷晉府右長史，卒於官。	文苑傳

〔註23〕 參考王慎榮整理修史諸臣傳略，見《元史探源》（長春：吉林文史出版社，1991年），頁7～15。另外，方齡貴撰《〈元史〉纂修雜考》對於參修諸人考證甚詳，文收張寄謙編，《素馨集》（北京：北京大學出版社，1993年），頁36～81。

姓名	居住地	事　　　　蹟	《明史》傳列
高啓	長州（平江路）	博學工詩，元末隱於吳淞江之青丘，號青丘子，盛享詩名。史成，授翰林編修，復命教授諸王，擢戶部右侍郎，固辭，放歸。後爲蘇州知府魏觀作上梁文，太祖見之怒，腰斬於市。	文苑傳
傅著	長州（平江路）	史成歸爲常熟教諭，歷官知府。	文苑傳
謝徽	長州（平江路）	博學工文，與高啓齊名。史成，以布衣入內府，教授諸王，授翰林編修。後擢吏部郎中，辭歸。復起爲國子助教，卒於官。	文苑傳
王彝	嘉定（平江路）	少年孤貧，讀書天台山中，師事王貞文，得金履祥之傳。嘗著論力詆楊維楨，斥爲文妖。史成，賜銀幣歸。又薦入翰林，母老乞歸。後坐知府魏觀事，與高啓俱被殺。	文苑傳
張簡	吳縣（平江路）	初師張雨爲道士，隱居鴻山，以母老歸養，遂返儒服。以詩文名。	文苑傳
杜寅	吳縣（平江路）	史成，授岐寧衛知事，官至兵部侍郎。洪武八年，因兵亂被害。	文苑傳
貝瓊	崇德（嘉興路）	師事楊維楨，性坦率，篤志好學。張士誠屢辟不就。史成，受賜歸。洪武六年以儒士舉，除國子助教。十一年，改官中都國子監助教，教勳臣子弟。致仕卒。	卷一三七
張宣	江陰州	洪武初以考禮徵，三年受召續修《元史》，史成授翰林編修。洪武六年，坐事謫徙濠梁，卒於道。	文苑傳
趙壎	新喻（江西）	好學，工屬文，元至正中舉於鄉，爲上猶教諭。史成授官，辭歸。尋召修日曆，授翰林編修，後出爲靖江王府長史。	文苑傳
曾魯	新淦（江西）	博通古今，凡國體人才，制度沿革，無不能言。以文聞名。史成乞歸，以編纂禮書，復留之，授禮部主事。洪武五年超擢禮部侍郎，命主京畿鄉試。是年引疾歸，道卒。徐尊生嘗言：「南京博學士二人，以筆爲舌者宋景濂，以舌爲筆者曾得之也。」	卷一三六
徐尊生	淳安（建德路）	史成授官，辭歸田里。復同修日曆。洪武十年，宋濂致仕，薦尊生代職，遂授翰林應奉。後以老疾辭歸。	文苑傳
王廉	青田（處州路）	窮研經史，洪武二年，危素荐授翰林編修，續修《元史》。四年出使安南，還改工部員外郎，固辭，出爲澠池縣丞。十四年擢爲陝西左布政使。	無

姓名	居住地	事　　　　　　　蹟	《明史》傳列
李汶	當塗（太平路）	博學多才。史成授巴東知縣，移南和。晚年乞歸田里，以經學訓後進。	文苑傳
黃篪	不詳	不詳	
王錡	不詳	不詳	
高遜志	不詳	不詳	
李懋	不詳	不詳	
殷弼	不詳	不詳	
俞寅	不詳	不詳	

二、仕宦歷程

　　宋濂入明後仕途順遂，深受太祖親信與尊重，這與宋濂個性懇謹、侍主忠誠有關。且以宋濂謫死他地，已是明初文臣中下場較佳者，若非子孫牽累，應有可能壽終天年。據載，宋濂致仕時，太祖賜綺嘉其忠，問其年歲，濂曰六十有八，太祖則言：「藏此綺，俟三十二年後作百歲衣也」，〔註 24〕全其身退。而宋濂終不免受謫流放，顯見太祖任殺成性、毫無寬待的政治作風，即是眷遇盛榮的宋濂也難逃惡運。宋濂侍主誠謹的作為，史傳中頗有流傳，例如：宋濂在家宴客，太祖遣使暗中察看，上朝則問飲酒否？座客有誰？饌為何物？宋濂具實以對，太祖笑言：「卿信不欺我」，特嘉其誠。〔註 25〕而於廷中，未嘗訐人過，特於居室壁題「溫樹」二字，有問及內事，則指示之，不發一言。〔註 26〕致仕後，則終日居家著述不與涉事，且誡子孫毋至城，談及時事輒引去不與語等等，〔註 27〕皆可顯現宋濂仕後的誠慎恐懼，謹慎防範禍及自身的任何可能。如此仕宦環境，是嚴重阻礙宋濂（包括其他士人）從政理念的實踐，尤以明朝政權穩固後，太祖全心投入內政運作，與朝臣的關係是愈趨緊張。

　　宋濂從洪武二年（1369）受召至十年（1377）致仕，除洪武四年（1371）受謫知縣外，九年間皆任文職。（見表 6–2）曾任翰林學士（從三品）、翰林

〔註 24〕〈宋公行狀〉，《全集》卷首 2：5a。
〔註 25〕〈宋公行狀〉，《全集》卷首 2：4a。
〔註 26〕〈宋公行狀〉，《全集》卷首 2：4b。
〔註 27〕〈宋公行狀〉，《全集》卷首 2：6a～b。

編修（正六品）、國子司業（正五品）、安遠知縣（正七品）、禮部主事（正六品）、翰林侍講（正四品）、翰林學士承旨（正三品），官品多介於三品至五品間。〔註28〕宋濂於修史期間由起居注擢爲翰林學士，已是高居三品，洪武三年（1370）七月修史完畢，卻因坐失朝參，連降三級爲翰林編修。〔註29〕失朝原因爲何，史料未載，但以同爲總裁的王禕也因失朝降爲編修，降職原因可能與修史有關。但是，太祖對宋濂的重視，未因降職減低，旋即任爲同考官，主持開科事務。〔註30〕同年陞職國子司業，負責人才選拔與培育，皆是當時要務。〔註31〕

　　宋濂在仕宦歷程中最大的挫折，應是洪武四年（1371）與太祖論祀孔子禮，坐不以時奏，謫爲安遠知縣。〔註32〕受謫過程《明通鑑》有清楚記載：

> 先是濂國子司業，會京師修文廟，爰命禮官儒臣釐正祀典。濂乃上
> 〈孔子廟堂議〉曰：……
>
> 議上，上以舜、禹、湯、文、不宜祀于國學，不悅，遂坐不以時奏，
> 謫知安遠縣。〔註33〕

宋濂坐罪並非不以時奏，而是所議不合上旨，謫以縣令是略施薄懲，旋即召還爲禮部主事，並無眞罪之意。〔註34〕同事受謫的還有國子祭酒魏觀，也是以禮部主事召還。〔註35〕宋濂與魏觀主事國子學，爲當時儒學權威，依傳統禮法上議設祀，是儒臣意見的普遍反映，但太祖不受其議且罪之，似有警示士人確立君威的意味。而且，對於士人極爲重視的孔子設祀，太祖向來是堅持己見。

〔註28〕官秩品級見《明史》卷72：73，〈職官志〉。

〔註29〕《明太祖實錄》卷54：2a。

〔註30〕宋濂〈庚戌京畿鄉闈紀序〉（《全集》卷1：12b～13a）：「洪武三年夏五月以科目選士，詔內外之官胥此焉。出闈三月，畿甸之士將試於京府禮部，以開皇帝御謹身殿，召前御史中臣基……、國史臣濂佐其事。」可見宋濂主試科舉是在三年八月。

〔註31〕《明太祖實錄》（卷59：3a）：「洪武三年十二月甲子，以翰林侍讀學士魏觀爲國子祭酒，編修宋濂爲國子司業。」

〔註32〕《明史》卷128，頁3785，〈宋濂傳〉。

〔註33〕《明通鑑》卷4，頁279～282。

〔註34〕《明太祖實錄》（卷67：7a）：「洪武四年八月乙亥，降國子祭酒魏觀爲江西龍南縣知縣，司業宋濂爲安遠縣知縣，坐考孔子禮稽緩故也。」；《明太祖實錄》（卷69：1b）：「洪武四年十一月己未，召龍南知縣魏觀、安遠知縣宋濂還京師以爲禮部主事。」

〔註35〕《明史》卷140，頁4001，〈魏觀傳〉。

洪武元年（1368）二月，太祖循開國君主慣例，祀孔子於國學，並遣使詣曲阜致祭，其言：「仲尼之道，廣大悠久與天地相並，故後世有天下者，莫不致敬盡禮，脩其祀事。朕今為天下主，期在明教化，行先聖之道。」〔註36〕顯然太祖深悉，作為開國君主，以祭孔作為強化政統的象徵意義是不可或缺。但於隔年，太祖一改初衷，下詔：「孔廟春秋釋奠，止行於曲阜，天下不必通祀。」〔註37〕太祖理由是：「非其鬼而祭之，諂也，故不敢通祀，以累神之聖德。」〔註38〕然而，太祖下詔普祀城煌，〔註39〕卻不令孔子通祀，引起儒臣強烈爭議，刑部尚書錢唐上疏：「孔子垂教萬世，天下共尊其教，故天下通祀孔子，報本之禮不可廢。」侍郎程徐也言：「孔子以道設教，天下祀之，非祀其人，祀其教也，祀其道也。今使天下之人，讀其書，由其教，行其道，而不得舉其祀，非所以維人心扶世教也。」太祖皆不聽。〔註40〕四年（1371），宋濂上〈孔子廟堂議〉有言：「不以古禮祀孔子，是褻祀也」，〔註41〕議以伏羲為道統之宗，神農、黃帝、堯、舜、禹、湯、文、武，以次列焉，秩祀天子之學，則道統益尊，太祖不從；〔註42〕再請去像設主，禮儀樂章多所更定，仍是不允，且降罪宋濂等主事者，謫放外地以示警誡，是杜絕儒臣再議。〔註43〕宋濂得罪主因，在於追求道統確立，依禮秩配位，是通祀孔子，從祀伏羲以下於大學，國學止祀七十二子，且不以孔子配享歷代君王，

〔註36〕《明太祖實錄》卷30：5b～6a。

〔註37〕關於太祖止孔子通祀事，《明實錄》未載，僅見於《明史》卷139，頁3981，〈錢唐傳〉。

〔註38〕徐一夔等編，《大明集禮》（四庫全書）卷16，頁20a，〈致祭曲阜孔子御製祝文〉。

〔註39〕《明太祖實錄》卷38：1a～3b。

〔註40〕《明史》卷139，頁3981～2，〈錢唐傳〉；〈程徐傳〉。學者黃進興認為，太祖下令天下停祀孔子的原因，可能與啟聖公孔克堅的政治態度有關。洪武元年三月，徐達攻下濟寧，召聘孔克堅入朝，但孔克堅稱疾，僅遣子入京，太祖頗為不悅。然而，孔克堅未行，很可能鑑於北方戰役未定，政統所歸未知，而猶豫難決。但太祖極需藉由孔子後人的加入，以為其作合法政權的象徵。因此孔克堅的猶疑行為就直接觸怒太祖，甚至入明後，太祖不願授官給孔克堅，且以克堅子襲封衍聖公。見黃進興，〈道統與政統之間：從明嘉靖九年（1530）孔廟改制論皇權與祭祀禮儀〉，收入氏著《優入聖域：權力、信仰與正當性》（台北：允晨文化出版，1994年），頁150～1。

〔註41〕〈孔子廟堂議〉，《全集》卷35：1a～2a。

〔註42〕《明史》卷50，頁1295，〈禮志四〉。

〔註43〕《明史》卷50，頁1300，〈禮志四〉。

寓意深遠。〔註44〕但太祖認爲國學不祀君王，是君師不並祀，斥爲邪說而貶。
〔註45〕顯見太祖不容君威稍減，極有政統駕馭道統之意。〔註46〕

　　然而太祖終究於洪武十五年（1382）恢復孔子通祀，詔曰：「孔子明帝
王之道，以教後世，使君君臣臣父父子子，綱常以正，彝倫攸序，其功參
于天地。」〔註47〕學者黃進興認爲，太祖所言誠屬孔子之教，但擇於此時
提出，耐人尋味。是否因於洪武十三年（1380）的胡惟庸案誅連甚多，太
祖鑑於朝廷政爭，動蕩欠安，有意藉孔子之教因勢開導？〔註48〕萬曆年間，
儒臣瞿九思解釋孔子通祀有言：「我高皇帝念四方郡國恐有不率者，意欲藉
大聖人之靈坐而鎮之，則又不得不假借孔子爲重。」〔註49〕以此而言，太
祖決定通祀與否，是因政治考量，尊道統是爲立政統，並非以政統鞏固道
統的確立。洪武初年，太祖急於建立統治權威，提高君主地位，視孔子通
祀是明顯侵犯君主獨尊地位的建立，而主張通祀的儒臣是違背政治綱常，
不忠於君，故將宋濂、魏觀等人謫放，旋而召回，是以薄懲示警士人，以
立君威。

　　事實上使宋濂獲罪的〈孔子廟堂議〉，早已收入《潛溪前集》，爲元末所
撰。既然宋濂早有此議，爲何於洪武二年（1369）論孔子祀法時不呈，遲至
四年（1371）才上疏？可能的情形是：洪武二年宋濂正總裁《元史》，與此事
無涉，無所置言，而於三年（1970）任職國子司業，會京師修文廟，考祀孔
子禮是其任事，故有此疏。宋濂素命爲儒，扶道自任，不論任事與否，豈可

〔註44〕黃進興，〈道統與政統之間〉，頁156。
〔註45〕《明通鑑》卷4，頁280～1。
〔註46〕其時，國子助教貝瓊，作〈釋奠解〉，駁宋濂所議。認爲列祀伏羲以下於太學，
　　　　是與孔子並祀，是崇三皇爲先聖，使居孔子之上以襃功，而降孔子爲先師，
　　　　使混於高堂生之列，是貶其德也。而謂爲宋濂之言爲邪說。（文見《清江貝先
　　　　生文集》卷13，頁59上。）然而宋濂之議，在於通祀孔子，視孔子爲群聖之
　　　　大成，天下共師之。太學爲天子之學，以先王從祀，功臣爲先師配祀，得爲
　　　　天子公卿師式。而於地方國學，通祀孔子，不與君王同祀，是提高孔子地位，
　　　　非貶其德。《明通鑑》認爲，太祖是反對孔子通祀而貶斥宋濂，貝瓊此文是希
　　　　旨而作，偶摘其文數語，駁以君師並祀是襃祀，但宋濂並非強調君師並祀，
　　　　而是孔子通祀。太祖所忿，正在於此，國學唯祀孔子不祀君王，是獨尊道統
　　　　於政統之上，有損君主權威。見《明通鑑》卷4，頁281～3；《明史》卷137，
　　　　頁3954，〈貝瓊傳〉。
〔註47〕《明太祖實錄》卷144：2a。
〔註48〕黃進興，〈道統與政統之間〉，頁151～2。
〔註49〕瞿九思，《孔廟禮樂考》（萬曆年間刊本）卷1，頁1b～2a。

坐視道統不立，儒學不彰？顯見的事實是，只要宋濂堅持儒學理念，與太祖的衝突就無可避免，如同先前堅持通祀之疏，皆不爲太祖所受，宋濂再議也是如此。太祖薄懲議禮儒臣不只展現君威，迫使唯道是尊的士人認清政治現實，確立且遵從以君爲尊的政治綱紀，才是根本目的。最明顯的事例就是《孝慈錄》的修成。

洪武七年（1374），貴妃孫氏薨，太祖令宋濂考訂服制，撰寫《孝慈錄》。〔註50〕太祖愛寵孫貴妃，惜其無子嗣，特命吳王行「慈母服」，斬衰三年，皇太子、諸王皆服齊衰、杖期，是嚴重違背禮制。〔註51〕皇太子爲此進言：「禮惟士爲庶母緦，大夫以上則無服。陛下貴爲天子，而令適長爲庶母杖期，非所以敬宗廟，重繼體也，不敢奉詔。」太祖大怒欲罪之，太子正字桂彥良則勸太子：「當惜君父之情，不宜執古禮以虧大孝。」太子乃持衰服入謝，得解。〔註52〕宋濂爲太子之師，專精禮學，理應聲援太子維護禮制，爲何一言未發，且迎合太祖旨意，擬定太子、諸王爲庶母行孝的服制，反倒破壞禮法。《明通鑑》對此有論，認爲太祖徒以貴妾之寵，悍然不顧禮義而行，幾陷太子於不孝，且以「庶母之緦定自周公，二千餘年莫之或易，即明集禮之初頒者亦因之。一旦牽于私愛，不能正其名，是則宋濂諸臣不得不受其過矣！」〔註53〕可見太祖專扈獨斷，親如太子已難勸之，何況儒臣，而宋濂經歷謫放，已知太祖浸厭儒臣，不受其諫，爲求仕途安然，唯有從之，求以自保。

此後，宋濂順利昇職、致仕，眷遇甚榮。

三、輔明貢獻

關於宋濂的立國貢獻，《明史》言以：「雖白首侍從，其勳業爵位不逮劉基，而一代禮樂制作，濂所裁定者居多。」〔註54〕贊曰：「從容輔導，於開國之初，敷陳王道，忠誠恪慎，卓哉佐命臣也。」〔註55〕指出宋濂對於明初政治的貢獻，在於禮樂制定與王道輔導，僅爲文臣與師者的角色。宋濂自言，

〔註50〕《明太祖實錄》卷94：1a～b。
〔註51〕服制內容見《明史》卷60，頁1492～3，〈禮志〉。
〔註52〕《明通鑑》卷5，頁320。
〔註53〕《明通鑑》卷5，頁321。
〔註54〕《明史》卷128，頁3788，〈宋濂傳〉。
〔註55〕《明史》卷128，頁3792。

道有三，其上者，出則必爲帝者師，執天之德，以牖帝明，以達帝聰；其次者，以六合爲一家，以四海爲翰藩，治天下可運之掌上；其下者，則不遠千里求媚君門，是不自重惜而循時射利者所爲。〔註56〕宋濂志以道行，願爲上者，以學術指導政治，實踐儒學理念。然其長期隨侍太祖，又爲太子師，其爲帝者師的出仕心志早已實現。但以輔佐帝者、進言陳道是儒臣之職，是否眞具指導政治的師者地位，則是評價宋濂實現心志與否的重要根據。

　　事實上以宋濂所任官職多在翰林，主持文事、撰誥，其對明代建國的貢獻，實在有限。謀略提出不如劉基，地方安撫則不如章溢、葉琛。宋濂是憑藉以道爲志，實現儒學治國理念，而爲帝者師的心願入仕，《明史》言其自命爲儒正是如此。因此，宋濂雖以擅文擔任文學侍臣，實際上，是想透過侍臣身份直接影響君主，且於入幕之初，多能陳言講經，輔以王道，對於太祖統治政策的運用，多少發揮作用。不過，此期影響太祖較深的士人，想必不是宋濂，在建國關鍵期間宋濂歸家居喪，隨侍太祖的重要侍臣，應是陶安、劉基等人，太祖仰賴甚重，即是劉基歸家仍書信頻繁，商討國事。而陶安逝後，則是尊榮備至、眷戀不已。因此，建國議禮是由陶安、劉基等人主事，宋濂未有所與。可知，宋濂對於明朝建立的貢獻，不在建國，而是立國。《元史》的修撰、文教禮制的確立、人才選拔與培育，宋濂皆能發揮所長，主任其事。然而，宋濂願爲帝師的心志，是否因其爲首要文臣而實現？不願以文爲名的宋濂列爲文臣之首，仍是因爲文名，眞正想實現的行道心志，在其議孔子禮而遭謫放後，恐是蕩然無存。

　　宋濂的貢獻如何衡量？倘若宋濂是以儒者身份入仕，首要任務則是輔佐開國君主成爲符合儒家思想的聖明帝王，以儒學理念指導建國的方針與實施，眞正實現以儒治國的士人理想。宋濂的入仕目的在此，言其爲公爲卿欲使斯道行，從政是爲實踐儒道。而以宋濂仕後所爲，顯然奉迎上旨，唯尊政統，至使道統難立，欲以學術指導政治的理想是無以實現。宋濂在仕前提出的從政目標，仕後皆未能實踐。看來，浙東士人對於明代建國的貢獻，未如竇德士所言如此重要。太祖重用的是士人的謀略與行政才能，以宋濂單憑學術理念共舉王業，也只因於擅文而受矚目，其言帝者師，僅止於太子師傅、太祖侍臣，且於入明後，唯求自保，難有直諫，何能使帝師之。

〔註56〕宋濂，〈太白丈人傳〉，《全集》卷40：15a。

　　方孝孺爲宋濂晚年弟子，也是深受期許的重要傳人，感於宋濂遽逝，心志未明，加上世人僅知其文，不知其人與其功，深表遺憾，故對宋濂功業屢有聲明：

> 及海內平定，上方稽古，以新一代之耳目，正彝倫、復衣冠、制禮樂、立學校，凡先王之典，多講行之，而太史公實與其事。在翰林爲學士，中嘗爲國子司業，晚爲承旨，先後二十年以道德輔導皇太子。聖德寬大仁明，而天下歸心，愛載稱頌洋洋者，公之功居多。……、公修身於戶庭之間，而姓字播於千萬里之外，蠻夷異類皆知尊慕之，使中國之美傳于無極，其功蓋大矣！而當時之人未必能明其爲功，此公所以爲盛與。〔註57〕

推功之此，宋濂對明功業一覽無遺，然而方孝孺仍不免感嘆：「公之量可以包天下，而天下不能容公之一身，公之識可以鑑一世，而舉世不能知公之爲人。」〔註58〕想必宋濂是心志未展，世人皆知其名卻不知其人，更不知其志，以至逝後須由弟子爲其聲明。如此而言，宋濂之功並未見於當世，當世之人僅知其文，而宋濂也僅於文職，對於朝廷政事一無所涉。事實上，宋濂的立國貢獻是僅於方孝孺所言等事。而以宋濂自命爲儒，太祖卻視以文人，顯見太祖受其影響不深。太祖重用宋濂，在其文才學識，以裝飾明廷門面，並非眞用其能，使其參政。且以明初丞相與重要朝臣的出身而視，明初政權是由淮西功臣主掌，浙東士人除劉基外，多掌文職，毫無政治影響力。而劉基於入明之初即告歸，是與李善長等人爭權失敗有關。顯見浙東士人是遠離政權核心，對於明初政局的影響並不深刻，因此論及明代專制的形成，學者竇德士認爲浙東士人貢獻良多，恐是有待商榷。以宋濂爲例，僅主文事，未能提供政策與行政的影響，侍主所爲，不只於承迎上旨，難有直諫，更是戰戰兢兢，唯恐不法。若言宋濂的政治理念曾對太祖發展專制體制提供理論基礎，是缺乏證據。

　　總言之，宋濂不能實現心志的關鍵，是決定於太祖的用士心態與政治企圖，導致志於行道的宋濂於仕後難有所爲，卻又憂讒畏譏，深防太祖猜忌。這應是明初士人不樂於仕的根本所在。

〔註57〕方孝孺，〈宋學士續文粹序〉，《遜志齋集》卷20，頁20a～b。
〔註58〕方孝孺，〈祭太史公八首〉，《遜志齋集》卷20，頁1a～6b。

表 6－2　宋濂仕宦大事記〔註 59〕

時　　間	事　　　　　　　　由
洪武元年十二月 1368	詔修《元史》，任總裁。
洪武二年二月 1368	修《元史》，開局天界寺。
五月	上祀方丘患心不寧，進言：「善心莫善於寡欲。」上善之。〔註 60〕
	上追封外祖爲楊王，立廟祀之，召大臣問：「朕祭外祖父，卿等以爲不當服衮冕，何也？」濂對曰：「衮冕唯天地宗廟之祭之，餘皆降禮也。」上聽。〔註 61〕
六月	授翰林學士
八月	《元史》初成
十月	甘露屢降，上問濂以災祥之故，對曰：「受命不於天，於其人，休符不於祥，於其仁。《春秋》書異不書祥，爲是故也。」上曰：「然。」〔註 62〕
洪武三年二月 1370	與王禕進講《大學》傳之十章。〔註 63〕
	續修《元史》，再開史館。
四月	上召議五等封爵
七月	續修《元史》成
	坐失朝參降爲翰林國史編修
八月	開科取士，行鄉試，任同考官
十二月	遷奉議大夫，國子司業
洪武四年三月 1371	開科會試，爲同考官
八月	任鄉試同考官
	坐祀孔子禮不以時奏，謫安遠知縣。
十一月	召還爲禮部主事
洪武五年十二月 1372	擢太子贊善大夫

〔註 59〕以下所記〈宋公行狀〉皆有載，與〈行狀〉有異或更詳者，特別列注。
〔註 60〕《明通鑑》卷 2，頁 223。
〔註 61〕《明通鑑》卷 2，頁 225。
〔註 62〕《明通鑑》卷 2，頁 233；宋濂，〈天降甘露頌〉，《全集》卷 3：10a～11a。
〔註 63〕《明太祖實錄》卷 49：1a。

時　　間	事　　由
洪武六年正月 1373	太祖開文華堂於禁中，擇俊異者入中學業，以宋濂爲師。
二月	奉詔講析《大學衍義》，進言：「漢武嗜神仙之學，好四彝之功，民力既竭，重刑罰以震服之。臣以爲：人主能以義理養性，則邪說不能浸；興學校教民，則禍亂無從而作矣，刑罰非先也。」
三月	上與論立城隍神之意，謂畏天地畏人，濂對以愼終如此則天下幸甚。〔註64〕
七月	陞翰林侍講學士
八月	命爲《日曆》總裁。〔註65〕
九月	開史館於禁中，與詹同編修《日曆》。〔註66〕
	加授中順大夫
	奉詔考定文武官誥命制度。〔註67〕
洪武七年二月 1374	刑部撰成《大明律》，爲表以進。〔註68〕
五月	總裁《大明日曆》書成，〔註69〕請輯聖政爲《皇明寶訓》。〔註70〕
七月	上與論人才，薦僧郭傳以爲上用。〔註71〕
九月	貴妃孫氏薨，上敕濂撰壙志，考定喪禮。〔註72〕
十一月	《孝慈錄》成，詳定喪服之制。〔註73〕
洪武八年正月 1375	取上即位來有關政要，輯爲《洪武聖政記》。〔註74〕
八月	侍上側，上強飲之，行不成步，命詞臣賦〈醉學士歌〉。〔註75〕
十月	奉詔從太子、諸王遊中都以講武事。〔註76〕

〔註64〕《明太祖實錄》卷80：1a～b。
〔註65〕宋濂，〈恭題御和詩後〉，《全集》卷9：11a。
〔註66〕《明太祖實錄》卷85：1a～b。
〔註67〕《明太祖實錄》卷85：1b～2a。
〔註68〕《明太祖實錄》卷86：6b；宋濂〈進大明律令表〉，《全集》卷7：1a～b。
〔註69〕宋濂，〈大明日曆序〉，《全集》卷12：7a～b。
〔註70〕《明太祖實錄》卷86：1a；宋濂〈皇明寶訓記〉，《全集》卷8：2a～b。
〔註71〕《明太祖實錄》卷96：1b；宋濂〈郭考功文集序〉，《全集》卷21：16b～17a。
〔註72〕《明通鑑》卷5，頁320～1。
〔註73〕《明太祖實錄》卷94：1a～b。
〔註74〕宋濂，〈洪武聖政記序〉，《全集》卷12：5a～6a。
〔註75〕宋濂，〈恭跋御賜詩後〉，《全集》卷18：3b～4b。
〔註76〕《明太祖實錄》卷101：3b～4a。

時　　　間	事　　　　　　　　由
十二月	贈濂父禮部侍郎，母封德人。
洪武九年正月 1376	奉詔與朱右等議定王國所用禮樂。〔註77〕
五月	上謂曰：「自古有國家者，未有不資賢才而能獨理也。……朕初定天下即延攬群才，相與圖治，皆因其器而任使之。今山林巖穴，豈無超群拔眾之才，欲致而用之，其道何由？」濂對曰：「取士莫善於因能任官，任官莫善於久居不遷，古有是論，而陛下行之，得才之效無過此矣！」上善其言。〔註78〕
六月	陞翰林學士承旨，知制誥兼贊善如故。
	詔次子宋璲為中書舍人，祖、父、孫三世皆官內廷，眾以為榮。
七月	詔太子賜以良馬，上親制〈白馬歌〉，命侍官和焉。
十月	以僭行左門被劾，上宥之。
十一月	有致政之詔，加贈父母、祖父母及妻。
	致仕將還，薦蘇伯衡以自代。〔註79〕
	是年，茹太素上書萬言，上厭煩，欲罪之，濂獨不阿意，上亟嘉其誠。
洪武十年正月 1377	致仕還鄉。歸青蘿山，闢一室曰「靜軒」，終日著述，不與世事
二月	上表申謝，並上箋皇太子申明正心治國之要。〔註80〕
九月	來朝京師，上勞之。
洪武十一年十二月 1378	朝京師，上勞之。〔註81〕
洪武十二年十二月 1379	朝京師，上賜以酒餚及日用之物。〔註82〕
洪武十三年十月 1380	以孫慎坐胡惟庸黨，與子璲俱下獄死，濂則賴皇后力救，特赦安置茂州。〔註83〕
洪武十四年五月 1381	卒於夔府，享年七十二。

〔註77〕《明太祖實錄》卷103：2a～b。

〔註78〕《明太祖實錄》卷106，頁1a～b。

〔註79〕宋濂，〈蘇平仲文集序〉，《全集》卷29：8a～b。

〔註80〕宋濂，〈致政謝恩表〉，《全集》卷21：1a；〈致政謝恩箋〉，《全集》卷21：1a～b。

〔註81〕《明太祖實錄》卷121：4a。

〔註82〕《明太祖實錄》卷128：1b～2a。

〔註83〕《明史》卷113，頁3506，〈太祖孝慈高皇后傳〉。

第二節　入仕心境

一、君臣之間

　　宋濂在洪武十年（1377）致仕，抵家後遣孫愼進表伸謝，〔註84〕太祖記
爲：「朕覽來辭，言無虛謬。已往分明見陳可紀，其爲人也，可謂誠矣！智矣！
故有終于致仕。」贈詩曰：

> 聞傾歸去樂天然，靜軒應當仿老禪。不語久之知貫道，以心詳著覺
> 還便。從前事業功尤著，向後文章跡必傳，千古仲尼名不息，修官
> 終老爾惟全。〔註85〕

一句「修官終老爾惟全」，透露明初任仕之不易，與宋濂之特寵。宋濂獲信於
太祖的原因何在？如太祖所言：「宋景濂事朕十有九年，而未嘗有一言之僞，
誚一人之短，寵辱不驚，始終無異，其誠可謂君子乎！匪止君子抑可謂賢者
矣！」侍主誠謹是太祖深愛宋濂且准其功成身退之因。〔註86〕太祖性多疑善
猜，宋濂侍其日久，早已摸索出應付之道，「上前凡所陳說，不爲文飾隱蔽，
雖家事，苟有問，亦一一道之，常曰：君猶父也！天也！其可欺耶！」〔註87〕
最有名的例子，是前提宋濂宴客事，太祖派人視之，隔日詢問而對答無誤，
太祖笑言：「果如卿言，卿信不欺我！」〔註88〕故能得到太祖信任，盡表其忠，
主文、任事皆能投合其意，竭力而爲，以防猜疑。而宋濂老練不止於此，文
集所收明初之文，皆是館閣之作，少有個人心態之呈現，如《凝道記》懇切
直現當下心境之文，已難復見。可言宋濂入仕之保身法則是，在朝謹行、居
家少出、爲文愼言，忠謹至此，終得致仕歸家。

　　事實上，如此謹愼的行逕是不合宋濂本性。鄭濤記其早年生活是：「稍有
餘暇，或支頤看雲，或被髮行松間，遇得意時，則擊罐浩歌，聲振林木，翛
翛然如塵外人。」〔註89〕王禕則言其「性疏曠，不喜事檢飭，賓客不至，則
累日不整冠，或攜友生彷徉梅花閒，轟笑竟日；或獨臥長林下，看晴雪墮松

〔註84〕宋濂，〈致政謝恩表〉，《全集》卷21：1a。
〔註85〕〈翰林承旨宋濂歸休詩序〉，《明太祖集》（胡士萼點校，合肥：黃山書社，1991
　　　　年）卷15，頁306。
〔註86〕〈宋公行狀〉，《全集》卷首2：5a。
〔註87〕〈宋公行狀〉，《全集》卷首2：4a。
〔註88〕〈宋公行狀〉，《全集》卷首2：4a。
〔註89〕〈潛溪先生小傳〉，《全集》卷首2：1b～2a。

頂，雲出沒巖扉間，悠然以自適，世俗生產作業之事，皆不暇顧。」〔註90〕
而宋濂自認是「輕浮淺躁之資，習懶成癖」。〔註91〕可見宋濂是個曠達任真，
不喜牽絆之人，卻於仕後謹守臣節、諸事小心，不敢任性而爲，過著極受拘
束與壓抑的生活。這可能是許多士人入明後不樂於仕的主因。

此外，宋濂不受猜疑的另一原因是不參政事。宋濂入仕以來皆主文事，
未參大政，不掌政權，自然較不受疑。洪武六年（1373），太祖有意任以政事，
特加授中順大夫，但宋濂固辭，〔註92〕言以：「臣少無他長，惟文墨是攻，今
幸待罪禁林，陛下之恩大矣！臣誠不願居職任也。」〔註93〕卑恭至極，更爲
太祖所重。不過，對比宋濂元末的心志彰顯，入仕當要治國安民，豈有不參
政事之意，可見宋濂不參政事的考量，並非出於心志，而是時勢。在立國功
臣屢受猜疑下，宋濂深知太祖用人猜忌極重，守其本份，盡其職責，是保身
之法，且於四年（1371）經歷謫貶後，宋濂應可洞察太祖建立專權的企圖，
僅任文職已遭貶斥，若任政職是更難自處。再者，明初功臣相爭問題十分嚴
重，最早伴隨太祖起兵的淮西士人（以李善長爲首），長期掌有政權，是浙東
士人無以取代，即是建功甚多的劉基，也因李善長猜忌，欲求自保而致仕。
宋濂雖任文職，因太祖益重之，也不免受嫉，洪武三年宋濂坐失朝參，連降
三級，可能與朝臣紛爭有關。宋濂若是接下政務，必與淮西士人發生權力紛
爭，以太祖對淮西士人的信任，宋濂是毫無勝算，可能落得官失人亡的下場，
這是宋濂入仕以來所極力避免。劉基的處境就是最鮮明的例證，宋濂與之相
知甚深，自是心裏有數。〔註94〕因此宋濂以文職自任，減低太祖與功臣的猜
忌，是爲求自保，並非心志所向。太祖嘗對人言：「濂，文人耳」，〔註95〕似
有貶意，也不合宋濂所志，但宋濂的入仕表現就是文人形象，太祖如此認定，
皆以文職任之，宋濂也不求參政，反而減少受忌的可能。

《國初禮賢錄》傳爲劉基所作（但今考作者不詳），〔註96〕書中詳記太祖
禮遇浙東四先生之事，對於宋濂受重情形，記有：

〔註90〕〈宋太史傳〉，《全集》卷首2：3a。
〔註91〕〈答郡守聘五經師書〉，《全集》卷37：15b。
〔註92〕《明通鑑》（卷5，頁309）：「洪武六年九月，時上欲任學士宋濂以政事，特
　　　　加授中順大夫，濂辭曰：臣無他長，待罪禁林足矣！」上益重之。
〔註93〕〈宋公行狀〉，《全集》卷首2：4a。
〔註94〕《明史》卷128，頁3779～82，〈劉基傳〉。
〔註95〕《明史》卷137，頁3948，〈桂彥良傳〉。
〔註96〕《國初禮賢錄》校勘記，收入《國朝典故》卷5，頁126。

……上欲厚之，每宴見，必命茶賜坐。每旦令侍膳，詢訪舊章，講
求治道，或至夜分乃退。濂在朝日久，若郊社、宗廟、山川、百神
之祀典，朝享、宴慶、禮樂、律曆、衣冠之制，四夷朝貢、賞賚之
儀及勳臣、名卿焯德燿功之文，承上旨意，論次記述，咸可傳於後
也。〔註97〕

另有，太祖與濂共飲，強觴之而醉，特命侍臣賦〈醉學士歌〉，且言：「俾使
後世知朕君臣同樂若此也。」〔註98〕也曾特調甘露，言以：「此和氣所凝，能
愈疾延年，故與傾共之耳！」皆爲異恩也。甚至，太祖曾對宋濂言：「朕以布
衣爲天子，卿亦起草萊到列從，爲開國文臣之首，俾世世與國同休，不亦美
乎！」〔註99〕以上所記均是呈現君臣同樂之景，宋濂深爲太祖信愛，十分明
確。然而，只記同樂，少有論政或諫言，可見宋濂在太祖之前所扮演角色，
僅止承旨撰文的第一文臣，並無參政實權與機會。即使《明史》記以宋濂隨
事進言，敷陳王道，也僅於進善講道，而無陳諫之言。尤在謫貶回朝後，宋
濂更是順應太祖意旨，未有忤逆，即是洪武九年（1376）星變求言，太祖不
受諫言，而對進言士人、朝臣嚴重摧殘時，身居高階文職、以儒自命的宋濂
仍是默無一言。

宋濂與太祖間君臣相合之景，是來自太祖對於宋濂的信任，而這個信任
更是源自太祖於政權鞏固極求專權下對臣子向心度的考驗，在仕宦期間宋濂
圓滿通過測試，太祖每嘉其忠，尊崇有嘉，最後更是准其致仕，而有終老爾
惟全之譽。事實上，對於歸鄉的宋濂，太祖也非全然放心，命其一歲一朝，
並對其居家近況，詢問甚詳。〔註100〕太祖可能派有使者偵測其行，防其不法，
這應是宋濂居家後謹言慎行之故。太祖之雄猜與宋濂之老練，造就出宋濂終
全致仕的故事。然而，宋濂的誠慎恐懼，事事求全，仍無法避免誅連遠放的
命運，甚至病逝途中，這是致仕時眷遇正榮的宋濂所未及預料。

二、不樂於仕

宋濂入仕心境爲何，在文集中是少有呈現，且以宋濂少有詩作，不易見其

〔註97〕 《國初禮賢錄》，《國朝典故》卷5，頁124。
〔註98〕 《國初禮賢錄》，《國朝典故》卷5，頁125。
〔註99〕 《國初禮賢錄》，《國朝典故》卷5，頁125。
〔註100〕 〈翰林承旨宋濂歸休詩序〉，《明太祖集》卷15，頁306。

心態表露，加上宋濂仕後謹慎爲文，如未仕前直剖心志之文是難以再見。不過，其與劉基的數首和詩中，志於追求自在生活的心意，似有所現。像是劉基於〈旅興五十首〉中有：「倦鳥思故林，窮魚思故淵。感荷實難忘，庶其保終年」；「榮名非所願，守份敢求餘……還歸掩關臥，夢到園田居」；〔註101〕宋濂則和以：「嫩女顏如花，身有椒蘭氣，胡爲素風生，白草同憔悴，金鸞委鬢雲，愁容怯新媚。黃金固云貴，鑄形難鑄淚。已矣復何言，榮名本非覬」。〔註102〕以及劉基〈潛溪圖歌爲宋景濂賦〉有言：「何時上疏乞骸骨，寄聲先遣雙青鳧」；〔註103〕〈寄宋景濂〉：「明年定約赤松子，與爾群峰頂上遊」。〔註104〕而宋濂和以：「身悔始全眞，名高反爲累。舉頭睇空青，魂逐雲間翅」。〔註105〕顯見兩人共有歸林之意，心志相投、情誼甚篤。不過，劉基於詩中言志是毫不隱晦，入明後多有感歎仕途之作，相對於宋濂僅言山林之志是更爲露骨。〔註106〕當然，這與兩人仕後處境有關，劉基嘗言受召「不能無芥於心，唯先生（宋濂）泰然耳」，〔註107〕意指其爲二臣之身，是難有宋濂的坦蕩仕心。加上劉基功高受疑，仕不得志，與其相知且曾隱居求道的宋濂，儼爲劉基心志的託寄對象，〔註108〕故於詩中屢有仙華山、騎羊人、仙華道士等語，眷戀甚深。〔註109〕

此外，劉基在詩中反映當下心境，多有涉及宋濂。例如：劉基以長詩〈二鬼〉描述仕後遭逢，言其入仕心境、理念，與對太祖的期待，是眞實懇切，與史事多有切合。而文中主角二鬼，據學者徐朔方考證，應是宋濂與劉基的化身。〔註110〕文中有言：

　　兩鬼自從天上別，別後道路阻隔不得相聞知。忽聞韓山子，往來說

〔註101〕劉基，〈旅興五十首〉，《全明詩》卷59，頁660；654。
〔註102〕宋濂，〈和劉伯溫秋懷韻〉，《全明詩》卷48，頁342。
〔註103〕劉基，〈潛溪圖歌爲宋景濂賦〉，《全明詩》卷60，頁693。
〔註104〕劉基，〈寄宋景濂〉，《全明詩》卷59，頁653。
〔註105〕宋濂，〈和劉伯溫秋懷韻〉，《全明詩》卷48，頁362。
〔註106〕宋濂有山林之志在詩中屢見，如：〈畫山水圖歌〉：「我生素有山水癖，向之不覺開心顏，……吁嗟乎！吾將終老山之間。」見《全明詩》卷48，頁356。
〔註107〕〈送宋仲珩還金華序〉，《誠意伯文集》卷5：28b～29a。
〔註108〕劉基〈寄宋景濂四首〉：「我思美人，乃在仙華之山。」四首皆是感懷宋濂之作，情意眞摯，見《全明詩》卷59，頁653。
〔註109〕〈送醫士賈思誠還浙東二首〉，《全明詩》卷56，頁613；〈旅興五十首〉，《全明詩》卷59，頁659。
〔註110〕徐朔方，〈劉基對宋濂的友誼及其《二鬼》詩索隱〉，《中國書目季刊》第13卷，3期，1996年12月，頁46～52。

因依。兩鬼各借問，始知相去近不遠，何得不一相見敘情詞？情詞
不得敘，焉得不相思？相思人間五十年，未抵天上五十炊。〔註111〕

所謂兩鬼天上別，徐朔方認爲是洪武四年（1371）劉基致仕歸家，而宋濂謫
知安遠之時，兩人離開朝廷後，不相聞問，藉以詩文表達思念。而劉基有多
篇感懷宋濂之作，應是撰於此時，包括〈二鬼〉在內。不過，以文中所述，
天上別應指二鬼離開天廷，落凡人間，其言：「一鬼乘白狗……跳下皇初平牧
羊群」，運用皇初平於金華山成仙典故，意指宋濂，另一鬼「乘白豕……身騎
青田鶴，去採青田芝」，意指劉基，兩人於人間五十年不相聞問，而於文友（韓
山子）引薦下，終能互識其名。這是指兩人的相知過程。

再來敘述天下大變，天帝得病無扶持，「兩鬼大惕傷，身如受榜笞，便欲
相約討藥與天帝醫」。先是整治帝病，洗其眼翳，使識青白，洗滌內臟，改換
耳目口鼻牙舌，重還天帝面目。再者歸回天地運行，生息自然，最後啓迪天
下眾生，遵蹈禮義，「雍雍熙熙，不凍不饑，避刑遠罪趨祥祺」。所言是劉基
輔佐建明的過程，強調的是：他與宋濂是爲救民輔帝而起，首要之務是爲帝
王去蔽，還歸面目。意指提供太祖帝王之理、打造帝王形象，而後輔助太祖
還歸天地秩序，綱紀恢復，再啓迪人民，以聖人經言授之，使知禮義，入規
矩。如此天下百姓將可安樂生息，避禍趨祥。顯見的是，其言治帝病的程序，
正是太祖從紅巾集團領袖蛻變爲國家統治者的過程，這是劉基輔明目的，也
是建國首要之務，恰可解釋劉基強烈反對太祖臣服韓林兒之因。然而，功成
之後兩人的遭遇卻是：

謀之不能行，不意天帝錯怪恚，謂此是我所當爲，<u>眇眇末兩鬼，何
敢越份生思惟</u>，呶呶向瘖盲，洩漏造化微？急詔飛天神主與我捉此
兩鬼拘囚之，<u>勿使在人寰做出妖怪奇</u>！飛天神主得天帝詔，立召五
百夜叉，帶金繩，將鐵網，尋蹤逐跡，莫放兩鬼走逸入巇巇。

以此譬喻二人建功反受主忌的仕後遭遇。而以何敢越份生思惟、洩漏造化微，
可知太祖猜忌士人，在其治國輔民之才智。太祖由此興，當防他人依法泡製，
對士人舉動是嚴密偵察，防其不軌。功勳、才能愈高，猜忌是愈深，故對獻
謀、主導建國的劉基、宋濂是深加防範。但兩人認爲國綱已立，當教民仁義，
傳揚聖言，使民爲善。這是遵行儒家治國理念，卻被太祖視爲治國之法的洩
漏，寧可拘囚之，勿於人間作怪，使民爲叛。

〔註111〕劉基，〈二鬼〉，《全明詩》卷58，頁638。

……搜到九萬九千九百九十九仞幽谷底，捉住兩鬼眼睛光活如琉
璃。養在銀絲鐵柵內，衣以文采食以糜。莫教突出籠絡外，踏折地
軸傾天維。兩鬼亦自相顧笑，但得不寒不餒長樂無憂悲，自可等待
天帝息怒解猜惑，依舊天上作伴同游戲。〔註112〕

劉基藉此形容太祖的極度禮遇，是阻其脫逃的銀絲籠，賞賜、奉祿不絕，但
不予重用，唯防其叛。兩人共處此境，互憫其心，只待太祖解猜疑，實現舊
日從仕心志。

　　〈二鬼〉的史料價值，不只於劉基入仕心境的剖析，且將元末士人的入
仕心志、輔明心態，入明後太祖的專權情形、對士人的猜忌與士人處境，藉
由文學虛擬筆法充份展現，雖是文學創作，卻能深刻反映明初政局與士人處
境，是研究明初士人心態的重要史料。且以二鬼忠心輔主卻為主忌的情節加
以探視，若其影射的建國過程與受猜遭遇是切合真實史事，探索明初士人處
境變化的關鍵，是可由太祖待士態度的轉變著手。據前所論，太祖在建明時
期禮賢下士，與士人共心同志、君臣相成造就明朝立國契機。但在劉基眼中，
建國後的太祖是猜忌甚重，嚴防士人逾權，極盡箝制。給事中陳汶輝進言太
祖：「如劉基、徐達之見猜，李善長、周德興之被謗，視蕭何、韓信，其危疑
相去幾何哉！」〔註113〕可知，劉基見猜是朝臣認知的具體事實。宋濂謹守文
職，無意參政，應是有鑑於此。

　　太祖為何對有功士人如此防備？可能的原因是，太祖與士人的合作是建
立在相互為用的關係上，太祖藉此強化統一的企圖，成為帝王，而士人也藉
此履行治世理念，作為抱負的實現。正是太祖對於士人目的的了解，認為士
人可助其推翻元廷，也可能對其反叛，太祖相信士人對於治世理念的追求，
會使他們不斷追尋可靠政權的合作以實現期待中的政治原型。因此，太祖對
士人的嚴加防備，阻止有權之人（如：軍事將領、地方領袖，擁有相當實力
的領導者）與士人接近的可能，顯示太祖深切認識士人的作用——他們雖沒
有權力，卻成功輔佐有權之人統一建國。劉基深切明白太祖對其猜忌的緣由，
故而功成身退，致仕後是行跡隱晦，不與官方連繫。而宋濂僅任文職，對太
祖較不具威脅，但仍受猜忌的原因，可能在於士人以道為尊，深懷以學術指
導政治的從政理念，太祖急於絕對君權的建立，深懼其以儒家理想臧否政治，

〔註112〕劉基，〈二鬼〉，《全明詩》卷58，頁637～8。
〔註113〕《明史》卷139，頁3989，〈陳汶輝傳〉。

以道統牽制政統，挑戰君主權威，故對士人言行嚴密猜防。這正是太祖與士人的矛盾所在，太祖並非畏懼士人造反，而是深惡士人高懷理念，對其極欲建立的威權，進行可能的挑戰，故對士人極盡威赫，以噤其口，日後發展爲文字獄。因此，宋濂於任官時儘能迎合太祖旨意，謹愼撰文，守口如瓶，致仕後也是如此。顯然是對太祖的猜忌了然於心。

洪武八年（1375），劉基病逝，共同赴召的浙東四先生，僅存宋濂。而章溢、葉琛皆逝於易代間，宋濂嘗作詩文感懷，〔註114〕獨對劉基之逝未發一言。〔註115〕劉基致仕後隱居，行跡隱晦，仍爲太祖所疑，〔註116〕洪武七年（1371）召回京中，已是衰頹不堪。〔註117〕隔年病劇，遣歸卒，享年六十五。此時宋濂的同仕相知之友皆逝，王褘是生死未卜。〔註118〕若憶起昔日與王褘共具用世之志，與劉基等人赴召之行，對比今日各自遭遇，宋濂應會感慨不已。〔註119〕

然而，如此心境並非輔明功臣專有，入明士人不樂於仕的情形十分普遍。〔註120〕國子生葉伯巨於洪武九年（1376）的星變進言，有明確描述：

> 古之爲士者，以登士爲榮，以罷職爲辱。今之爲士者，以淜跡無聞爲福，以受玷不錄爲幸，以屯田工役爲必獲之罪，以鞭笞垂楚爲尋

〔註114〕 宋濂〈憶與劉伯溫、章三益、葉景淵、三君子同上江表，五、六年間人事離合不齊，而景淵已作土中人矣！慨然有賦〉，《全明詩》卷48，頁354～5；〈章公墓誌銘〉，《全集》卷4，頁11a。

〔註115〕 不過，宋濂歸家後曾於題序中感懷劉基之逝，見〈跋張孟謙文稿序後〉（《全集》卷22：12a）：「伯溫作土中人將二載，俯仰今古不能不慨然興懷。孟謙請濂題識序後，因書伯溫昔日之言，以表吾愧操觚之時，淚落紙上。洪武十年三月二十五日。」

〔註116〕 《明史》記有劉基受疑始末，是胡惟庸誣毀所致，見卷128，頁3781，〈劉基傳〉。

〔註117〕 〈送宋仲珩還金華序〉，《誠意伯文集》卷5，288b～29b。

〔註118〕 王褘於洪武五年出使雲南，詔諭梁王奉土歸方，未成而遇害。直至洪武十五年，明兵平雲南，王褘死事才爲人知。因此，宋濂未知王褘已於六年逝世，時常懸念王褘，盼其早歸。見鄭濟，〈王公行狀〉，《皇明文衡》卷62：27b；宋濂，〈和王內翰見懷韻〉，《全集》卷30：5b；〈王故母何夫人墓銘〉，《全集》卷25：10a。

〔註119〕 宋濂於〈故詩人徐方舟墓銘〉（《全集》卷24：18a），提及赴召之時劉基等人於雙溪會見隱士徐舫，與之共飲歡樂。別後十數年，葉琛、章溢、劉基相繼而逝，而宋濂乞骸骨還山，自言已爲頹然老翁。憶及赴召之事，感慨之意是溢於言表。

〔註120〕 太祖重刑，士人受刑者眾，仕與不仕皆誅殺甚多，見《明史》卷94，頁2318～9，〈刑法志〉。亦見《朱元璋傳》，頁191～220。

常之辱。其始也，朝廷取天下之士，網羅捃摭，務無所逸，有司敦
迫上道，如捕重囚。比到京師，而除官多以貌選，所學或非其所用，
所用或非其所學。洎乎居官，一有差跌，苟免誅戮，則必在屯田工
役之科。率是爲常，不少顧惜，此豈陛下所樂爲哉！誠欲人之懼而
不敢犯也。〔註121〕

顯見待士不尊、刑責甚重是葉伯巨認爲士人不以仕榮的主因。太祖何以待士
如此，據葉伯巨歸納是求治過速、用刑太繁所致。然而，明初法令嚴明，是
源於輔明士人（尤其是劉基）的建國主張，葉伯巨有言：「議者曰：宋、元中
葉，專事姑息，賞罰無章，以致亡滅。主上痛懲其弊，故制有不宥之刑，權
神變之法，使人知懼而莫測其端也。」〔註122〕事實上，士人重法僅止立國，
而非治國。元末士人鑑於元廷綱紀不立，而於輔明首重立法，是建國所需，
立國之後當以寬政撫民。因此於立國之初嚴於施法，且爲太祖評爲峻隘的劉
基，卻於致仕後進言太祖：「霜雪之後，必有陽春，今國威以立，宜少濟寬大。」
〔註123〕可見立國以法，施政以德是士人認爲的治國程序，但太祖立國多年，
用法愈趨嚴酷，頗令士人憂懼。且以太祖猜忌士人甚重，進言不聽，又極防
不軌，仕與不仕皆難逃其罪，士人自難樂仕其中。故而，宋濂不論仕宦、居
家皆是審愼以對，其與太祖君臣相契之景，可謂是刻意營造，傳爲美名。太
祖禮遇宋濂在其誠謹而非其才，若宋濂眞有參政才能，恐怕也淪爲劉基下場，
留京監控，豈能歸家一歲一朝。

洪武九年（1376）十一月，宋濂有致仕之詔，同年十月太祖發起空印案，
誅殺甚多。〔註124〕鄭士利進言苦諫：「朝廷求賢士，置之庶位，得之甚難。位

〔註121〕《明史》卷139，頁3995，〈葉伯巨傳〉。
〔註122〕《明史》卷139，頁3995，〈葉伯巨傳〉。
〔註123〕《明史》卷128，頁3781，〈劉基傳〉。
〔註124〕根據方孝孺〈先府君行狀〉所記，其父於洪武九年十月死於空印案，且於〈葉
　　　　伯巨、鄭士利傳〉記以洪武九年發生空印案，故學者多以空印案發生於洪武
　　　　九年。（見《遜志齋集》卷21，頁4b～5a；33b。）但《明史》記空印案發生
　　　　於洪武十五年。（見卷94，頁2318～9，〈刑法志〉。）大陸學者陳梧桐則考據
　　　　多方史料，認爲空印案不止於一時，延續甚長才結束，故有九年、十五年之
　　　　記，但眞正發事時間是於洪武八年，見〈明初空印案發生年代考〉，收於氏著
　　　　《朱元璋研究》（天津：天津人民出版社，1986年），頁337～8。關於空印案
　　　　發生時間的討論，檀上寬〈明初空印の案小考〉有詳細說明，見《明朝專
　　　　制支配の史的構造》（東京：汲古書院，1995年），頁84～94。本文則據方孝
　　　　孺所記，採洪武九年之說。

之郡守，皆數十年所成就。通達廉明之士，非如草菅然，可刈而復生也。陛下奈何以不足罪之罪，而壞足用之材乎。」〔註125〕指明太祖濫發刑案是盡壞國家有用之才，但學者檀上寬則研判，清除大批官員正是太祖發起無端獄案的首要目的，而空印案正是太祖整肅南人官員、調整官僚體制的開始。〔註126〕洪武九年（1376），明廷內外皆已穩固，宋濂於此年致仕，太祖嘉其功成身退實不爲過。然其門生方孝孺之父方克勤受空印案牽連，孝孺至京急於救父，與宋濂有所連繫，〔註127〕想必宋濂對此案頗爲知情。〔註128〕倘若檀上寬的推論屬實，空印案是太祖革新體制，集中皇權的先聲，以宋濂與太祖之近，應可嗅及官制改革的先兆，有所防備。擇於此時致仕，不論出於本意或順應太祖之意，應是明智之舉。據檀上寬言，空印案是地方官僚的換血行動，意於清除南人官員，改造南人政權的明朝本質。且於整肅之後，撤除行中書省，改設只管民政的布政使司，地方權限大爲縮簡，直接增強皇權。因此檀上寬確信，洪武十三年（1380）的胡惟庸案是延續空印案改造行政體制而起，以空案清除地方官員，胡案整肅中央官員，皆是完成行政體制的更新，促使皇權的集中。

　　檀上寬是立足於學者吳晗對於胡惟庸案的考證，提出如此論點。吳晗根據多方史料重新查證胡惟庸案，經由緊密的分析、比對，發現控告胡惟庸通倭、叛變諸事，可能是於胡惟庸受誅後另外假造的罪名。胡氏受誅是與謀反無關，但太祖假借胡黨罪名，趁機清理不少朝臣，使胡案牽連甚廣，爲期又

〔註125〕《明史》卷 139，頁 3997，〈鄭士利傳〉。鄭士利爲縣諸生，遊學有名，其兄鄭士元爲湖廣按察使僉事，因空印案入獄，士利上書言事求免，觸怒太祖，與士元輸作江浦，空印者仍終不免。亦見方孝孺，〈葉伯巨、鄭士利傳〉，《遜志齋集》卷 21，頁 33b～35b。

〔註126〕檀上寬，〈明王朝成立期的軌跡——洪武朝的疑獄事件與京師問題〉，原發表於《東洋史研究》，第 37 卷，第 3 號，1978 年，亦收於《明朝專制支配の史的構造》，頁 39～82。後有中文翻譯，收於《日本中青年學者論中國史——宋元明清卷》（上海：上海古籍出版社，1995 年），頁 341～347。

〔註127〕方孝孺初識宋濂是於洪武九年，與之談經相處甚歡。隔年宋濂致仕，孝孺執經來侍，入其門下。見宋濂，〈送方生還寧海〉，《全集》卷 30：2b；此詩序亦收於《遜志齋集》附錄，名爲〈送希直歸寧海五十四韻〉，題時爲洪武十三年九月，是宋濂受罪前數月。也收有名爲〈送方生還寧海〉之詩序，但與《全集》所收不同。

〔註128〕據宋濂〈方愚菴墓版文〉（《全集》卷 24：13a）所記，方孝孺之父因空印案受誅，逝於京師，時年洪武九年十月，方孝孺欲上書救父已不及。

長，受牽者又以士人居多。吳晗認爲，太祖出身貧寒，深怕士人譏諷，起事之初須以禮賢下士以之號召，待大事底定後，發起文字獄整肅士人，又恐士人不爲所用，除以嚴刑規範外，積極於設教興學，以廩祿刑責造就聽命唯從的新士人官員，在人才培育足夠後，發起獄案清除舊臣，完成朝廷的人才交替，才是太祖幾興大獄的目的。〔註129〕

　　因此，宋濂受胡案牽連、謫逝，並非偶發事件。以宋氏一門三人同朝，太祖整肅朝臣，宋濂是難以免禍，況以太祖意於清除舊臣、更新體制的決心，在宋濂致仕前已有所見。宋濂誠謹事之，不介政事、不與他人論政，是深知太祖專權之意，堅守本份，嚴防受猜，卻因子孫涉禍牽連，功虧一簣。宋濂次子、長孫皆因胡案受誅，以太祖重刑，宋濂能免死外放，已是法外施恩。

第三節　宋濂之死

　　關於宋濂致仕後生活，〈行狀〉記以：

> 及致政歸青蘿山，闢一室曰靜軒，終日閉戶纂述，人不見其面，戒
> 子孫毋至城市，姻連有以郡縣事爲托者，皆峻謝之。或談及時事，
> 輒引去不與語。切於仁愛，聞民有困乏者，爲之不飽。〔註130〕

而宋濂自言：「濂致政家居，澄坐於靜軒中，日與造化者游，凡文墨之事一言謝卻。」〔註131〕宋濂居家後行跡隱晦是事實，言其謝卻文墨倒不盡然，在四年間宋濂仍是撰文不斷，收有《芝園集》前後續三集，多是酬應文字，數量不亞居官所作。平日著述講道，〔註132〕以文繫友，偶也參加文人集會，與鄭氏、故交相聚一堂，聊慰心懷。〔註133〕

　　宋濂對於一歲一朝的聖諭是確切遵守。洪武十年（1377）九月；〔註134〕

〔註129〕吳晗，〈胡惟庸黨案考〉，原載於《燕京學報》第 15 期，1934 年 6 月，今收於《吳晗史學論著選集》（北京：人民出版社，1988 年），頁 442～480。

〔註130〕〈宋公行狀〉，《全集》卷首 2：6a～b。

〔註131〕宋濂，〈俞巨川墓記〉，《全集》卷 23：15a。

〔註132〕方孝孺〈宋仲珩墓誌銘〉（《遜志齋集》卷 22，頁 520 下～521 上）：「當公在翰林致仕居家時，天下士多奔走門下，求文辭、講道德者無虛日。」

〔註133〕宋濂，〈鄭氏喜友堂讌集師序〉，《全集》卷 29：9a；〈和鄭奉常先生讌集詩韻〉，《全集》卷 30：6a；〈和蘇編修游東明山詩并簡同游諸友〉，《全集》卷 30：6b。

〔註134〕〈宋公行狀〉，《全集》卷首 1：5a；〈勞翰林承旨宋濂〉，《明太祖集》卷 7，頁 106。

十一年（1378）十二月；〔註135〕十二年（1379）十二月，〔註136〕皆有返京記
錄，太祖敕諭勞之，也有賜詩。〔註137〕至於王鏊《守溪筆記》記以宋濂失朝
觸怒太祖，導致日後坐罪之說，是值得商榷。〔註138〕至少在洪武十三年（1380）
前，宋濂皆履行朝京之諭。十三年一月，胡惟庸事發，太祖欲清胡黨，極盡
誅連。宋濂次子宋璲任中書舍人，長孫宋愼爲儀禮序班，皆任朝職。宋愼坐
胡黨入罪，宋璲亦連坐，十一月兩人皆入獄死。〔註139〕宋濂全家械送京師論
罪，賴皇后與太子力救得免死，安置茂州，卒於道中。鄭楷〈墓誌〉對宋濂
謫逝的記載是：

> 公歸青蘿山三年，以愼坐法，舉家謫居灌陽，公至夔門臥病不食者
> 二十日，晨起索紙筆書〈觀化帖〉，端坐而逝。十四年辛酉五月二十
> 日也。〔註140〕

想像其時宋濂心情，從眷遇聖恩到受謫遠放，一年之內其妻病逝，〔註141〕
次子、長孫誅死，全家流放，已老身軀是難堪折磨。宋濂置居青蘿時，期盼
子孫薰息孝義，代代相傳，以壯其家，卻於生年見及子孫受禍，無以安居，
反受流離之苦。其能謹愼一生，忠誠侍主，卻無力防範禍事延身，受此大難
是力竭志衰，抑鬱而終，享年七十二歲。夔府官吏葬之於蓮華池山下，門生
夔府知事桑以時經紀其喪，刻其墓表。〔註142〕成祖永樂十一年（1413），蜀
獻王念濂舊學，特給路費、葬具准其遷葬至成都府華陽縣安養鄉，賜田以供
祀事。〔註143〕憲宗成化二十一年（1485），在蜀賢王支助下改葬成都迎暉門

〔註135〕《明太祖實錄》卷121：4a；〈勞翰林承旨宋濂〉，《明太祖集》卷7，頁106。
〔註136〕《明太祖實錄》卷128：1b～2a；〈勞致仕承旨宋濂〉，《明太祖集》卷7，頁
　　　　117。
〔註137〕收於《全集》卷首2：3b～4a，〈敕誥〉。
〔註138〕據王鏊記，太祖曾允諾宋濂不必來朝，隔年卻忘此事，宋濂未朝，視之爲不
　　　　忠，欲死之，賴皇后力救，得免。久之，其孫愼獲罪，復執來京將殺之，后
　　　　復力救，乃免死，置四川。見《守溪筆記》，收於沈節甫編，《紀錄彙編》（北
　　　　京：新華書店，1994年），卷124，頁1a～2a。
〔註139〕方孝儒，〈宋仲珩壙誌銘〉；〈宋子畏壙誌〉，《遜志齋集》卷22：60a～b。
〔註140〕《全集》卷首3，頁1a～2a，〈墓誌〉。
〔註141〕〈行狀〉記以濂妻賈氏先濂一年卒，葬於青蘿山，應是逝於洪武十三年尚未
　　　　事發之前。（見《全集》卷首2：6b）
〔註142〕桑以時是桑惠之子，桑惠字仁卿，婺州武義人，宋濂曾撰有〈桑仁卿傳〉，提
　　　　及桑以時任職夔府。見《全集》卷33：12a～b。
〔註143〕《全集》卷首3，頁1a～2a，〈墓誌〉。

外，並建祠堂奉像。〔註144〕孝宗弘治九年（1496）復其官，春秋祭葬所。武宗正德八年（1513），追諡文憲。〔註145〕

　　關於宋濂之死，學者徐道鄰根據《守溪筆記》所記，認為宋濂獲罪並非胡案牽連，而是慶節失朝引起太祖忿怒。徐道鄰認為太祖約定宋濂每歲來朝是為祝壽，太祖生辰九月十八，而宋濂是於十月獲罪，時間上十分貼合。且分析史傳記載，胡案是正月發生，宋慎入罪卻遲至十月，《明史》書以「坐胡惟庸黨」，但《明史稿》卻僅記「獲罪」，未言何事。徐道鄰據此研判，宋慎被視為胡黨，可能是《明史》對於太祖濫殺之行的遮掩，若宋慎真是坐黨，太祖也無由置濂死罪，除非是宋濂自己招罪，關鍵因素應是慶節失朝。〔註146〕宋濂任官時曾因失朝降職，而太祖極重君臣禮節，屢試朝臣忠誠度，微察不法則罪之，宋濂以此獲罪不無可能。然而，以朝京紀錄研判，失朝一說是缺乏證據。宋濂於十年九月來朝，十一年與十二年則於十二月來朝，以此類推，宋濂應於十三年歲末至京，並無九月慶節之約，若言宋濂失朝獲罪，仍須多方考證。不過，宋慎獲罪而誅連宋濂的過程，確有諸多疑點，僅是失朝或受慎牽連，皆難解釋欲置宋濂死罪之由。明初功臣多不善終雖是事實，但以此歸因宋濂之死，是過於簡化太祖濫殺行為的理性基礎。若採吳晗、檀上寬所言，胡案的發起，是太祖整肅官僚體制的計劃性行為，宋濂之死就頗具象徵性。

　　檀上寬在《明代專制政體的歷史結構》中，以政治史式的探視，尋求明代專制政體的歷史特質。著重於元末明初的政權轉化，探視元末的動亂如何收斂、整合於明政權的統一。檀上寬不以太祖性格為論，嘗試以明初政治史的發展追溯明政權的成立本質與變革過程。認為明代是以南人政權的性質崛起，凝聚南方的政治、經濟、文化力量，進而統一中國，成為史上第一個起自南方的統一王朝。但其南人政權的性質也造成明代作為統一王朝的內在矛盾。為求解決明廷與江南地主、或士人合作所造成南人政權的封鎖性，太祖在政權穩固後悍然發起五件獄案，藉由官僚體制的整肅，斷絕與江南人地主的連結，進而發展統一政權下的絕對皇權。〔註147〕這是明太祖欲求脫離南人

<hr>

〔註144〕潘璋，〈改葬碑文〉，《全集》卷首3，頁2a〜b，〈墓誌〉。
〔註145〕《明史》卷128，頁3788，〈宋濂傳〉。
〔註146〕徐道鄰，〈宋濂與徐達之死——明史中的兩樁疑案〉，《東方雜誌》續刊第1卷，4期，1974年，頁56〜58。
〔註147〕《明朝專制支配の史的構造》，頁559。

政權的界限，精心設計的政策方針。檀上寬認爲，專制君主的終極目標是以建立皇權絕對化來維持王朝的統一，而於洪武朝實行的諸多改革，正是由此展開，是以擺脫封閉的南人政權爲其目的。

　　據檀上寬的探討，許多被視爲破壞体制，且造成不良影響的政治事件，皆有其政治目的下的合理性或必然性。例如：胡案的發生，吳晗以君權與相權的矛盾，解釋太祖與胡惟庸的爭執，是起於兩人性格的相似，皆以獨攬政權爲目的，而於權力爭奪下引發激烈衝突，導致太祖的廢相之舉。〔註148〕吳晗視此爲特定因素下的突發事件，檀上寬卻言這是太祖意於整頓中央官僚所發起的計劃性行爲，重點不在胡惟庸任相的行爲與性格，而是任相的時間，正於太祖發起空印案完成地方官僚的整頓，準備進行中央官制改革的關鍵時期。因此，胡惟庸的個人因素並不是獄案造成的主因，明初一系列獄案的發生，皆是明太祖爲求轉變政權性質鞏固君權統治，尋機發起的政治事件。

　　然而，明太祖欲擺脫南人政權型態，規劃全國性政權的發展藍圖，難道無法尋得和平轉移權力、重建體制的理性方式，屠殺行爲是不可避免的手段嗎？檀上寬強調獄案發生的理性基礎，言之成理，但不可忽視的是，在理性之外，是否有明太祖個人的非理性因素，造就明初血腥殘忍、人人自危的恐佈政治？學者牟復禮（F. W. Mote）認爲，獨裁政治得以於明代發展完全，一方面是明太祖於行政體制的重要改變，另一方面則源自明太祖個人性格，極度擴展暴虐行爲，成爲明代政治中不能抹滅的特質。這是來自理性與非理性行爲的差別。〔註149〕基本上，朱元璋在體制上的改變，是經過深思熟慮下的政治決策，符合其統治目的的理性行爲，但於執行過程只求目的不顧人性的殘忍手段，則是朱元璋個人性格的充份表現。許多明代的特有措施，如錦衣衛，廷杖，種種酷刑與文字獄，顯然不是理性目的下的應有設計。明太祖被視爲殘酷的獨裁君主，在其枉顧人性的誅殺牽連，欲除之而後快的屠殺行爲，即是根本目的是合於理性設計，卻不能以理性方式進行，採用的激烈手法正是突顯明太祖欲達目的不擇手段的殘忍性格。因此，論及明代發展專制體制，與其衍生的恐佈政治型態，是不能忽視明太祖個人因素的影響。專制政治與

〔註148〕《朱元璋傳》，頁193～196。
〔註149〕Mote, "The Growth of Chinese Despotism——A Critique of Wittfogel's Theory of Oriental Despotism as Applied to China." *Oriens Extremus* 8, August 1961, pp. 22～3。

恐怖政治並不能劃上等號，明初恐怖政治的形成，主要源於朱元璋個人的偏激性格與非理性的政治手段，這與發展專制體制的政治需求和決策思考，是無法並談而論。

因此宋濂仕後謹言慎行不能自己的行為，所呈現出憂讒畏譏、懼防猜疑的恐懼心境，正可應證太祖在理性思考政治決策外，確有性格本身的非理性因素，關鍵性主導重大政治事件的發生。太祖不能用理性、和平的心態面對其所認為的政治危機，每以激烈、殘酷方式徹底消滅之，這對明廷的政治風氣與明臣的從政遭遇，造成的深刻影響是難以評估。宋濂專職文事，對太祖應無威脅，太祖既信其忠，准其功成致仕，賜綺作百歲衣，卻仍不免誅連謫放，毫無寬待，若言太祖此舉是為體制規劃的政治考量，大殺朝臣外，特將未掌政權且已致仕的宋濂誅連流放，似是過度強調宋濂的政治作用。且以宋濂早有防備，誠言慎行，不干政事，何由招罪至此？可言，宋濂之死，並非政治決策下的必然發展，而是太祖雄猜無情的政治性格所導致的可悲結果。

以宋濂仕後行為判斷，對其身後遭遇早已了然於心，且是極力防範。作為鑽研儒道，志以學術指導政治的士人，卻於仕後成為不敢直諫、憂讒畏譏的文學侍臣，間接成就所輔之主成為專制獨裁的殘忍君主，這是全然違背輔佐聖君治平天下的儒家理念。可言，以知名士人身份參與建國，位居高官榮名的宋濂，受胡案誅連而死是頗具歷史意涵。倘若胡案發生後，太祖的廢相行為，是君主專制統治的巔峰，奠下獨裁政治的先端，那麼昔日志投明軍，深懷抱負地期待太祖重振禮法綱紀，實踐儒家政治理念，而忠心佐主以建國、治國為務的浙東士人，至此是理想全然破滅，志隨人亡。宋濂在出仕前，屢以卞和獻玉，雙足見刖之事，誠喻士人出仕慎擇其主。自許受教於君子，負道之重，不能為卞氏，故言決不輕出，必待賢主致敬盡誠而後起。〔註150〕然而，宋濂的仕後遭遇，顯示宋濂並未真得識才賢主，功成身退卻獲罪謫死，其處境又何異於卞氏。

〔註150〕《龍門子凝道記》，《全集》卷 51：5a，〈終胥符〉。

第七章　結　論

　　以士人的出處問題為論述主題，士人的政治理念與仕隱行為成為關懷焦點。然而，僅以理念與行為的分析，探察士人面臨出處抉擇的條件，是很難作出符合時代處境的說明，唯有透過具體實例的呈現，士人具備的社會、政治、文化地位，及其發揮作用與侷限所在，才能趨向鮮明。因此，透過宋濂個案的探討，展現元末士人的生活、文化型態、政治心態，在環境變遷、政權交替下，對於士人思想與行為抉擇的影響，進而改變其與政權組織的關係，與士人身份、志業的階段性轉換。

　　從宋濂個案的呈現，可發現元末明初的士人發展是由中央走向地方，再由地方重歸中央的過程。以宋濂的平凡出身，改變社會地位的唯一途徑，即是步入仕途，這是宋濂早年志於科舉的主因。但是，元朝不利儒士的政治環境，並未因科舉的施行而大為改變，在激烈競爭下，宋濂無法透過科舉步入仕途，選擇居於故鄉，從事文化事業的傳承，這是時勢條件下不得不然的決定。然而，身處地方的宋濂與浦江大族鄭氏的關係建立，不只獲取充份的文化、經濟資源，更是有利擴展其在地方社會的士人聲名與交游。故而放棄舉業，優游於讀書生涯，與鄭氏是共享榮辱，致力於地方文化的保存與推廣，於元末編寫不少地方人物傳記、人物志與文集編纂，關注當地文化與思想的傳承問題。且不論宋濂是否早有保存地方文化的認知，但是地方文化事業的推廣正是發展地方性連結的鄭氏的重要任務，顯然須由擔任塾師的宋濂予以從事，這也是宋濂在從政之外，得以持續士人身份、價值的重要方式。〔註1〕

〔註 1〕值得注意的是，金華文集與文物志的數量甚多，宋濂於元末編寫不少，入明後，鄭氏門人也編有《金華賢達傳》與《金華先達傳》等書，詳記金華文化、人事。此外，鄭氏對於文集刊刻十分積極，宋濂出版文集皆是得其資助，而鄭氏也自行刊刻家族文集，對於史料保存貢獻良多。

因此，宋濂的棄舉，應是士人性格的轉換象徵，從有志於政治參與的全國性士人，轉變為關注當地文化的地方性士人。雖然，士人的身份扮演應是兼具兩種性格，但在不利儒士入仕的政治環境下，元代士人儼然趨向地方性連結，以發展地方文化為務，宋濂生處元末的各種作為，顯現如此趨勢。

錢穆認為，元代士人的生態呈現是中國史上的變相發展，士人不在廊廟臺省，而別有淵藪窟穴，可以藏身。士人雖不能仕，卻有可隱退之地，有屋有書，有田可耕，有山可藏，是極為自由不受政治限制的生活型態。元廷即是不貴士，但亦不控制士，為士者仍可發展合其所志的出處模式，樂於優游，不受拘束。〔註2〕因此，錢穆在譴責之餘，以其心不在政，無意於華夷之辯，是以物業生計不得已仕明，皆與當時社會情況與經濟背景有關，而對元末士人採以同情性理解。以此深思，在不利於仕的政治條件下，以地方社會為活動場域的元代士人，對於地方秩序的在意是遠過於對元廷朝政與統治性質的關注，且以異族統治無損士人於社會與文化角色的扮演，士人得以優游自處，憑藉著社會、政治秩序的穩定，自在呈現不同以往的士人面貌與文化模式。然而，元末頻傳的起兵事件，造成社會動盪、地方失序的紛亂局勢，深刻影響士人生計與文化事業的維持，故使士人難以同情聚眾起兵的立場，反而支持元廷或對繼起強權者寄于重整秩序的期待。因此，僅以華夷之防的有無，解釋元末士人傾向支持元廷或加入明軍的行為，未必切合元末歷史的真正情境。

事實上，以宋濂的元末出處為例，不能全然代表元代士人發展的普遍型態，士人地方化的類型有地區性與思想性的差別，由此衍生的出處型式各地有異。而以宋濂身處地方，卻心懷行道天下，並未真正走入地方，即是發展地方性連結的鄭氏，也不忘派遣子弟北上尋仕，進入中央的意圖甚明。錢穆特別提出，元末群士之隱退，並非無意於世，而是有待於入仕機會的出現。以元末士人的參政狀況而言，士人對於出路的關懷，確實強烈。反映於參與科舉的行為，包括宋濂在內，許多知名的金華士人都有應試記錄，多次不第而棄舉者比比皆是。且以至正年間南方士人北游大都的情況相當普遍，可見元末士人對於政治機會的積極爭取。士人雖發展出地方性的文化身份，對於政治參與的關懷，仍是不可避免。竇德士（Dardess）所言儒者以儒學實踐作為政治專業的要求，是確實存在於元末士人的思想，並極力爭取賦予實踐的

〔註 2〕錢穆，〈讀明初開國功臣諸臣詩文集〉，《中國學術思想史論叢》，頁 124～5。

機會。金華學者，特別是以文為名的士人，對於政治功業的追求，確有極高的嚮往。以宋濂為例，最理想的士人實踐是為公為卿使斯道行，而處於難能出仕的實際處境，只能退而求其次，為師為友使斯道明，確保文化傳承於政治之外繼續延展，發展出以地方性的文化聚集點，例如：鄭氏的東明書院以此成為浦江的傳學中心，與金華士人的交游所在，聚集不少學子與士人，身為塾師的宋濂，更是遷居至此，與鄭氏共生息，而其學術聲名與士人地位，也是藉由鄭氏力量的傳播得以確立。然而，作為經國治民的士人使命，宋濂是無以忘卻。

這種思想與時勢的不能配合，在金華士人的遭逢中顯得特別鮮明。主要因素，在於金華學術固有的經世傳統，透過理學之外的傳承脈絡，以文學型態的承繼，而由非理學系統的金華士人繼續傳延。宋濂從學吳萊，接受源自方鳳的文學理念與經世思想，特別講求以文顯道的正文意涵，與行道當時的治國理念，志於藉以文字傳佈與功業建立而實現於世。這群以文為名，傳承浦江文脈的金華士人，相信文學的功用在傳道、載道與行道，為天下知、天下行與天下用，雖能以文知名，卻不欲以文人自名，強調己身以行道世用為志，豈能賣弄文辭為文人耳！如此，以文傳道的正文思想之呈現，成為金華士人在不得為用下，彰顯自我價值與士人理念的重要途徑。然而，事功難亡，空文易泯，吳萊、宋濂自知未有功業，是難以避免人亡文泯的文士命運。故而結合「學而不見於世」的憂懼，與其思想所趨的浙東經世傳統，落實於政治情勢與中央政權的關注，而使金華士人顯現出積極的政治參與力，爭取可能的政治服務機會。由此理解，金華士人雖處於不利出仕的處境，與士人地方化的趨勢演變下，面對政治服務的心態仍有十足活力。可見錢穆所言，其非不仕而是有待，是頗為確切。金華士人，特別是以文知名的浦江文脈傳承者，缺乏的不是經世心志與學識，而是提供政治服務的出仕機會。

元明易代作為士人處境的重大關鍵，在於改變士人地方化的處境條件，元廷與各地政權對於人才的需求，士人對於時勢變化的注意，以國家政權的集中，天下秩序的恢復為關懷，士人的中央化性格再度顯現，配合出仕機會的增多，使得有志士人紛紛離開故鄉，游走於元廷與分立政權，各尋其主。宋濂卻於此時出現固辭之舉，似乎無意於仕，而心志彰顯卻相當明確，且以短期內著作不斷，士人交游的擴展，突破地方性士人的限制，知名度大為提昇。宋濂隨著時勢變化，個人思想與仕隱態度也急遽鮮明，等待世用時機的

意圖，十分清楚。然而，宋濂於元末固辭編修的心態，是否具有不願仕元的意涵？基本上，宋濂文集中並無反元思想的呈現，若是眞有恥於從仕異族，早年也不會有試舉行爲，顯示固辭之舉應是宋濂於學術與政治生涯的抉擇行爲，顯然當時的宋濂以傳學、研道爲重，對於官階不高的文職，缺乏興趣，加上元廷政爭不斷，懷學而仕可能不得其所，故而辭之。〔註3〕因爲，寧可守道終身，絕不枉道徇人，正是元末宋濂最爲強調的擇仕原則。

然而，以此擇仕原則解釋宋濂日後的仕明行爲是否可以成立？若以宋濂仕明之後處境而言，官位也僅於文職，且因孔子祀禮深受挫折，志於行道的宋濂眞能以道輔君？恐怕也是枉道徇人。如此，可否斷言宋濂是依此原則而決定輔明建國？宋濂是否不識與不智至此？可能的情況是，宋濂是以此原則說明以道爲任的自我期許，但面臨眞實的出仕情境時，宋濂必須遷就現實環境考量，以明太祖的大力招攬，宋濂難以推拒，加上宋濂對於功業聲名的期待，赴召金陵是必然成行。當然，宋濂輔明的原始用意，有可能是爲確保地方秩序的恢復與維持，以地方士人的身份，反映地方的需求而入仕。劉基、章溢的赴召也有如此用意。〔註4〕不過，生處動亂時代的宋濂與保衛地方秩序爲務的劉基等人，所呈現的士人形象差異甚大，宋濂是以教職與著述，保衛傳統文化的傳承，對於地方秩序的防衛，貢獻有限。宋濂言其以用道天下的理念實踐，作爲出仕原則的主要考量，應是確實，然而限於實際政局的演變，宋濂最後仕明的決定，就無法全然依據個人理念，進行合於原則的考量。如第五章所論，在朱元璋急於用士的延攬型態下，士人是否具有不仕的自由？顯然，宋濂要抗拒仕明，並非易事。宋濂所提出以道爲重的擇仕條件，確是其考量出仕的主要原因，但其抉擇仕明的決定，並非是眞正落實擇仕原則的結果，時勢環境的快速遷變與朱元璋的攬士方式，可能才是宋濂仕明的主要促力。不過，宋濂所提出「寧可守道終身，不可枉道徇人」的擇仕條件，確

〔註3〕關於宋濂薦授編修事，是否確實，尚待查證。如第四章所論，宋濂獲薦應是確實，但元廷是否授官，則存疑。因此，宋濂固辭之舉，是指辭薦或辭官，則未明。

〔註4〕如第五章所論，浙東四先生中的章溢與劉基，是以地方秩序的恢復爲念之下，赴召與明太祖共舉王業。此外，赴召士人也多能傳達保護地方利益的用意，例如：太祖招聘胡翰同時，曾下令向金華徵兵，胡翰至金陵則向太祖反映，金華人民素儒，不諳軍旅，請求撤令。太祖接受，金華人民則免於軍旅之苦。見吳沉，〈長山先生胡公墓銘〉，《皇明文衡》卷84：12a。

實能反映元末宋濂對於仕隱行為的思考。這不只是宋濂以道自任的心志呈現，且是對於當時士人枉顧所學的奔競心態，所給予的嚴厲指正。

由此而言，元明變革對於士人生態所造成的影響：首先，在亂事紛擾下，元廷對於人才的需求提昇，開放南人的任職限制，昇遷與掌政機會增多。其次是地方政權的人員需求，給與原是門客、幕士的士人更多的入仕途徑。再者，叛亂團體轉型為政權的體制需要，對於士人的招募是不遺餘力。這些機會給與原於地方講學撰文為生的南方士人，更多的政治出路與施展抱負的可能。可以想見在元末的十數年間，南方士人界的蓬勃活動力。短期內，思想著作、文學作品與政治主張的大量出現，尤以至正十年（1350）至十八年（1358）間最為密集。以宋濂為例，最具代表性的《龍門子凝道記》與《燕書》皆是至正十七年（1357）所作，加上文集的刊行、寓言的創作，其於思想與文學的創造力，皆非之前與仕明後所可比擬。至少，士人於元代沉寂已久的政治參與力，在此時大為展現，對於國家發展、政治體制與地方秩序的關注，有獲得重視的可能，甚至賦予實現的機會。時勢處境的改變，政治出路的增加，使得士人志氣提昇不少，政治活動力十足。

對於易代士人所面臨的忠節問題，元末士人也難以避免。雖言元末人於政治參與的機會提昇，但於政治動向的選擇可能是趨於保守。對於未仕士人而言，可能沒有忠節的問題，但如劉基等曾仕元職者而言，就是擇仕上的極大難題。基本上，元末士人政治參與力的提昇，是因於大部份士人未能參政，而於元末的分立政權，造就士人創造政治聲名的機會。對於仕元者，尤其是南人進士而言，這也是極佳的入仕時機，因於元廷對於昇遷管道的限制，南人難能獲得擁有實權，發揮政治理念的官職。從輔明士人的出身分析，僅有劉基是元代進士出身，其他多是未仕士人或講學地方的學官，明太祖延攬劉基是極費心機，而劉基出仕佐之也有現實利害的考量，顯見劉基輔之並非出於自願。此外，浙西文人領袖的楊維楨，也是頗為鮮明的個例。楊維楨於元末亂事頻繁之際，曾積極請求元廷給予調職，使其發揮政治實力，皆未如願。但其面對張士誠與明太祖的招攬，則一概回絕。從楊維楨回書張士誠與治事五論的內容，確信其有經世之志，不願再出的原因，是忠於元廷，守其士節。可見，忠節觀念仍是決定元末士人仕隱行為的原則之一，宋濂未有如此考量是因為未仕，並非無此顧慮。宋濂面對的仕隱難題，顯然較為單純，擔憂的是道行與否的問題。

　　因此在宋濂的仕隱抉擇中，不願仕元而選擇仕明的行爲，並非源自政權認同或華夷之防的問題，宋濂認同元廷統治是無庸置疑，想要出仕元廷的心志也曾有過，選擇放棄仕元機會，應是起於儒士地位不彰，尤是南方士人難以入仕、昇遷的處境。士人不易入仕，即是入仕也難發揮作用，轉而與地方社會相依存，藉由傳學與文化事業的經營，維持士人的使命與身份。然而，元明易代經歷十數年亂事，深刻影響士人生計與文化工作的維持。宋濂避難入山前，仍不忘創作〈諸子辯〉，深懼正言不彰。因此，宋濂在歸返後，對於士人行道與明道的抉擇，應有更深入切實的認識。因爲政治影響力的重要，可能是士人行道不可或缺的管道。同時太祖也徵召宋濂，用世心志與時機皆具，出仕之行則由此決定。

　　在此探討明太祖與士人關係的建立，所面臨的關鍵性問題，即是解釋宋濂等江東、浙東士人爲何選擇朱元璋，輔之建國的理由。這個問題的困難在於，朱元璋是最後統一天下，接繼元代的政權，以果論因下，士人的輔明行爲似是言之成理，無庸置疑。但是，處於紛亂未明的分立局勢，士人如何知道朱元璋集團，是可以完成統一大業，而以此佐之。限於史料與筆者見識，論文未能提出明確解釋。顯見的事實是，元代對江南的統治力，到至正十八年（1358）後已盪然無存，各地政權並立，朱元璋佔領江東、浙東，轄內士人受其統治，提供服務，是相當合理。對於士人可能的不利處境是，統治者能否持續的問題，倘若朱元璋爲元軍或其他政權所滅，士人將何去何從？很幸運的，輔明士人未遭遇如此困境，決策之初皆以江南統一爲務，並未遭遇與元軍對立問題，相對下得以減輕士人對於政權認同的困擾。但是，輔佐或接受張士誠政權的士人，就未必如此幸運。張士誠對於元廷的反覆依違，相當程度影響士人對其政權認同。涉及主題設定，論文對此並未深論，若能以張士誠的政權發展、士人關係，與朱元璋進行對比，關於元末士人的政治動向與士人表現的地區性差異，將有更爲深入的呈現。

　　進行至此，宋濂的元末生涯與心志呈現已有清楚圖象。作爲明代開國功臣的宋濂，出仕之舉是否遂其所願，正是論文最爲核心的問題。從宋濂的仕後遭遇，很清楚的結果：士人想以學術指導政治，以道統牽制政統的理想，依舊落空。倘若，宋濂固辭仕元是因不願枉道徇人，然其選擇仕明，兢兢業業，奉迎上旨，未能堅持尊道理念，最後謫逝他地，處境又何異於獻璧刖足的卞和。同樣的學術無以指導政治，士人理念難以落實，元廷統治與明廷統

治，對於士人實踐學理與出處安排的差異何在？從宋濂遭遇顯現的是，元廷不以儒者為用，出路遽減，但無損於士人發展社會與地方性連結，作為士人身份與價值的延續。士人的關懷點從中央轉移至地方，特別是南人，對於朝廷政事的變革，毫不相涉，優游自處。相對下，明太祖極力招攬士人至京，使其參與中央事務，從地方關注回歸至國家政治，使其擺脫地方性士人的區域限制，重回政府體制，作為全國性士人，完成行道天下的心志。基本上，歷代士人選擇自處或出仕中央，多能依據心志而行，政治力的影響並非絕對，但是，元明政權各據政治型態產生的用士方式與心態，在易代間成為強烈對比，於元，有志士人難以入仕，而走向地方，於明，士人難有不仕自由，而走向中央。由此推想元明易代對於士人生態變化的可能意義，在於元明政權的用士態度與對待方式，關鍵性決定士人群體發展為普世性或區域性士人的條件。然而，如此快速轉變的出處環境，使得經歷元明易代的士人難以適應，兩方對照下，更是懷念自主優游的元末生涯。

作為普世性的士人，志於出仕行道，關心國家政事變化，期待的活動場域是政府機構，顯然，元代士人缺乏作為普世性士人的時勢條件，只能退居地方，傳學為業，承繼地方文化，發展地方家族、社會的連結，以地方性士人自居，吳萊與早期的宋濂皆是如此。故而太祖對於士人的極力延攬，是有助於士人性格的轉換，以普世性士人落實行道天下的理念。然而，元廷不用儒，任其發展地方事業，太祖是極力攬士，卻深懼其以學術指導政治的理念，連結地方勢力，圖謀不軌。且以太祖的猜忌獨權，深惡士人以儒學思想臧否政治，造成士人實踐普世士人理念時遭遇無比挫折，加深士人不願為仕，不樂於仕的心態。錢穆考察明初文臣詩文，認為明初士人不以仕榮，多有懷念元朝的傾向。顯示在朝廷深受挫折的明代士人，懷念起元代優游自在的士人生活，即是受挫於中央，仍可回歸於地方的出處型態。但是，極力發展集權式統治的太祖，不止於朝廷深挫士人，於地方也極力防範士人建立自主的社會連結，對其言行處事是極盡監控。因此，士人於朝廷受挫，又難以回歸自處，普世性格不能實踐，地方性格也受限發展，更重要的是，士人自主性的全然喪失，故而造就明初士人憂鬱難解的心結所在。

宋濂在獲罪受謫時，特將手書文稿交付鄭氏，賦詩而言：「平生無別念，念念只麟溪，生則長相思，死當復來歸。」〔註5〕想見宋濂與鄭氏的情誼深重，

〔註5〕〈別義門〉，《全明詩》卷47，頁321。

生則長思，死當來歸，與其同在的心意甚堅。推論明太祖免死宋濂，施以流放的處分，是意於切絕士人的社會連結與士人網絡，宋濂對於太祖應無政治威脅，但以宋濂具有的學術聲名、士人地位與網絡連繫，是深防士人欲以儒學指導政治的太祖，特別憂懼也急於壓制的力量來源。可論述的是，明代專制政權的高度發展，對於日後士人的性格形成何有影響？倘若，元明政權對待士人的差異，確實造成士人處境的關鍵性變化，論及士人崇元抑明的心結，可否僅於華夷思想的缺乏予以解釋，太祖任殺多疑的政治性格，是否必須負起更多責任？對於日後君主的用士型態是否造成示範性的不良影響？而士人的參政型態與政治遭遇是否又衍生出新的發展模式？這些將是可待深究的課題。

徵引書目

※基本史料

史籍、史料彙編

1. 《明太祖實錄》，南港：中央研究院史語所，據北平圖書館紅格鈔本微捲影印，1965 年。

2. 明、宋濂等，《元史》，北京：中華書局點校本，1976 年。

3. 明、宋濂，《浦陽人物記》，收入《宋文憲公文集》，《四部備要》本。

4. 明、權衡，《庚申外史》，《學海類編》本。

5. 明、鄭柏，《金華賢達傳》，《續金華叢書》本。

6. 明、應廷育，《金華先民傳》，《續金華叢書》本。

7. 明、金江，《義烏人物記》，《續金華叢書》本。

8. 明、鄧士龍輯，《國朝典故》，北京：北京大學出版社點校本，1993 年。

9. 明、談遷，《國榷》，台北：鼎文書局，1978 年。

10. 清、朱興悌，戴殿江編，《宋文憲公年譜》，民國五年刻本，收入《北京圖書館藏珍本年譜叢刊》，北京：北京圖書館出版社，1999 年。

11. 清、張廷玉等，《明史》，北京：中華書局點校本，1976 年。

12. 清、夏燮，《明通鑑》，北京：中華書局點校本，1959 年。

13. 清、全祖望，《宋元學案》，北京：中華書局點校本，1986 年。

14. 清、錢謙益，《列朝詩集小傳》，上海：上海古籍出版社點校本，1983 年。

15. ───，《國初群雄事略》，收入《叢書集成續編》，第 258 冊，台北：新文豐出版公司，1989 年。

16. 清、史冊，《隆平紀事》，《昭代叢書》本，收入《叢書集成續編》，上海：上海書店，1994 年。

17. 楊訥、陳高華編，《元代農民戰爭史料彙編》，北京：中華書局，1985 年。

詩文集、筆記

1. 明、宋濂，《宋文憲公全集》，《四部備要》本。

2. ———，《宋學士文集》，《四部叢刊》本。

3. ———，《宋學士全集》，《金華叢書》本。

4. ———，《潛溪集》，日本内閣文庫所藏之至正十六年刊本。

5. ———，《文憲集》，《四庫全書》本。

6. 宋、王柏，《魯齋集》，《金華叢書》本。

7. 元、金履祥，《仁山先生金文安公集》，《金華叢書》本。

8. 元、方鳳，《方鳳集》，杭州：浙江古籍出版社，1993 年。

9. 元、許謙，《白雲集》，《金華叢書》本。

10. 元、蘇天爵編，《國朝文類》，《四部叢刊》本。

11. 元、蘇天爵，《滋溪文稿》，北京，中華書局點校本，1997 年。

12. 元、陳旅，《安雅堂集》，《四庫全書》本。

13. 元、黃溍，《金華黃先生文集》，《四部叢刊》本。

14. 元、柳貫，《柳待制文集》，《四部叢刊》本。

15. 元、吳萊，《淵穎集》，《四部叢刊》本。

16. ———，《淵穎先生集》，《金華叢書》本。

17. 元、吳師道，《吳正傳文集》，《元代珍本文集彙刊》（國立中央圖書館編印）。

18. 元、歐陽玄，《圭齋文集》，《四部叢刊》本。

19. 元、余闕，《青陽先生文集》，《四部叢刊》本。

20. 元、鄭太和輯，《麟溪集》，《四庫存目叢書》。

21. 明、朱元璋，胡士萼點校《明太祖集》，合肥：黃山書社，1991 年。

22. 明、劉基，《誠意伯文集》，《四部叢刊》本。

23. 明、胡翰，《胡仲子集》，《金華叢書》本。

24. 明、王褘，《王忠文公集》，《金華叢書》本。

25. 明、陶安，《陶學士集》，《四庫全書》本。

26. 明、趙汸，《東山存稿》，《四庫全書》本。

27. 明、高啓，《高青丘集》，上海：上海古籍出版社校點本，1985 年。

28. 明、王逢，《梧溪集》，《知不足齋叢書》本。

29. 明、戴良，《九靈山房集》，《四部叢刊》本。

30. 明、貝瓊，《清江集》，《四部叢刊》本。

31. 明、蘇伯衡，《蘇平仲文集》，《四部叢刊》本。

32. 明、陶宗儀，《南村輟耕錄》，北京，中華書局斷句本，1958 年。

33. 明、葉子奇，《草木子》，北京，中華書局斷句本，1958 年。

34. 明、楊維楨，《東維子文集》，《四部叢刊》本。

35. ———，《楊維楨詩集》，杭州：浙江古籍出版社編輯校點本，1994 年。

36. 明、張以寧，《翠屏集》，《四庫全書》本。

37. 明、徐一夔，《始豐稿》，《四庫全書》本。

38. 明、方孝孺，《遜志齋集》，《四部備要》本。

39. ———，《遜志齋集》，《四部叢刊》本。

40. 明、高岱，《鴻猷錄》，上海：上海古籍出版社校點本，1992 年。

41. 明、程敏政，《皇明文衡》，《四部叢刊》本。

42. 明、沈節甫編，《紀錄彙編》，北京：新華書店，1994 年。

43. 清、鄭爾垣，《義門鄭氏奕葉文集》，《四庫存目叢書》。

44. 清、錢謙益輯，《列朝詩集》，上海：新華書店，1989 年。

45. 清、趙翼，《二十二史劄記》，台北：世界書局，1986 年。

46. 清、顧嗣立，《元詩選》，北京：中華書局，1987 年。

47. 全明詩編纂委員會編，《全明詩》，上海：上海古籍出版社，1993 年。

48. 錢伯城、魏同賢、馬樟根等編，《全明文》，上海：上海古籍出版社，1992 年。

※近人著作
專書（按姓氏筆劃）

1. 么書儀，《元代文人心態》，北京：文化藝術出版社，1993 年。

2. 王春南、趙映林，《宋濂、方孝孺評傳》，南京：南京大學出版社，1998 年。

3. 王明蓀，《元代的士人與政治》，台北：學生書局，1992 年。

4. 王忠閣，《元末吳中詩派論考》，桂林：廣西師範大學出版社，1998 年。

5. 王慎榮，《元史探源》，長春：吉林文史出版社，1991 年。

6. 王運熙、顧易生編，顧易生等著，《中國文學批評通史、宋金元卷》，上海：上海古籍出版社，1996 年。

7. 王運熙、顧易生編著，袁震宇等著，《中國文學批評通史、明代卷》，上海：上海古籍出版社，1996 年。

8. 王德毅，《元人傳記資料索引》，台北：新文豐出版公司，1994 年。

9. 王馨一,《劉伯溫年譜》,台北:商務印書館,1970 年。

10. 田浩(Hoyt Cleveland Tillman),《朱熹的思維世界》,台北:允晨文化出版公司,1996 年。

11. 任崇岳,《庚申外史箋證》,鄭州:中州古籍出版社,1991 年。

12. 余英時,《中國知識階層史論》,台北:聯經出版公司,1980 年

13. 吳晗,《朱元璋傳》,台北:里仁出版社,1997 年。

14. ———,《吳晗史學論著選集》,北京:人民出版社,1988 年。

15. 周良霄,《元代史》,上海:人民出版社,1993 年。

16. 周群,《劉基評傳》,南京:南京大學出版社,1995 年。

17. 何炳松,《浙東學派溯源》,北京:中華書局,1989 年。

18. 邱樹森,《賀蘭集》,南京:江蘇古籍出版社,1997 年。

19. 孟森,《明清史講義》,北京:中華書局,1981 年。

20. 侯外廬主編,《宋明理學史》,北京:人民出版社,1984 年。

21. 容肇祖,《明代思想史》,台北:台灣開明書局,1962 年。

22. ———,《中國歷代思想史五、明代卷》,台北:文津出版社,1992 年。

23. 高伯和編著,《浦陽藝文考》,作者自印,1968 年。

24. 祝普文編著,《宋濂寓言選釋》,北京:書目文獻出版社,1988 年。

25. 孫克寬,《元代漢文化之活動》,台北:中華書局,1968 年。

26. ———,《元代金華學述》,台中:私立東海大學出版,1976 年。

27. 孫正容編,《朱元璋繫年要錄》,浙江人民出版社,1983 年。

28. 許凡,《元代吏治研究》,北京:勞動人民出版社,1987 年。

29. 陳高華,《元史研究論稿》,北京:中華書局,1992 年。

30. 陳梧桐,《朱元璋研究》,天津:天津人民出版社,1986 年。

31. 張寄謙編,《素馨集》,北京:北京大學出版社,1993 年。

32. (英)崔瑞德、(德)傅海波編,《劍橋中國遼金元史》,中文翻譯本,北京:中國社會科學出版社,1998 年。

33. (英)崔瑞德、(美)牟復禮編,《劍橋中國明代史》中文翻譯本,北京:中國社會科學出版社,1992 年。

34. 黃進興,《優入聖域:權力、信仰與正當性》,台北:允晨文化公司,1994 年。

35. 楊國楨、陳支平,《明史新編》,台北:雲龍出版社,1995 年。

36. 潘杰,《宋濂傳》,重慶:重慶出版社,1987 年 5 月。

37. 管敏義,《浙東學術史》,上海:華東師範大學出版,1993 年。

38. 鄭克晟，《明代政爭探源》，天津古籍出版社，1988 年。

39. 錢基博，《明代文學》，台北：商務印書館，1984 年。

40. ———，《中國文學史》，北京：中華書局，1993 年。

41. 蕭啓慶，《元代史新探》，台北：新文豐出版公司，1983 年。

42. ———，《蒙元史新研》，台北：允晨文化出版公司，1994 年。

43. ———，《元朝史新論》，台北：允晨文化出版公司，1999 年。

44. 韓儒林主編，《元朝史》，北京：人民出版社，1986 年。

45. 龔顯宗，《明初越派文學批評研究》，台北：文史哲出版社，1988 年。

期刊論文

1. 丁崑健，〈元代的科舉制度〉，《華學月刊》，124～125 期，1982 年 4、5 月，頁 46～57，頁 28～57。

2. 王心通，〈明初的文武之爭〉，《南開學報》（社科版），1993 年，3 期，頁 35～80。

3. 王崇武，〈論明太祖起兵及其政策之轉變〉，《中央研究院歷史語言研究所集刊》10 期，1948 年，頁 57～71。

4. 王德毅，〈黃榦的學術與政事〉，，《漢學研究》第 9 卷 2 期，1991 年 2 月，頁 105～121。

5. 王明蓀，〈略述元人對「隱」的看法〉，《華學月刊》，145 期，1984 年，頁 20～29。

6. 方齡貴，〈《元史》纂修雜考〉，文收張寄謙編《素馨集》（北京：北京大學出版社，1993 年），頁 36～81。

7. 江湄，〈歐陽玄與元代史學〉，《北京師範大學學報》（社會科學版），1997 年 3 期，頁 94～102。

8. 任崇岳，〈略論元代儒士社會地位演變的歷史過程〉，《社會科學輯刊》，1983 年 3 期。

9. ———，〈朱元璋評價的幾個問題〉，《學術月刊》，第 136 期，1980 年 9 月，頁 47～52。

10. 沙似雪，〈略論宋濂的理學思想和文學主張〉，《明史研究》，1993 年，4 期，頁 137～9。

11. 吳晗，〈胡惟庸黨案考〉，原載於《燕京學報》第 15 期，1934 年 6 月，今收於《吳晗史學論著選集》（北京：人民出版社，1988 年），頁 442～480。

12. 邱樹森，〈元末農民戰爭和明初的統治政策〉，《歷史論叢》，1982 年 2 輯。

13. ———，〈試論張士誠起義〉，《江海學刊》，1962 年 4 期，頁 25～29。

14. 邱樹森、施一揆，〈關於朱元璋政權性質轉化問題〉，《南京大學學報——人文科學》，第 8 卷，第 3～4 期，1964 年 12 月，頁 52～66。

15. ———，〈再論朱元璋及其政權性質的轉化〉，《南京大學學報——哲學社會科學》，1978 年，第 3 期，頁 71～6。

16. 林正根，〈論明太祖的心態與功臣群體的覆滅〉，《江漢論壇》，1992 年 12 期，頁 53～60。

17. 林麗月，〈讀《海桑集》——論元明之際陳謨的出處及其後世評價〉，《世變、群體與個人：第一屆全國歷史學術討論論文集》，1995 年，頁 290～306。

18. 姚大力，〈元代科舉制度的行廢與其社會背景〉，《元史及北方史研究集刊》，6 期，1982 年，頁 26～59。

19. 張帆，〈元代經筵述論〉，《元史論叢》第五輯，北京：中國社會科學出版社，1993 年，頁 136～59。

20. 張寧，〈試論元末儒士在朱元璋統一事業中的作用〉，《阜陽師範學院學報》（社科版），1995 年，1 期，頁 52～59。

21. 張仲謀，〈論宋濂的文論與散文創作〉，《徐州師範學院院報》（哲學社會科學版），1996 年，2 期，頁 64～8。

22. 高志忠，〈學者之文重在于用——宋濂和他的散文〉，《北方論叢》，1994 年，第 2 期（總期 124），頁 52～7。

23. 高越天，〈述金華學派〉，《浙江月刊》，卷 5，10 期，1973 年 10 月。

24. 秦勤，〈張養浩的仕隱觀及其政治思想〉，《四川師範大學學報》，1993 年第 1 期，頁 60～66。

25. 徐秉愉，〈以文自立——元代金華文士吳萊〉，《世變、群體與個人：第一屆全國歷史學術討論論文集》，1995 年，頁 129～147。

26. 徐朔方，〈劉基對宋濂的友誼及其《二鬼》詩索隱〉，《中國書目季刊》第 13 卷，3 期，1996 年 12 月，頁 46～52。

27. 徐道鄰，〈宋濂與徐達之死——明史中的兩椿疑案〉，《東方雜誌》復刊第 1 卷，4 期，1974 年，頁 56～58。

28. 陳建華，〈元末東南沿海城市文化特徵初探〉，《復旦學報》（社會科學版），1988 年第一期，頁 31～40。

29. ———，〈明初政治與吳中詩歌的感傷情調〉，《復旦學報》（社會科學版），1989 年第一期，頁 10～16。

30. 陳寒鳴，〈簡論宋濂思想的特色〉，《孔子研究》，1994 年第 3 期，頁 92～97。

31. ———，〈論王褘的儒學思想〉，《孔子研究》，1994 年第 3 期，頁 77～82。

32. 陳松柏，〈試論張養浩的最後歲月〉，《中國人民大學學報》，1997 年 3 期，頁 91～96。

33. 陳得芝，〈元代江南地主階級〉，《元史及北方民族史研究集刊》，第 7 期，1983 年，頁 86～94。

34. 郭預衡，〈朱元璋之爲君和宋濂之爲文〉，《北京師範大學學報》（社會科學版），1996 年第 3 期，頁 91～97。

35. 郭建球、鄧劍波，〈論宋濂的傳記文學〉，《中國文學研究》，1994 年，4 期，頁 37～42。

36. 勞延煊，〈元明之際詩中的評論〉，《陶希聖先生八秩榮慶論文集》，台北，食貨出版，1969 年，頁 145～163。

37. 楊訥，〈龍鳳年間的朱元璋〉，《元史論叢》第四輯，北京：中華書局，1992 年，頁 196～229。

38. 詹長皓，〈試論明初大儒——宋濂之死〉，見《明史研究專刊》，第五期，1982 年 12 月，頁 299～309。

39. 漆俠，〈宋元時期浦陽鄭氏家族之研究〉，《劉子健博士頌壽紀念宋史研究論文集》，東京：同朋社，1989 年 9 月，頁 159～166。

40. 鄭克晟，〈元末江南與士人社會〉，《南開史學》，1989 年第 1 期，頁 18～35。

41. ———，〈明代文官與明代政爭〉，收入《商鴻逵教授逝世十周年論文集》，北京：北京大學出版社，1995 年，頁 9～16。

42. 劉汝錫，〈宋濂的政治思想〉，《思與言》，卷 17，2 期，1979 年 2 月，頁 179～187。

43. 劉如臻，〈元代江浙行省研究〉，《元史論叢》第六輯，北京：中國社會科學出版社，1997 年，頁 95～117。

44. 劉祥光，〈從徽州文人的隱與仕看元末明初的忠節與隱逸〉，《大陸雜誌》，94 卷：1 期，1997 年 1 月，頁 32～48。

45. 錢穆，〈讀明初開國諸臣詩文集〉，《新亞學報》6 卷 2 期，香港九龍，新亞研究所，1964 年，頁 317。後收入《中國學術思想史論叢（六）》，台北，東大，1978 年，頁 77～200。

46. 檀上寬著，胡其德譯，〈義門鄭氏與元末社會〉上下，《世界華學季刊》第四卷第二期，頁 55～69；第三期，頁 67～74。

47. 羅仲輝，〈明初史館和《元史》的修纂〉，《中國史研究》，1992 年第一期，頁 144～153。

48. ———，〈論明初議禮〉，王春瑜編《明史論叢》（北京：中國社會科學出版社，1997 年 10 月），頁 74～92。

49. 龔顯宗，〈宋濂的詩文論〉，《明史研究專刊》，第七期，1984 年，頁 133～162。

學位論文

1. 葉含秋，《宋濂年譜》，私立東海大學中文研究所碩士論文，1990 年。

2. 陳方濟，《宋濂之生平及其寓言之研究》，國立政治大學中文研究所碩士論文，1991 年。

3. 顏瑞芳，《劉基、宋濂寓言研究》，國立師範大學國文研究所碩士論文，1990 年。

4. 汪柏年，《元明之際江南的隱逸士人》，國立師範大學歷史研究所碩士論文，1996 年。

西方漢學研究

1. Chan, Hok-lam（陳學霖），"Liu Chi（1311～75）in the Ying-lieh chuan: the Fictionalization of a Chinese Scholar-hero," Journal of the Oriental Society of Australia, 5: 1～2（December, 1967），26.

2. ───, "Liu Chi and His Models: the Image-building of a Chinese Imperial Adviser," Oriens Extremus, 15: 1（June, 1968），34.

3. Chan, Wing-tsit（陳榮捷），"Chu Hsi and Yuan Neo-Confucianism" in Yuan Thought, ed. Hok-lam Chan and Wm. Theodore de Bary, Columbia University Press, 1982, pp. 204～213.

4. Dardess, John W. Conquerors and Confucians: Aspects of Political Change in Late Yuan China. New York: Columbia University Press, 1973.

5. ───, Confucianism and Autocracy: Professional Elites in the Founding of the Ming Dynasty. Berkeley, Los Angeles, and London: University of California Press, 1983.

6. ───, "Confucianism, Local Reform, and Centralization in Late Yuan Chekiang, 1342～1345." In Yuan Thought, ed. Hok-lam Chan and Wm. Theodore de Bary. Columbia University Press, 1982. pp. 327～374.

7. ───, "The Cheng Communal Family; Social Organization and Neo-Confucianism in Yuan and Ming China". Harvard Journal of Asiatic Studies, 34, 1974.

8. Dreyer, Edward L. Early Ming China: A Political History 1355～1435. Stanford, California: Stanford University Press, 1982.

9. Goodrich, L. Carringron. Dictionary of Ming Biography 1368～1644 New York: Columbia University Press, 1976.

10. Langlois, John D., J.r . Chin-hua Confucianism under the Mongols（1279～1368），thesis, Princeton University, 1974.

11. ───, "Political Thought in Chin～Hua under Mongol Rule", in China under Mongol Rule, ed. John D. Langlois, Jr. Princeton, N.J, : Princeton University Press, 1981.

12. ———, "Yu Chi and His Mongol Sovereign". Journal of Asian Studies, 38, No.1（November 1978）, pp.99～116.

13. Langlois, John D. Jr. and Ko-Kuan Sun（孫克寬）. "Three Teachings Syncretism and the Thought of Ming Tai-tsu". Harvard Journal of Asiatic Studies, 43, No.1（June 1983）, pp.97～139.

14. Mote, Frederick W. "Confucian Eremitism in the Yuan Period". In The Confucian Persuasion, ed. Arthur F. Wright. Stanford, California: Stanford University Press, 1960, pp.202～40.

15. ———, The Poet K'ao Ch'i. Princeton, N.J: Princeton University Press, 1941.

16. ———, "The Growth of Chinese Despotism——A Critique of Wittfogel's Theory of Oriental Despotism as Applied to China, " Oriens Extremus 8, August 1961, pp.22～3。

日文研究

1. 安部健夫,〈元代知識人と科舉〉,《史林》, 42：6, 1959.11, 中文翻譯, 名爲〈元代的知識份子和科舉〉, 收於《日本學者研究中國史論著選譯——五代宋元卷》, 北京：中華書局, 1992 年, 頁 636～679。

2. 荒木見悟,〈思想家としての宋濂〉,《明代思想研究》, 東京：創文社, 1972 年, 頁 3～22。

3. 愛宕松男,〈朱吳國と張吳國——初期明王朝の性格に關する一考察〉,《愛宕松男東洋史學論文集——第四卷：元朝史》, 東京：三一書坊, 1988 年, 頁 432～455。

4. 檀上　寬,《明朝專制支配の史的構造》, 東京：汲古書院, 1995 年。

附錄：相關研究回顧

　　在士人研究上，關於元代士人的部份是較為缺乏。這與元朝的政權性質與立國時短有關，加上民族情結的影響下，對於元代士人的處境有較為既定的解釋，因此關於元代士人的發展則較少考述。筆者所要進行的工作，即是透過當時士人的著作，對其心境進行深入的描繪，希望得知士人在元明之際的發展與轉變。在研究文獻上，最早啓發筆者注意到元末士人的處境問題，即是錢穆所著〈讀明初開國諸臣詩文集〉。〔註1〕錢先生以詩文論史的方式，透過對明初諸臣詩文的解讀，探視出明初諸臣在心境上有憂抑難言的情結，雖是輔明建國爲從龍之士，對於新朝建立卻不見喜悅，反而懷念已亡的舊朝，這對於當時懷有民族大義的錢先生而言，這種不具夷夏之防的心態是無法加以諒解。即使是錢先生在感懷己身情境下而舒發出較爲激烈看法，這篇文章在元明易代士人的研究上仍是極具價值。

　　關於探討元代士人的專書，筆者目前所見並不多。較爲重要的有：王明蓀《元代的士人與政治》，〔註2〕此書以元代士人作爲整體探討的對象，加以考述士人處於元代政治結構中的地位，以及在面對異族政權時，士人在政治行爲上與文化發展上，所會面臨的衝突與壓力。如何在政治環境轉變與文化危機中取得平衡，是此書所要探討的重點。除此之外，關於士人的仕隱問題、道行與道尊的抉擇以及天命與正統的觀念，王先生有不少寶貴的看法，足以提供筆者作爲參考。另外，還有大陸學者么書儀的《元代

〔註1〕收入《中國學術思想史論叢（六）》，台北，東大，民67，頁77～200。
〔註2〕台北，學生書局，1992年。

文人心態》〔註3〕。么書儀多年從事元代戲曲的研究，多有涉及元代的詩文、筆記等資料，深感到元代文人在此特殊處境下，造成其在行爲、思想、情感上的特殊形態。因此著作此書針對元代文人的際遇、思想、心態上進行深入的描述，來了解他們在特定的社會背景中所遭遇的衝擊；文人在介於政治與儒家傳統觀念間的複雜關係，以及面對思想危機時所作出的對策與反應。此書在探討方式上是採取個案式的研究，由元初至元末的多位文人作爲研究對象，針對個別文人的處境與行爲，與其在文學創作上的表現，由此進行文人心態上的分析。

至於元代中後期士人的研究有：秦勤〈張養浩的仕隱觀及其政治思想〉，〔註4〕徐秉愉〈以文自立——元代金華文士吳萊〉，〔註5〕林麗月〈讀《海桑集》——論元明之際陳謨的出處及其後世評價〉。〔註6〕以上諸位學者的研究，在方式上是以個別士人作爲主要探討對象，著重其政治處境下的思想變化與行爲上的取擇。另外，劉祥光〈從徽州文人的隱與仕看元末明初的忠節與隱逸〉，〔註7〕則是針對元末徽州文人的仕隱觀作爲探討重點。對於在元代之政治與學術環境的變遷下，仕隱觀的發展與轉變有深入的見解。除此以外還有江湄〈歐陽玄與元代史學〉，〔註8〕陳松柏〈試論張養浩的最後歲月〉，〔註9〕是近期的元代士人相關研究。

關於針對元明之際的士人群體之心態與動向上的研究，較爲重要的有：勞延煊〈元明之際詩中的評論〉，〔註10〕類似錢穆所作的以詩文論史的方式，不同的是勞先生以部份士人的詩作進行更爲細密的評讀，以此找尋相關的線索，作爲支持錢先生的見解之證據。另外，鄭克晟〈元末江南與士人社會〉，〔註11〕則是探討元代政權與江南士人的互動關係，加以分析江南士人的地位與參政情形，並且對於元末江南士人的政治動向有深入的探索。關於元末士人的政治動向上，陳高華也有相關的研究，如〈元末農民起義中南方漢族地

〔註3〕 北京，文化藝術出版社，1993 年。
〔註4〕 《四川師範大學學報》，1993 年第 1 期，頁 60～66。
〔註5〕 《世變、群體與個人：第一屆全國歷史學術討論論文集》，頁 129～147。
〔註6〕 同上註，頁 149～166。
〔註7〕 《大陸雜誌》，94 卷：1 期，1997 年 1 月，頁 32～48。
〔註8〕 《北京師範大學學報》（社會科學版），1997 年 3 期，頁 94～102。
〔註9〕 《中國人民大學學報》，1997 年 3 期，頁 91～96。
〔註10〕 收入《陶希聖先生八秩榮慶論文集》，台北，食貨出版，1969 年，頁 145～163。
〔註11〕 《南開史學》，1989 年第 1 期，頁 18～35。

主的政治動向〉〔註12〕，以及〈元末浙東地主與朱元璋〉〔註13〕。這些探討將有助於筆者對於宋濂在仕明考量上的理解。

　　關於宋濂的研究方面，多著重其在文學的表現，對於思想行爲層面則較少探討。大陸學者潘杰曾著《宋濂傳》〔註14〕，以傳記式的寫法，生動地將宋濂的一生作最爲具體的呈現。雖是較爲文學化的筆法，非專業性的研究論述，但敘其生平與交遊情況方面，則給與筆者不少相關資訊。在專論方面，重要的著作則是前所提及的錢穆〈讀明初開國諸臣詩文集〉之〈讀宋學士集〉〔註15〕。錢先生在文中對於宋濂文集的版本有頗爲細密的考對，並且透過詩文的探索，對於宋濂的心境有相當的闡發，提供筆者許多省思。其他相關的文章有：徐道鄰〈宋濂與徐達之死——明史中的兩椿疑案〉，〔註16〕劉汝錫〈宋濂的政治思想〉，〔註17〕詹長皓〈試論明初大儒——宋濂之死〉，〔註18〕龔顯宗〈宋濂的詩文論〉，〔註19〕以及大陸學者郭預衡〈朱元璋之爲君和宋濂之爲文〉。〔註20〕此外，近來也有相關的碩士論文是以宋濂爲題，如：葉含秋《宋濂年譜》〔註21〕，對於宋濂的著作做以嚴密的比對，透過其詩文內容及同時文人的記載，加以相關史料的考據，將宋濂的生年行事與交遊，作出較爲正確的時間推算。這對於以後的宋濂研究有極大的助益。其他的相關論文還有：陳方濟《宋濂之生平及其寓言之研究》〔註22〕，以及顏瑞芳《劉基、宋濂寓言研究》〔註23〕，都是針對宋濂早期著作中所寫的寓言作爲研究，著重其文學表現下的個人心境之探索。而於金華學派思想的方面有：孫克寬《元代金華學述》〔註24〕，將金華地區的學術源起與發展作詳細的考述，尤其是關於元代的金華學人與學術的探討，提供筆者豐富的資料來源。另外侯外廬主編

〔註12〕　《元史研究論稿》，北京，中華書局，1992年12月，頁268～289。
〔註13〕　同上註，頁290～306。
〔註14〕　大陸，重慶出版社，1987年5月。
〔註15〕　見《中國學術思想史論叢（六）》，頁78～102。
〔註16〕　見《東方雜誌》復刊第1卷，4期，頁56～58。
〔註17〕　見《思與言》，卷17，2期，1979年2月，頁179～187。
〔註18〕　見《明史研究專刊》，第五期，1982年12月，頁299～309。
〔註19〕　見《明史研究專刊》，第七期，1984年，頁133～162。
〔註20〕　見《北京師範大學學報》（社會科學版），1996年第3期，頁91～97。
〔註21〕　私立東海大學中文研究所碩士論文，1990年。
〔註22〕　國立政治大學中文研究所碩士論文，1991年。
〔註23〕　國立師範大學國文研究所碩士論文，1990年。
〔註24〕　私立東海大學出版，1976年。

《宋明理學史》之二十三章〈金華朱學的主要特點和歷史影響〉〔註 25〕，以思想史的脈絡來追溯金華學術的內容與發展，也是頗爲重要的著作。

在史料方面，宋濂的文集是爲最主要的史料來源。目前於坊間流傳的有三種版本。一是《宋學士文集》，爲商務印書館四部叢刊本，是影印明正德九年張縉刻本。二是《宋學士全集》，爲商務叢書集成本，采自金華叢書本。三是《宋文憲公全集》，是中華書局四部備要本，爲清嘉慶年間吳縣嚴榮之彙刻本，是三本中最爲完備者。〔註26〕至於《四庫全書》所收的《景濂未刻集》，據錢穆的考據，其所收之文章俱見於嚴榮之彙刻本中，並無所謂未刻之文。〔註27〕另外，日本內閣文庫藏有《潛溪集》十卷，爲《潛溪前集》。據方孝儒言《潛溪集》曾傳刻日本，大致日本所藏，正是此傳刻本。〔註28〕宋濂早期於元時的主要著作有：《孝經新說》，《周禮集說》，《潛溪集》，《蘿山集》，《龍門子凝道記》，《浦陽人物記》等。爲了探尋其思想演變之軌跡，其早年著作是重要的考察對象。

〔註25〕 北京，人民出版社，1984 年，頁 645～678。

〔註26〕 關於宋濂的著作文集之刻本與流傳，請參考錢穆之前引文，頁 78～80。以及高伯和，《浦陽藝文考》，台北，撰者自印，民 57，頁 108～118。

〔註27〕 參考錢穆之前引文，頁 79。

〔註28〕 見方孝孺〈宋學士續文粹序〉：「海外殊絕罕至之國，朝貢之使接於國門，至必問公起居安否？購公文集以歸日本。」收入《遜志齋集》（四部叢刊本），卷 12，頁 285 上。